SD - 35

KEMPER'S FREQUENZ ANALYSE

95/96

DIE 1A-CITY-LAGE. BEWERTUNG DER MIKRO-STANDORTFAKTOREN.

ISBN: 3-931527-00-X

Gestaltung Ogilvy & Mather Partner, Düsseldorf
Herstellung: Neusser Druckerei, Neuss

Inhaltsverzeichnis

Vorwort des Herausgebers

Unsere zweite Ausgabe der Frequenz Analyse trifft in diesem Jahr auf ein Immobilienumfeld, das generell durch Schwäche gekennzeichnet ist. Der Büromarkt nach dem Boom Anfang der 90er Jahre zeigt mittlerweile in fast allen Städten signifikante Leerstände, die von den Nachfragern nicht schnell genug abgenommen werden, da auch sie konsequent um eine Reduzierung ihrer Standortkosten bemüht sind. Ein Ende dieses ausgeprägten Mietermarktes ist gegenwärtig noch nicht abzusehen.

Der Wohnungsmarkt, auf den viele nach den erkennbaren Problemen des Büromarktes buchstäblich gebaut hatten, zeigt mittlerweile im oberen, freifinanzierten Marktsegment ebenfalls Leerstände und den daraus resultierenden Mietpreisverfall. Preiswerte Wohnungen sind jedoch nach wie vor knapp, da dort eine freifinanzierte Vergrößerung des Angebots nicht rentabel ist.

Der negative Trend hat auch die einzelhandelsgenutzte Immobilie berührt: Ladenlokale in Nebenlagen sind mittlerweile nur schwierig zu vermieten, da der mittelständische Unternehmer angesichts schrumpfender Umsätze nur selten den Mut hat, einen langfristigen Mietvertrag zu unterschreiben.

Die 1a-City-Lage präsentiert sich in diesem schwierigen Umfeld in vergleichsweise blendender Verfassung. Zwar leidet auch dort der Handel unter stagnierenden oder rückläufigen Umsatzzahlen, ganz besonders die Textil- und Schuhfachgeschäfte, die ja traditionell die höchsten Mieten in den Spitzenlagen zahlen. Aber die gewachsene 1a-Lage ist nicht duplizierbar und nur in geringem Maße vermehrbar. Und das macht sie eben auch in schwierigen Zeiten vermietbar und verkäuflich.

Im Vergleich zu ihrem Vorgänger wurde die Kemper's Frequenz Analyse 95/96 in mehrfacher Hinsicht verbessert:

Die Anzahl der untersuchten Städte wurde von 40 auf 84 erhöht, so daß jetzt alle Großstädte der Bundesrepublik mit mehr als 100.000 Einwohnern enthalten sind. Neu sind Angaben zur Länge der 1a-Lage wie auch zur Länge der Straßenfronten in den Spitzen-Einkaufsstraßen. Zeigte die erste Ausgabe nur einen Teil, präsentiert das vorliegende Werk jetzt den Straßenverlauf und Einzelhandelsbesatz der gesamten 1a-Lage der jeweiligen Stadt. Neben dem Filialisierungsgrad einer Stadt enthält die Studie jetzt auch eine detaillierte Analyse des Branchenmixes der 1a-Lage und zeigt so die mehr oder minder vorhandene Dominanz der Textiler und Schuhhändler. Neben der Passantenfrequenz und dem Kemper's Kaufkraftpotential wird auch die Kemper's Ertragskennziffer errechnet, die das Kaufkraftpotential ins Verhältnis zu den zu zahlenden Mieten setzt. Dazu ermöglicht ein detailliertes Ranking der einzelnen Stadtkriterien einen Vergleich der Städte untereinander.

Die vorliegende Kemper's Frequenz Analyse analysiert die Mikro-Standortfaktoren als Pendant zu dem Kemper's Index, der sich mit den Makro-Standortfaktoren beschäftigt. Wir hoffen, mit diesen Daten einen wesentlichen Teil zu dem komplizierten Informationsmosaik beizutragen, auf dem umfassende Standortbewertungen beruhen. Gleichermaßen hoffen wir aber auch, Datenmaterial für Stadtplaner, Kommunalverwaltungen oder Einzelhandelsverbände zu liefern, um dort schwierige Entscheidungen zu unterstützen. Für Hinweise zur Verbesserung dieser Studie sind wir schon im voraus dankbar.

Dank gebührt in besonderem Maße Frau Diplom-Betriebswirtin Anette Erfurt, ohne deren Tatkraft, Enthusiasmus und Aufmerksamkeit zum Detail diese Studie nicht möglich gewesen wäre. Den vielen anderen Kemper's Mitarbeitern, die kostbare Zeit und Fachwissen in dieses Werk investiert haben danken wir ebenso. Über Rückmeldungen, wie die Studie beim Leser angekommen ist, würden wir uns sehr freuen.

KEMPER'S
City-Makler

Vorwort

Zur Zeit der Veröffentlichung der ersten KEMPER'S Frequenzanalyse im Jahre 1992 war die wirtschaftliche Entwicklung in der Bundesrepublik Deutschland geprägt durch das Jahrhundertereignis der Integration wie auch die dramatische Entwicklung der Weltwirtschaft nach dem Zusammenbruch der alten politisch-militärischen Ost-West-Konfrontation. Bezogen auf die 1a-Einzelhandelslagen in der Bundesrepublik stellte sich dieser Ausnahmezustand wie folgt dar: In den 1a-Lagen der Kernstädte Ostdeutschlands wurden im Vorgriff auf die erwartete Stärkung der Kaufkraft der ostdeutschen Bevölkerung unangemessen hohe Miet- und Kaufpreisvorstellungen beobachtet. Umgekehrt wurden in den nahe der neuen Bundesländer gelegenen westdeutschen Städten durch den Influx der ostdeutschen Bevölkerung kurzfristig enorm hohe Kaufkraftsteigerungen und entsprechende Renditen realisiert.

Seither hat sich die wirtschaftliche Lage in mehrfacher Hinsicht konsolidiert, und zwar nicht nur weltwirtschaftlich gesehen. Auch die innerdeutsche wirtschaftliche Entwicklung ist charakterisiert durch einen zumindest in 1992 nicht erwarteten schnellen Ausgleich zwischen den alten und den neuen Bundesländern. Obwohl das West-Ost-Gefälle noch deutlich erkennbar ist, zeigt sich diese Entwicklung deutlich in den Daten, die zu der neu aufgelegten Frequenzanalyse vorliegen. Relativ zu der ersten Auflage wurde der Datensatz in mehrfacher Hinsicht ergänzt: Zum einen durch die zusätzliche Aufnahme von weiteren 44 Städten und zum anderen durch die detailliertere Darstellung der Einzelhandelssituation in den jeweiligen 1a-Lagen.

Naheliegenderweise sind die bereits in der ersten Frequenzanalyse enthaltenen wichtigen Daten, nämlich die Passantenfrequenz an der laufstärksten Stelle der 1a-Lage und das daraus ermittelte Kaufkraftpotential sowie die Ertragskennziffer auch in der neuen Frequenzanalyse aufbereitet. Besonders wichtige neue Indikatoren sind die Länge der gesamten Straßenfronten der 1a-Lage als Näherungsgröße für die Größe der 1a-Lage insgesamt, der Einzelhandelsbesatz anteilig nach Handelsform sowie der Branchenmix. Innerhalb des Einzelhandelsbesatzes wird nach Filialunternehmen, Kaufhäusern, örtlichen (Fach-) Einzelhändlern und Centern unterschieden, innerhalb der Branchenstruktur nach den wichtigsten Gruppen Schmuck und Juwelen, Drogerien und Parfümerien, Textilien, Schuhen, Gastronomie und Lebensmittel sowie sonstigen Branchen. Schließlich wird für die wichtigsten Indikatoren die Rangordnung der Städte angegeben.

Hinsichtlich ihrer Nutzung zur Bewertung der 1a-Lagen bedürfen diese Rangordnungen einer gesonderten Interpretation. Die Rangordnungen bezüglich Einwohnerzahl, Besucheraufkommen, Kaufkraftkennziffer, Umsatzkennziffer, Kaufkraftpotential und schließlich Ertragskennziffer können in der üblichen Weise gelesen werden: Dem Rang nach oben stehende Städte werden bezüglich der 1a-Lage relativ positiv bewertet. Dies gilt jedoch nicht unbedingt für die Rangordnungen bezüglich der Anteile an Textil- und Schuheinzelhandelsbetrieben; insbesondere jedoch nicht bezüglich der Rangordnung im Filialisierungsgrad: Die diesbezüglich die »obersten« Ränge besetzenden Städte Köln, Essen, Dresden, Dortmund, Bielefeld oder auch Leipzig weisen einen Filialisierungsgrad auf, der eine Uniformisierung des Einzelhandelangebots befürchten läßt. Eine solche Uniformität dürfte sich eher nachteilig für die weitere Entwicklung der 1a-Lage auswirken.

In der folgenden Interpretation der Daten werde ich mich zunächst auf einen Vergleich der 1a-Lagen derjenigen 40 Städte konzentrieren, die bereits in der Frequenzanalyse 1992 vertreten waren, und danach die Daten für alle in der neuen Frequenzanalyse vertretenen 84 Städte diskutieren.

Zunächst also zu den ersten **40 Städten,** und unter ihnen zur **Passantenfrequenz.** Wie schon im Jahre 1992 führt München mit einer Passantenfrequenz von 8.622 (1992: 8.670) pro Spitzenbelastungsstunde mit weitem Abstand die Rangordnung der Städte an. Direkt danach ändert sich jedoch die Rangfolge. Von den früher in den vorderen Rängen liegenden Städten Hannover, Berlin, Stuttgart, Frankfurt und Köln verbleiben unter den ersten sechs nurmehr Köln mit 4.355 (1992: 3732) Passanten auf dem 4. und Berlin (West) mit 4277 (1992: 4.007)Passanten auf dem 6. Platz. In den anderen vorderen Rängen werden Hannover mit 3.680 (1992: 5.898), Stuttgart mit 3614 (1992: 3.587) und Frankfurt mit 2.297 (1992: 3.818) Passanten durch Duisburg mit 5.559 (1992: 1.539), Düsseldorf mit 4.688 (1992: 2.040) und Essen mit 4.352 (1992: 2.936) Passanten ersetzt.

Für einige der drastischen Abweichungen zwischen den 1992er und den neuen Zählergebnissen gibt es naheliegende Erklärungen: Zunächst war die in 1992 für Hannover beobachtete besonders hohe Passantenfrequenz m. E. bestimmt durch die starke Nachfrage, die sich aus Ostdeutschland auf die nahe der alten Grenze liegenden größeren Städte konzentrierte. Bestätigt wird diese These durch den Rückgang in der Passantenfrequenz in den anderen ehemals grenznahen Großstädten Braunschweig, Kassel und Nürnberg. Die in 1992 für Frankfurt bzw. Düsseldorf beobachteten hohen bzw. niedrigen Passantenfrequenzen waren auf Sondereinflüsse zurückzuführen. Stuttgart fällt trotz fast unveränderter Frequenz aus den vorderen Rängen vermöge eines Verdrängungseffekts heraus, der durch das überraschend gute Abschneiden der beiden Ruhrgebietsstädte Duisburg und Essen erzeugt wird. Das gute Abschneiden von Duisburg ist allerdings durch einen Sondereinfluß bedingt, nämlich durch ein Fußballspiel verbunden mit einem Altstadtfest.

Im übrigen verlaufen die Veränderungen für die Ruhrgebiets- und nahe dem Ruhrgebiet gelegenen Städte uneinheitlich: Während auch für Oberhausen eine deutliche Steigerung der Frequenz um mehr als 1.000 Passanten beobachtet wird, verbleiben die Passantenfrequenzen in Dortmund und Gelsenkirchen in etwa auf dem 1992 beobachteten Niveau von über 3.500 bzw. 2.500, und es fällt die Frequenz in Hagen um 800 und in Wuppertal um 400. Unter den ostdeutschen Städten verbleiben Chemnitz und Magdeburg wie schon in 1992 als Schlußlichter in der Rangordnung der früher untersuchten 40 Städte. Mit einer Abnahme um 400 Passanten gesellt sich Rostock hinzu, das in 1992 immerhin den Rang 30 innehatte. Dagegen gewinnen die 1a-Lagen der anderen ostdeutschen Großstädte ganz deutlich an Attraktivität: So rücken Leipzig mit 1.925 (1992: 800) Passanten, von Rang 38 auf Rang 35, Erfurt mit 2.246 (1992: 848) von Rang 37 auf Rang 28, und schließlich Dresden mit 2525 (1992: 1.370) Passanten von Rang 35 gar auf Rang 19 in der Passantenfrequenz vor. Damit zeigt sich, daß trotz der strukturellen Kaufkraftverluste, die für die ostdeutschen Großstädte durch eine überzogene Entwicklung von Einkaufszentren auf der grünen Wiese zu beklagen sind, die 1a-Lagen eine Besserstellung erfahren, wenn sie auch der Bedeutung dieser Städte noch nicht gerecht wird.

Passantenfrequenz-, Kaufkraftpotential- und Ertragsindizes – Vergleich 92/95

Tabelle 1

I Städte	II normierte Passanten-frequenz 1995 D = 100	III Rang der Städte nach II	IV Rang der Städte nach Passanten-frequenz 1992	V Kemper´s Kaufkraft-potential 1995 D = 100	VI Rang der Städte nach V	VII Rang der Städte nach Kaufkraft-potential 1992	VIII Kemper´s Ertrags-index 1995 D = 100	IX Rang der Städte nach VIII	X Rang der Städte nach Ertragsindex 1992
Aachen	82,7	25	20	85,1	19	22	103,6	16	8
Augsburg	72,1	32	15	75,7	27	18	79,0	28	19
Berlin (West)	150,5	6	3	160,8	5	4	97,9	21	11
Bielefeld	95,0	17	28	98,8	14	27	113,9	12	20
Bochum	88,6	21	14	89,4	18	16	103,2	17	10
Bonn	103,5	14	27	120,0	12	21	138,4	4	23
Braunschweig	91,8	18	9	96,3	15	8	108,2	13	3
Bremen	86,9	23	10	83,7	22	10	73,4	31	16
Chemnitz	15,9	40	40	11,9	40	40	26,0	40	38
Dortmund	132,8	7	7	127,3	10	9	93,0	24	20
Dresden	88,8	20	35	68,9	31	34	83,9	26	36
Düsseldorf	164,9	3	24	200,6	2	14	125,6	6	33
Duisburg	195,6	2	31	180,9	3	31	198,2	2	35
Erfurt	79,0	28	37	59,5	33	38	81,4	27	39
Essen	153,1	5	10	157,9	6	10	104,9	15	26
Frankfurt/Main	80,8	27	5	91,8	17	5	57,5	35	17
Gelsenkirchen	89,0	19	13	78,4	24	23	114,5	11	7
Hagen	43,4	37	26	43,6	36	26	68,2	34	9
Halle	99,7	15	22	75,7	28	32	97,5	23	30
Hamburg	105,0	13	8	114,6	13	7	76,1	29	13

Passantenfrequenz-, Kaufkraftpotential- und Ertragsindizes – Vergleich 92/95

Tabelle 1

I Städte	II normierte Passanten-frequenz 1995 D = 100	III Rang der Städte nach II	IV Rang der Städte nach Passanten-frequenz 1992	V Kemper´s Kaufkraft-potential 1995 D = 100	VI Rang der Städte nach V	VII Rang der Städte nach Kaufkraft-potential 1992	VIII Kemper´s Ertrags-index 1995 D = 100	IX Rang der Städte nach VIII	X Rang der Städte nach Ertragsindex 1992
Hannover	129,4	9	2	137,3	10	2	111,4	22	2
Karlsruhe	122,3	11	17	131,1	9	15	124,9	7	22
Kassel	68,2	34	18	68,7	32	19	75,3	30	12
Kiel	87,7	22	10	84,7	20	12	97,7	22	4
Köln	153,2	4	6	170,6	4	6	106,8	14	15
Krefeld	81,2	26	33	83,9	21	29	118,7	9	24
Leipzig	67,7	35	38	54,2	35	37	56,6	36	40
Lübeck	98,7	16	21	94,3	16	25	118,1	10	18
Magdeburg	31,9	39	39	24,5	39	39	44,7	39	37
Mannheim	75,7	29	32	75,8	26	30	69,2	32	32
Mönchengladbach	56,7	36	29	57,9	34	28	90,7	25	14
München	303,3	1	1	393,1	1	1	246,1	1	1
Münster	111,8	12	23	120,2	11	24	101,3	20	31
Nürnberg	73,4	31	19	78,9	23	17	69,2	33	27
Oberhausen	74,8	30	36	69,2	30	36	126,4	5	34
Rostock	39,1	38	30	29,1	38	35	49,0	38	29
Saarbrücken	83,4	24	34	77,4	25	33	121,2	8	28
Stuttgart	127,1	9	4	149,6	8	3	102,4	18	5
Wiesbaden	125,4	10	24	150,2	7	20	143,1	3	25
Wuppertal	69,8	33	16	74,6	29	13	102,2	19	6

Tabelle 1 enthält für die zunächst betrachteten 40 Städte in Spalte 1 die Passantenfrequenz als Index. Die über alle 40 Städte gemittelte Passantenfrequenz ist auf 100 normiert. Jeder über 100 liegende Wert zeigt damit eine überdurchschnittliche, jeder darunterliegende Wert eine unterdurchschnittliche Passantenfrequenz an. Genauer gesagt liegt zum Beispiel die Passantenfrequenz in München mit einem Indexwert von 303 um das 3fache über dem Durchschnitt der hier betrachteten 40 Städte.

Wenden wir uns nun dem **Index des Kaufkraftpotentials** und seiner Entwicklung für die 40 schon 1992 untersuchten Städte zu. Mit diesem Index stellen wir eine Verbindung her zwischen der erhobenen Passantenfrequenz und dem von der Gesellschaft für Konsumforschung, Nürnberg, ermittelten Kaufkraftindex pro Einwohner der betrachteten Stadt. Die Verbindung erfolgt durch die Normierung der beiden Größen auf die Durchschnitte der betrachteten Städte und Multiplikation, so daß das mittlere Kaufkraftpotential über die hier zunächst betrachteten 40 Städte genau 100 beträgt. Ein Indexwert von über (unter) 100 zeigt damit ein über (unter) dem Durchschnitt der 40 Städte liegendes Kaufkraftpotential an.

Auch hier bleibt München mit einem Indexwert von 393 (1992: 461) mit einigem Abstand an der Spitze der betrachteten Städte, obwohl der Index des Kaufkraftpotentials kaufkraftbedingt um fast 70 Punkte zurückging. München wird nun gefolgt von Düsseldorf mit einem Indexwert von 201 und einer Steigerung dieses Wertes um fast 100, wobei noch einmal festzuhalten ist, daß der niedrige 1992er Indexwert auf negative Sondereinflüsse im Jahre 1992 zurückzuführen ist.

Trotz einer deutlich niedrigeren Kaufkraftkennziffer figuriert Duisburg wegen der enorm hohen, allerdings auf Sondereinflüsse zurückzuführenden Passantenfrequenz an dritter Stelle mit einem Indexwert von 181 in der Rangordnung der Städte nach Kaufkraftpotential, dicht gefolgt von Köln mit 171 (1992: 174) Punkten, Berlin (West) mit 161 (1992: 193) Punkten und Essen mit 158 (1992: 127) Punkten. Bedingt durch eine gegenüber 1992 deutlich, nämlich um gleich 1500 erhöhte Passantenfrequenz folgt schließlich Wiesbaden mit 150 Punkten knapp danach. Wie schon bei der Passantenfrequenz fallen die anderen Ruhrgebietsstädte zurück, wobei Oberhausen die vergleichsweise niedrige Bewertung der Kaufkraft trotz deutlich erhöhter Passantenfrequenz nach wie vor in die hinteren Ränge zwingt.

Trotz der teilweise beeindruckenden Verbesserung der Passantenfrequenz in den großen Zentren der ostdeutschen Bundesländer Dresden, Erfurt und Leipzig, verbleiben diese Städte nach wie vor in den hinteren Rängen der Bewertung nach Kaufkraftpotential. Der Grund liegt darin, daß die Kaufkraft pro Einwohner noch deutlich hinter der der westdeutschen Großstädte hinterherhinkt. So erreicht Dresden mit einem Indexwert von 69 (1992: 40) den Rang 31; Erfurt mit 60 (1992: 24) den Rang 33, und schließlich Leipzig mit einem Indexwert von 54 (1992: 26) den Rang 35. Wie schon 1992 bilden die ostdeutschen Städte insgesamt die Schlußlichter in der Rangordnung nach Kaufkraftpotential, und zwar Rostock, Magdeburg und Chemnitz, wobei Rostock wegen nachlassender Passantenfrequenz gegenüber 1992 besonders deutlich zurückfiel.

Wir vergleichen nun für die 40 bereits 1992 untersuchten Städte den **Index des Ertragspotentials.** Dieser Index setzt Kaufkraftpotential und Quadratmetermieten in den 1a-Lagen zueinander in Beziehung und liefert damit Hinweise auf die Rentierlichkeit von Einzelhandelsaktivitäten relativ zur Geschäftsmiete in den verschiedenen Städten. Genauer gesagt wird der Kaufkraftindex durch einen Index der Mietpreise für die betrachteten Städte dividiert und sein mittlerer Wert auf 100 gesetzt. Ein Indexwert von über (unter) 100 zeigt damit ein über (unter) dem Durchschnitt der 40 Städte liegendes Ertragspotential an.

Auch bezüglich des Ertragspotentials verbleibt München mit einem allerdings gegenüber 1992 um knapp 50 Punkte reduzierten Indexwert von 246 unangefochten an der Spitze der 40 Vergleichsstädte. Für den zweiten Rang von Duisburg ist auch hier die spezielle Situation bei der Passantenzählung verantwortlich zu machen. Viel interessanter ist dagegen der Umstand, daß die dritte bis fünfte Rangposition von Städten eingenommen wird, die in der bisherigen Analyse keineswegs im vorderen Feld figurierten, nämlich von Wiesbaden mit einem Indexwert von 143 (1992: 90), Bonn mit 138 (1992: 100) und Oberhausen mit 126 (1992: 63) auf Rang 5.

In allen Fällen ist für diese Verbesserung eine Steigerung in den Passantenfrequenzen verantwortlich; darüber hinaus aber hielten sich die Mietpreissteigerungen in diesen Städten in Grenzen: In Oberhausen stagnierten die Mietpreise seit 1992 in der 1a-Lage auf DM 120, in Bonn erhöhten sie sich nur um DM 10 auf DM 190, und lediglich in Wiesbaden stiegen sie um DM 30 auf DM 230.

Ein Vergleich mit den 1992 in den vorderen Rängen liegenden Städten lohnt hier: Die 1992 zweitplazierte 1a-Lage von Hannover erlitt den bereits interpretierten Verlust an Passantenfrequenz gleichzeitig mit einer erheblichen Mietpreissteigerung um DM 60 – ein typischer Nachholeffekt einer unerwarteten schockartigen Steigerung der Kaufkraft, die inzwischen wieder auf das Normalmaß zurückgeschrumpft ist. Ähnliches gilt für die 1992 drittplazierte 1a-Lage von Braunschweig und zwar aus ähnlichen Gründen. Auch in der damals viertplazierten 1a-Lage von Kiel ging ein Verlust in der Passantenfrequenz einher mit einer überdurchschnittlichen Mietpreissteigerung.

Im Jahre 1992 wurden die Schlußlichter in der Rangordnung der 1a-Lage nach Ertragspotential von den ostdeutschen Städten Dresden, Magdeburg, Chemnitz, Erfurt und schließlich Leipzig gebildet, wobei Leipzig mit einem Ertragsindexwert von 21 mit weitem Abstand am schlechtesten abschnitt. Als wesentlichen Grund sah ich seinerzeit durch überzogene Ertragserwartungen inflationierte Mieten an. Inzwischen hat sich das Bild unter den ostdeutschen Großstädten differenziert. Zwar liegen Dresden mit einem Ertragsindex von 84 (1992: 50) und Erfurt mit 81 (1992: 35) zwar immer noch deutlich unter dem Durchschnitt der 40 Städte. Sie konnten aber doch ihren Rangplatz erheblich, nämlich von 36 auf 26 bzw. von 39 auf 27 aufbessern. Dies gilt auch für Halle, das mit einem Ertragsindex von 97 (1992: 72) inzwischen knapp unter dem Durchschnitt der 40 Städte liegt und damit seinen Rangplatz von 30 auf 23 verbessern konnte.

Jedoch verbleiben Magdeburg, Chemnitz und Leipzig nach wie vor auf den hinteren Rängen 37, 38 und 40. In Magdeburg und Chemnitz ist dies in erster Linie auf den weiteren Rückgang in der Passantenfrequenz zurückzuführen; in Chemnitz bei stagnierender, in Magdeburg bei steigender Mietpreisentwicklung. In Leipzig dagegen führte die deutliche Verbesserung in der Passantenfrequenz trotz eines Rückgangs der Mietpreise um DM 30 nur zu einer geringen Verbesserung im Rang von 40 auf 36 – ein Zeichen dafür, wie überzogen die dort zu Anfang der 90er Jahre herrschenden Mietpreis- und damit die Ertragserwartungen waren. Inzwischen gesellt sich Rostock mit Rangplatz 38 zu den Schlußlichtern in der Rangfolge nach Ertragspotential. Besonders überraschend figuriert übrigens Frankfurt/Main mit Rangplatz 35 unter den am schlechtesten bewerteten Städten. Auch hier war ein starker Rückgang in der Passantenfrequenz, der durch positive Sondereinflüsse im Jahre 1992 überbetont wurde, mit einer deutlichen Mietpreissteigerung von DM 30 gekoppelt.

Damit möchte ich den Vergleich der bereits 1992 betrachteten 40 großen Städte abschließen und mich der vergleichenden Betrachtung der 1a-Lagen in den **84 Städten** zuwenden, die in der vorliegenden Frequenzanalyse erfaßt wurden.
Die wichtigsten Indizes und Rangfolgen sind in Tabelle 2 enthalten.

Zunächst auch hier zur **Passantenfrequenz,** die in Tabelle 2 in der oben erklärten Indexform dargestellt ist: Naheliegenderweise werden die Spitzenplätze auch unter den 84 Städten von den bereits angesprochenen Städten München, Duisburg (unter Sondereinflüssen), Düsseldorf, Köln, Essen und Berlin gehalten. Da in erster Linie kleinere Städte neu aufgenommen wurden, ist es auch nicht weiter verwunderlich, daß die Schlußlichter in der Rangfolge nach Passantenfrequenz sich neu formieren: Es sind nun Salzgitter, Bremerhaven, Cottbus, Chemnitz und Moers. Ebenfalls nicht unerwartet liegt die Passantenfrequenz in den 1a-Lagen der neu aufgenommenen ostdeutschen Städte durchweg unter dem Durchschnitt der 84 Städte.

Während im Mittelfeld des Spektrums bezüglich des **Index des Kaufkraftpotentials** relativ zu dem der Passantenfrequenzen einige vielleicht nicht so besonders einschneidende Veränderungen zu beobachten sind, verschiebt sich die Ordnung der ersten wie auch der letzten Städte in der erwarteten Weise nur marginal. Am Rande sei zur Konsistenz des Index bemerkt, daß die ostdeutschen Städte bezüglich des Index des Kaufkraftpotentials durchweg auf niedrigeren Rangplätzen landen als bezüglich der Passantenfrequenz: ein Indikator dafür, daß bei gleicher Passantenfrequenz in ost- und westdeutschen Städten die Kaufkraft pro Einwohner in den ostdeutschen noch nicht der in den westdeutschen Städten entspricht.

Passantenfrequenz-, Kaufkraftpotential- und Ertragsindizes 1995
Tabelle 2

I Städte	II normierte Passanten-frequenz D = 100	III Rang der Städte nach II	IV Kemper´s Kaufkraft-potential D = 100	V Rang der Städte nach IV	VI Kemper´s Ertrags-index D = 100	VII Rang der Städte nach VI	VIII Filialis.-grad in %	IX Rang der Städte nach VIII
Aachen	107,9	29	111,0	24	107,5	33	72,6	12
Augsburg	94,0	40	98,7	36	82,0	58	64,7	25
Berg. Gladbach	49,6	73	61,0	64	112,0	24	40,0	81
Berlin (West)	196,3	6	209,8	5	101,6	39	67,8	20
Bielefeld	124,0	20	128,9	18	118,2	20	80,1	5
Bochum	115,6	24	116,7	22	107,1	35	76,3	7
Bonn	135,0	16	156,5	14	143,6	8	63,5	30
Bottrop	62,5	65	57,2	67	110,7	29	48,5	71
Braunschweig	119,8	21	125,6	19	112,3	23	52,5	64
Bremen	113,4	27	109,2	27	76,2	62	70,0	16
Bremerhaven	27,7	81	24,3	80	60,6	74	58,0	52
Chemnitz	20,7	83	15,5	83	27,0	83	60,9	40
Cottbus	21,1	82	15,6	82	27,2	82	43,6	78
Darmstadt	92,7	42	107,6	29	110,4	30	40,3	80
Dortmund	173,3	8	166,1	12	96,5	47	80,9	4
Dresden	115,9	23	89,9	46	87,1	52	81,8	3
Düsseldorf	215,1	3	261,7	2	130,3	11	67,1	21
Duisburg	255,1	2	236,0	3	205,7	4	71,6	13
Erfurt	103,1	33	77,6	53	84,5	55	60,8	41
Erlangen	37,5	75	47,4	72	63,6	71	56,3	59
Essen	199,7	5	206,0	6	108,9	32	84,2	2
Frankfurt/Main	105,4	31	119,8	21	59,7	75	65,9	23

Passantenfrequenz-, Kaufkraftpotential- und Ertragsindizes 1995
Tabelle 2

I Städte	II normierte Passanten-frequenz D = 100	III Rang der Städte nach II	IV Kemper´s Kaufkraft-potential D = 100	V Rang der Städte nach IV	VI Kemper´s Ertrags-index D = 100	VII Rang der Städte nach VI	VIII Filialis.-grad in %	IX Rang der Städte nach VIII
Freiburg	145,4	14	140,1	16	111,0	26	46,5	75
Fürth	53,7	69	56,0	69	81,4	59	51,0	65
Gelsenkirchen	116,1	22	102,2	32	118,8	19	64,7	25
Gera	64,8	62	47,5	71	69,0	68	38,0	82
Göttingen	115,5	25	111,2	23	121,2	17	54,0	62
Hagen	56,6	67	56,9	68	70,8	67	76,0	8
Halle	130,1	17	98,7	37	101,2	41	61,8	38
Hamburg	137,0	15	149,5	15	79,0	60	50,3	66
Hamm	37,1	76	32,2	77	62,3	72	71,4	14
Hannover	168,9	9	179,1	10	115,6	22	60,8	41
Heidelberg	128,1	19	134,0	17	111,3	25	58,1	51
Heilbronn	102,4	34	106,6	30	92,9	50	62,5	35
Herne	91,1	44	80,9	51	176,3	6	60,0	45
Hildesheim	184,7	7	186,5	9	216,7	2	56,6	56
Ingolstadt	91,6	43	96,5	40	98,9	45	63,4	31
Jena	30,0	79	22,3	81	38,8	80	45,7	76
Kaiserslautern	76,7	54	79,1	52	86,2	53	63,3	32
Karlsruhe	159,6	12	171,1	11	129,7	12	54,4	61
Kassel	89,0	46	89,6	47	78,1	61	56,1	60
Kiel	114,4	26	110,5	25	101,4	40	64,0	28
Koblenz	92,7	41	100,8	34	92,5	51	57,4	54
Köln	199,9	4	222,5	4	110,8	28	88,2	1

Passantenfrequenz-, Kaufkraftpotential- und Ertragsindizes 1995
Tabelle 2

I Städte	II normierte Passanten-frequenz D = 100	III Rang der Städte nach II	IV Kemper´s Kaufkraft-potential D = 100	V Rang der Städte nach IV	VI Kemper´s Ertrags-index D = 100	VII Rang der Städte nach VI	VIII Filialis.-grad in %	IX Rang der Städte nach VIII
Krefeld	106,0	30	109,5	26	123,2	15	73,3	11
Leipzig	88,3	48	70,7	58	58,7	76	78,1	6
Leverkusen	84,3	49	95,6	41	208,3	3	47,0	74
Ludwigshafen	63,4	64	66,8	61	116,5	21	41,8	79
Lübeck	128,7	18	123,0	20	122,6	16	62,0	33
Magdeburg	41,7	74	32,0	78	46,4	79	64,5	27
Mainz	58,0	66	69,5	59	65,5	70	62,6	34
Mannheim	98,8	35	98,9	35	71,8	65	63,7	29
Mönchengladbach	73,9	56	75,6	54	94,1	48	68,1	19
Moers	15,0	84	14,5	84	21,0	84	56,6	56
Mülheim	96,7	38	109,1	28	135,9	9	58,8	48
München	395,7	1	512,9	1	255,5	1	49,5	69
Münster	145,8	13	156,9	13	105,2	38	57,1	55
Neuss	77,2	53	87,1	48	126,6	13	62,0	36
Nürnberg	95,8	39	102,9	31	71,8	66	68,7	18
Oberhausen	97,6	36	90,3	45	131,2	10	75,4	9
Offenbach/Main	51,8	71	57,2	66	99,7	42	58,5	49
Oldenburg	72,1	58	72,0	57	83,7	56	63,1	33
Osnabrück	97,3	37	91,0	44	99,2	43	70,4	15
Paderborn	103,3	32	96,6	39	99,1	44	60,6	43
Pforzheim	83,0	50	92,4	43	107,3	34	60,6	43
Potsdam	75,6	55	62,8	63	68,4	69	25,7	84

Passantenfrequenz-, Kaufkraftpotential- und Ertragsindizes 1995
Tabelle 2

I Städte	II normierte Passanten-frequenz D = 100	III Rang der Städte nach II	IV Kemper´s Kaufkraft-potential D = 100	V Rang der Städte nach IV	VI Kemper´s Ertrags-index D = 100	VII Rang der Städte nach VI	VIII Filialis.-grad in %	IX Rang der Städte nach VIII
Recklinghausen	68,8	60	63,6	62	110,9	27	59,6	47
Regensburg	78,3	52	85,8	49	83,1	57	57,8	53
Remscheid	36,0	77	39,0	73	84,9	54	56,6	56
Reutlingen	88,9	47	94,5	42	109,8	31	47,3	73
Rostock	51,0	72	38,0	76	50,9	77	50,0	67
Saarbrücken	108,8	28	101,0	33	125,8	14	73,6	10
Salzgitter	28,2	80	26,8	79	46,7	78	44,2	77
Schwerin	66,5	61	51,1	70	74,2	63	36,9	83
Siegen	72,8	57	72,1	56	96,7	46	58,3	50
Solingen	64,4	63	68,3	60	119,0	18	52,8	63
Stuttgart	165,9	10	195,2	8	106,3	36	60,0	45
Ulm	35,9	78	38,6	74	37,3	81	50,0	67
Wiesbaden	163,6	11	196,0	7	148,5	7	69,9	17
Witten	81,9	51	81,3	50	177,1	5	65,3	24
Wolfsburg	54,0	68	59,2	65	93,9	49	61,2	39
Würzburg	71,3	59	75,4	55	73,0	64	48,5	71
Wuppertal	91,0	45	97,1	38	105,8	37	66,3	22
Zwickau	51,9	70	38,4	75	60,8	73	48,7	70

Von besonderem Interesse ist jedoch die Betrachtung nach dem **Index des Ertragspotentials.** Während auch hier München unangefochten an der Spitze verbleibt und wenn man von dem Sonderfall Duisburg absieht, werden die vorderen Rangplätze nach dem Ertragsindex durchweg von Städten mittlerer Größe wie Hildesheim mit einem Indexwert von 217, Leverkusen mit 208, Witten mit 177, Herne mit 176, Wiesbaden mit 149, Bonn mit 144 und Mülheim mit 136 Indexpunkten eingenommen! Damit verstärkt sich die bereits 1992 gemachte Beobachtung, daß vom Ausnahmefall München abgesehen sich das Ertragspotential nicht unbedingt in den 1a-Lagen der klassischen Einkaufszentren als besonders günstig darstellt. Interessanterweise handelt es sich hier oft um 1a-Lagen mit einem vergleichsweise geringen Filialisierungsgrad. So liegt München bezüglich des Filialisierungsgrades weit hinten auf Rangplatz 69, Hildesheim auf 55 und Leverkusen auf Platz 74. Die anderen bezüglich des Ertragspotentials hoch rangierenden Städte weisen allerdings deutlich höhere, um oder über dem Durchschnitt liegende Filialisierungsgrade auf.

Fest steht jedoch, daß die Städte, deren 1a-Lagen durch besonders hohe Filialisierungsgrade ausgezeichnet sind, bezüglich des Ertragsindex durchweg nicht auf den vorderen Rängen landen. An der Spitze liegt hier Köln mit einem Filialisierungsgrad von 88,2 %, jedoch nur einem Rangplatz von 28 bezüglich des Ertragsindex, gefolgt von Essen mit einem Filialisierungsgrad von 84 % und einem Ertragsrang von 32 oder Dortmund mit einem Filialisierungsgrad von 80 % und einem Ertragsrang von nurmehr 47. Auch die 1a-Lagen der beiden (potentiell) großen ostdeutschen Einkaufszentren Dresden und Leipzig zeigen ein ähnliches Bild: Dresden liegt mit mit einem Filialisierungsgrad von 82 % auf Ertragsrang 52 und Leipzig mit einem Filialisierungsgrad von 78 % auf Ertragsrang 76.

Obwohl das Bild sicher zu seiner Präzisierung einer weiteren Analyse bedarf, scheint hier ein gewichtiger Zusammenhang zu bestehen: In den 1a-Lagen mit hohem Filialisierungsgrad scheint sich das Verhältnis von Mietpreisen zu Kaufkraftpotential deutlich ungünstiger zu gestalten als in solchen mit niedrigerem Filialisierungsgrad, also zunächst einem größeren Anteil an alteingesessenem Facheinzelhandel. Die Befürchtung, daß die 1a-Lagen an einer überzogenen Filialisierung und damit Uniformisierung leiden können, scheint sich zu bestätigen.

Daß der Filialisierungsgrad in den großen ostdeutschen Städten besonders hoch ist, ist nicht verwunderlich, da der alteingesessene Facheinzelhandel in der alten DDR zu einem Kümmerdasein verurteilt war und die westdeutschen Unternehmen mit Macht in den neuen Markt drängten. Gerade deshalb scheint bei der weiteren Entwicklung der 1a-Lagen in diesen Städten Vorsicht geboten: Der Trend könnte zur weiteren Aushöhlung des Kaufkraftpotentials in diesen Städten führen – eines Kaufkraftpotentials, das durch die exzessive Entwicklung von Einkaufszentren auf der gründen Wiese ohnenhin schon stark dezimiert sein dürfte.

Ich möchte zusammenfassen: Die aus der vorliegenden Analyse hervorgehenden Trends zeigen zunächst einen deutlichen Rückgang der noch 1992 beobachtbaren integrationsbedingten Verwerfungen in der Entwicklung der 1a-Lagen der bundesdeutschen Städte. Die damals beobachtete Stärkung der Nachfrage in den ehemals grenznahen Städten hat sich verflüchtigt, und die spekulativ bedingte Minderung des Ertragspotentials in den großen ostdeutschen Städten hat sich abgebaut. Geblieben und verdeutlicht ist der Trend dazu, daß – sieht man von dem Solitär München ab – in den 1a-Lagen der mittelgroßen westdeutschen Städte Ertragspotentiale zu finden sind, die weit über denen in den klassischen Einkaufszentren liegen.

Ich kann hier nur wiederholen, daß naheliegenderweise jede Immobilie ganz individuelle Besonderheiten bezüglich Lage und Bausubstanz aufweist, durch die ihr Ertragspotential ganz wesentlich mitbestimmt wird. Dennoch lassen sich mit Hilfe der hier dargestellten und oben analysierten Daten wichtige Einsichten in die nachfrage- und damit die ertragsbestimmenden Faktoren gewinnen. Sie liefern damit grundlegende Informationen zu den Entscheidungen von Einzelhändlern und Immobilieninvestoren.

Prof. Dr. Konrad Stahl, Dipl.Ing., M. Arch, M.C.P.

Methodik der Analyse

Schematische Darstellung der 1a-Lage

Die jeweils rechte Seite der einzelnen Städtedarstellungen zeigt eine schematisierte lagegenaue Darstellung des Einzelhandelsbesatzes in der 1a-Lage der bezogenen Stadt und gibt den optischen Hinweis auf die Lage des Zählpunktes der Passantenzählung.

Die Lagedarstellung bezieht sich nicht nur auf die unmittelbare Umgebung des Zählpunktes, sondern zeigt die gesamte Top-1a-Lage einer Stadt.

Sollte es sich in einer Stadt um mehrere 1a-Lagen handeln, sind diese entsprechend komplett aufgeführt.

Die Angaben zum Einzelhandelsbesatz beziehen sich auf den Stand zum Zeitpunkt der Passantenzählung im Mai 1995. Statistisch gesehen wechseln pro Jahr ca. 5 bis 10% der Mietverhältnisse.

Einwohnerzahl

Stärkste Bestimmungsgröße für das quantitative Umsatzpotential des Einzelhandels ist die Zahl der ortsansässigen Bevölkerung. In Verbindung mit der jeweils zu erwartenden Bevölkerungsentwicklung des Standortes muß diesem Faktor starkes Gewicht beigemessen werden.

Besucheraufkommen

Als Indikator für das Besucheraufkommen des jeweiligen Standortes wurden die vom Statistischen Bundesamt Wiesbaden ermittelten Übernachtungszahlen für das gesamte Jahr 1994 herangezogen. Sie geben Aufschluß über die Attraktivität eines Standorts für Touristen und Geschäftsbesucher und sind insoweit zusätzlicher Hinweis auf die Qualität der durch die Passanten getragenen Kaufkraft. So zum Beispiel die Städte Dresden, Erfurt, Halle, Cottbus und Zwickau, deren durchschnittliche Zuwachsrate hinsichtlich des Besucheraufkommens bei ca. 55 % liegen.

Kaufkraftkennziffer

Die Kaufkraftkennziffer ist als Einkommensindikator heranzuziehen und gibt die Konsumfähigkeit der ortsansässigen Bevölkerung wieder. Sie stellt eine sehr umfassende Wiedergabe des Nachfragepotentials der jeweiligen Stadt dar. Je höher die Kennziffer, desto günstiger sind die Rahmenbedingungen für den örtlichen Einzelhandel, der einen bedeutenden Anteil dieser Kaufkraft abschöpft. Eine hohe Kaufkraft wirkt sich uneingeschränkt positiv auf die Standortgüte aus. Eine Kennziffer von 100 signalisiert durchschnittliche Kaufkraft.

Die hier verzeichneten Kennziffern wurden von der GfK, Gesellschaft für Konsum-, Markt- und Absatzforschung, Nürnberg, ermittelt. Die Anfang 1995 erfolgte Veröffentlichung bezieht die neuen Bundesländer mit ein. Bei einem Vergleich mit älteren Erhebungen ist insofern zu berücksichtigen, daß sich die Basis der Durchschnittbildung verändert hat.

Umsatzkennziffer

Der Umsatz des lokalen Einzelhandels pro Kopf der ortsansässigen Bevölkerung innerhalb eines Jahres ist Ausdruck des Umsatzpotentials vor Ort und ein Indiz für die Attraktivität einer Stadt als Einzelhandelsstandort.

Textilanteil/Schuhanteil

Die Zählung der ortsansässigen Textil- und Schuheinzelhandelsbetriebe erfaßt die in der gesamten 1a-Lage registrierten Geschäfte, d. h. nicht nur der Bereich des Zählpunktes, sondern die komplett schematisierte Darstellung findet hier ihren prozentualen Ausdruck. Der Prozentsatz bezieht sich nicht auf den Flächenanteil der Textil- und Schuheinzelhändler, sondern auf die Anzahl der unterhaltenen Einzelhandelsbetriebe.

Filialisierungsgrad

Die Ermittlung des Filialisierungsgrades beruht auf der Zählung der ortsansässigen Einzelhandelsbetriebe der insgesamt schematisierten 1a-Lage und gibt den prozentualen Anteil der Filialunternehmen an den insgesamt ansässigen Einzelhandelsbetrieben wieder. Der Prozentsatz bezieht sich nicht auf den Flächenanteil der Filialunternehmen, sondern gibt den Grad der Filialisierung anhand der unterhaltenen Einzelhandelsbetriebe wieder.

Passantenzählung

Die Passantenzählung wurde im Auftrag von Kemper's durch das Sample-Institut, Mölln, durchgeführt. Ziel der Untersuchung war die Erhebung des Passantenaufkommens in ausgewählten Innenstadtlagen in Städten ab 100.000 Einwohnern, in der Regel dem Mittelpunkt der 1a-Lage der jeweiligen Stadt.

Bei der Anlage der Untersuchung wurde zugrunde gelegt, die Messung zu einem Zeitpunkt durchzuführen, zu dem ein zwar überdurchschnittliches, aber nicht maximales Passantenaufkommen zu erwarten war. Auf diese Weise sollen die erhobenen

Werte einen Hinweis auf die durchschnittlich in den Stoßzeiten zu erwartende Anzahl von Passanten geben. Aufgrund dieser Zielsetzung wurde auf eine Erhebung in Form einer klassischen Passantenzählung verzichtet, die in der Regel über einen längeren Zeitraum bei täglicher kontinuierlicher Messung von morgens bis abends erfolgt.

Die hier vorliegende Erhebung sollte in Form einer punktuellen Messung an einem »normalen« Freitagnachmittag in der Zeit von 16.00 bis 17.00 Uhr stattfinden. Dieser Freitag sollte jedoch nicht nach einem Feiertag oder in der allgemeinen Urlaubs- und Ferienzeit liegen. Die Zählung wurde am Freitag, dem 5. Mai 1995, durchgeführt.

Die Zählung der Passanten durch die jeweiligen Interviewer erfolgte innerhalb des vorgegebenen Erhebungszeitraumes fünfminutenweise. Die Interviewer waren angewiesen, in den ersten fünf Minuten nur die Passanten zu zählen, die den Standort des Interviewers von links nach rechts passierten, dann weitere 5 Minuten nur die von rechts nach links gehenden. Nach jedem zehnminütigen Zählblock war eine Pause von fünf Minuten einzuhalten, um Passanten-Frequenzschwankungen durch Fahrpläne öffentlicher Verkehrsmittel oder längere Ampelphasen auszugleichen. Alle Interviewer waren mit Zähluhren (Postenzählern) ausgestattet.

Grundsätzlich war in sämtlichen Städten ein Einzel-Interviewer eingesetzt. An Standorten, wo aufgrund besonderer örtlicher Gegebenheiten, z. B. Weitläufigkeit oder Unübersichtlichkeit des Meßpunktes entsprechende Notwendigkeit bestand, wurden zwei Interviewer eingesetzt. Diese standen sich auf den Straßenseiten gegenüber und zählten unter Fixierung eines Gegenstandes in der Mitte der Straße (z. B. Straßenleuchte) lediglich die Personen, die zwischen dem jeweiligen Interviewer und dem fixierten Gegenstand passierten. Beide Zähler hatten die jeweils gleiche Zählrichtung. Diese Methode kam in Städten ab 250.000 Einwohnern zum Einsatz.

Über die reine Zählung hinaus waren die Interviewer angewiesen, besondere Ereignisse zu protokollieren, die Einfluß auf das Passantenaufkommen haben könnten. Mit Hilfe dieser zusätzlichen Informationen über die am Tage der Zählung am Meßpunkt vorgefundenen Bedingungen sollten die Aussagefähigkeit und Interpretierbarkeit der Ergebnisse verbessert und vergleichbar gemacht werden.

Neben den Erhebungsbögen mit dem Erfassungsschema erhielten die Interviewer daher auch ein besonderes Zählprotokoll, um zum Beispiel Geschäftseröffnungen, Sonderverkäufe sowie Stadt- oder Straßenfeste festzuhalten. Auch die zum Zeitpunkt der Messung herrschenden Wetterverhältnisse wurden dokumentiert, ebenso ein möglicherweise notwendiges Abweichen vom vorgegebenen Zeitpunkt.

Durch den Ausfall eines Interviewers konnte die Erhebung in München nicht zum vorgesehenen Zeitpunkt durchgeführt werden. Die Messung wurde am Freitag, dem 19. Mai 1995, in der Zeit zwischen 16.00 und 17.00 Uhr nachgeholt.

Ergebnisdarstellung

Bedingt durch die Erhebungsmethode (4 unabhängige Meßintervalle von je 10 Minuten) bezogen sich die ursprünglich ermittelten Werte auf eine effektive Meßzeit von 40 Minuten. Durch Multiplikation mit dem Faktor 1,5 wurde das Passantenaufkommen pro Stunde ermittelt und in den »Städtecharts« verzeichnet.

Aufgrund der für die Untersuchung maßgebenden Zielsetzung können die Ergebnisse keine allgemeingültigen Aussagen über das generelle Passantenaufkommen der unterschiedlichen Städte machen. Die gewählte Untersuchungsmethode zeigt vielmehr die Relation der einzelnen Städte zueinander.

Länge der Straßenfronten

Anhand von Katasterplänen wurden die relevanten Straßenfronten, ohne Abschläge für Eingänge und Treppenhäuser, ausgemessen und für die gesamte schematisierte 1a-Lage addiert. Stich- und Querstraßen sowie Postämter und Kirchen wurden nicht mitgemessen.

Länge der 1a-Lage

Ebenfalls anhand von Katasterplänen wurde die 1a-Lage mit ihren Stich- und Querstraßen ausgemessen und für jede 1a-Lage separat im Straßenlauf ausgewiesen.

Kemper's Kaufkraftpotential

Die als Kaufkraftpotential errechnete Kennziffer stellt die Verbindung zwischen gemessener Passantenfrequenz und durchschnittlicher Kaufkraft des Standortes her und verdeutlicht die durch das Passantenaufkommen getragene Kaufkraft im Vergleich der 84 untersuchten Städte (Durchschnitt = 100).

Die Kennzahl wurde wie folgt berechnet: Für die Passantenfrequenz sowie die GfK-Kaufkraftindizes wurden Durchschnittswerte für die 84 betrachteten Städte gebildet. Diese beiden Durchschnittswerte wurden auf die Zahl 10 normiert. Miteinander multipliziert ergeben diese Durchschnittswerte den Durchschnitt von 100 für das Kaufkraftpotential der betrachteten 84 Städte. Davon ausgehend wurden für jede einzelne Stadt die Abweichungen im Passantenfrequenz- und Kaufkraftindex vom jeweiligen Durchschnittswert 10 ermittelt, indem sie jeweils durch den Mittelwert dividiert und mit 10 mulitpliziert wurden. Dieses Verfahren ergibt den verzeichneten Index des Kaufkraftpotentials in den 1a-Lagen.

Mietpreis 1a-Lage

Die aufgeführten Werte für das Mietpreisniveau stellen den durchschnittlichen DM-Preis pro Quadratmeter einer nachhaltig am jeweiligen Markt erzielbaren Miete für eine fiktive »kleine Idealfläche« in absoluter »1a-Lage« bei Neuvermietung dar. Die Verkaufsfläche einer solchen theoretisch angenommenen Einheit soll ca. 100 m² bei gleichbleibendem Flächenniveau umfassen, ein ebenerdiger, stufenfreier Zugang soll gewährleistet sein, die Schaufensterfront muß eine Mindestbreite von 6,00 m aufweisen und der Bauzustand des Objektes gehobenen Ansprüchen gerecht werden. Darüber hinaus gelten die sonstigen vertraglichen Vereinbarungen, wie z. B. die Wertsicherungsklausel, die Vertragslaufzeit und das Optionsrecht, als nach üblicher Art getroffen.

Um Mißverständnissen vorzubeugen ist nochmals darauf hinzuweisen, daß Flächen mit zunehmender Größenordnung abnehmende DM/m²-Werte und umgekehrt deutlich kleinere Flächen wesentlich höhere DM/m²-Werte erbringen können.

Kemper's Ertragskennziffer 1995

Die als Ertragskennziffer errechnete Größe stellt die Beziehung zwischen Kaufkraftpotential und m²-Mieten dar. Die Kennzahl wurde wie folgt berechnet: Für den Mietpreis wurde der Durchschnittswert für die 84 betrachteten Städte errechnet und auf die Zahl 10 normiert, so daß der sogenannte Mietindex gebildet wurde. Dividiert man den bisher betrachteten Index des Kaufkraftpotentials durch den Mietindex und multipliziert mit 10, ergibt dieses Verfahren die Ertragskennziffer in den 1a-Lagen.

Ansässige Einzelhandelsbetriebe (1a-Lage)

Die Zählung der ortsansässigen Einzelhandelsbetriebe erfaßt alle in der schematisierten Darstellung der 1a-Lage registrierten Geschäfte bei strengster Definition des Lagebegriffs. Die einzelnen Betriebe werden unterschieden nach Filialunternehmen, Kaufhäusern, örtlichen Einzelhändlern und gegebenenfalls ansässigen City-Centern. Hierbei werden nur diejenigen Einzelhandelsbetriebe berücksichtigt, die ausschließlich Front zur 1a-Lage haben. Als Filialunternehmen galten Firmen, die mehr als drei örtlich getrennte Betriebsstätten unterhalten.

Zusätzlich werden die ansässigen Einzelhandelsbetriebe nach fünf Branchengruppen unterschieden, um deren Gewichtung am Markt darzustellen:

- Schmuck, Juwelier
- Drogerien, Parfümerien
- Textil
- Schuhe
- Gastronomie/food
- Sonstige

In der schematisierten Darstellung der Läufe werden alle Einzelhandelsbetriebe mit ihrer Branchenbezeichnung versehen. Hier wird bei den Textilunternehmen folgende Differenzierung vorgenommen:

- KiKo = Kinderkonfektion
- DOB = Damenoberbekleidung mit der Zielgruppe älter als 25 Jahre
- HAKA = Herrenkonfektion
- young fashion = junge Mode mit der Zielgruppe der 15-25jährigen.

Stadtanalysen

Aachen

		Rangordnung der 84 Städte
Einwohner:	246.671	33
Besucheraufkommen 1994:	677.563 Übernachtungen	21
Kaufkraftkennziffer 1995 je Einwohner:	107,0	43
Umsatzkennziffer 1995 je Einwohner:	147,3	22
Anteil Textil (gesamte 1a-Lage): nach Anzahl der Betriebe	44,3 %	1
Anteil Schuhe (gesamte 1a-Lage): nach Anzahl der Betriebe	13,3 %	7
Filialisierungsgrad (gesamte 1a-Lage): nach Anzahl der Betriebe	72,6 %	12
Passantenzählung:	**2.351**	29
Standort:	Adalbertstraße 35	
Zeit:	16.00 Uhr bis 17.00 Uhr	
Datum:	5. Mai 1995	
Wetter:	warm, wolkenloser Himmel	
Besonderheiten:	keine	
Länge der Straßenfronten 1a-Lage:	1.100 m	
Kemper's Kaufkraftpotential 1995: normierte Kaufkraftkennziffer x normierte Passantenzählung 100 = Durchschnitt der 84 Städte	**111,0**	24
Mietpreis 1a-Lage 1995 pro m²: Quelle: Kemper's Index	DM/m² 180,-- bei Neuvermietung	
Kemper's Ertragskennziffer 1995: Index des Kemper's Kaufkraft-potentials : Mietindex 100 = Durchschnitt der 84 Städte	**107,5**	33

Ansässige Einzelhandelsbetriebe 1a-Lage

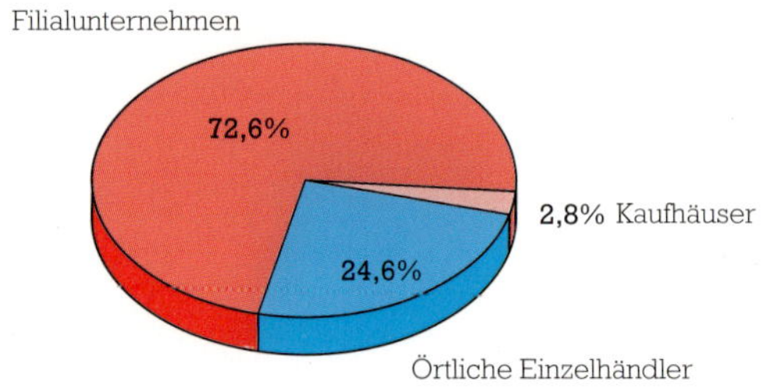

Branchenmix 1a-Lage

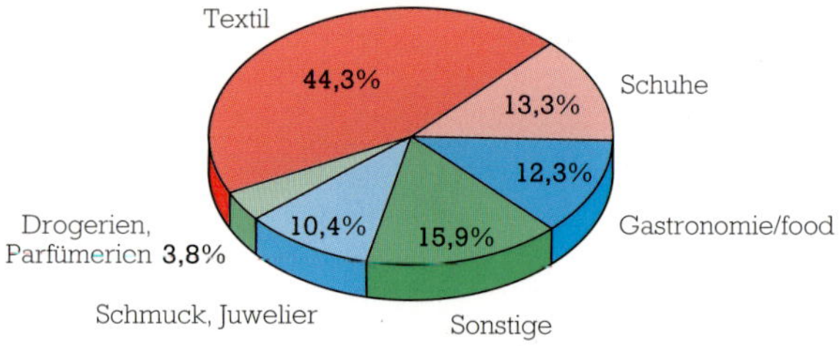

Weitere Makrodaten siehe KEMPER'S INDEX

Aachen

1a-Lage: Adalbertstraße

Filialisierungsgrad: 83,9 %
Besonderheiten: großflächige Bebauung, Kaufhausmeile

Peterstraße

Bock, Textilhaus	6-10
Strauch, Café + Brotlädchen	6-10
Bock, HAKA	6-10
Schweitzer, Schreibwaren	12
Fister, Textilhaus	14
Tack, Schuhe	16
Sport-Kaufhof	18
World Fashion	
Kaufhof mit Bäckerei Moss/Iß was/ Saturn, Elektroartikel	20-30
Benetton, young fashion	32
Roland, Schuhe	32
H. Nobis, HAKA	34
Wehmeyer, Bekleidungshaus	36-42
Langhardt, Lederwaren	44
Douglas, Parfümerie	44a
Apollo, Optik	46
Nordsee, Systemgastronomie	48
Orsay, young fashion	50
Jersey Ilany, DOB	52
Schlemmermeyer, Feinkost	54
Interimslösung/Bossi	56
Adalbert Apotheke	58

Harscampstraße

Atlas, Reisebüro	60
Tchibo, Kaffee	60
Ursula Aust, DOB	62
Filius Ruffini, HAKA	64
Fashion Point	
Chare Corporation	66
Bijou Brigitte, Modeschmuck	68
A. Brach, Fleischerei	70

Adalbertsberg

Adalbertstraße
Länge 1a-Lage: 350 m

Peterstraße

	Wilma's Modepavillon, DOB
1	Bäckerei
1	Leo's Jeans
25	Gold Kraemer
25a	Modehaus Blömer
27	Siemes, Schuhe
29	Böhmer, Schuhe
31	Haus für alle
33	Kämpgen, Schuhe
35	Bertram & Ackens, Lederw.
35	Deichmann, Schuhe
37	Gold + Silber
37	Salamander, Schuhe
39	Kaufhalle, Kleinkaufhaus
41	Biba, DOB
41a	Checkers, young fashion
41b	André, Schuhe
41b	St. Trop, Accessoires
43	Christ, Juwelier
45-47	Tack, Schuhe
49	Nies, Automaten Center
51	Buntrock, DOB
53-55	Woolworth, Kleinkaufhaus
55	Yves Rocher, Kosmetik
57	Uhren Weiss, Juwelier
57	Pariscop, DOB

Kugel-brunnen

Aachen

1a-Lage: Dahmengraben

Filialisierungsgrad: 64 %
Besonderheiten: kurze Fußgängerzone mit hochwertigem Branchenbesatz

Bädersteig | Bädersteig

Dahmengraben
Länge 1a-Lage: 150 m

Thomas, Parfümerie	19
Mommertz, HAKA	17
Benetton, young fashion	15
Ulrich & Knorren, Juweliere	9-13
Robert Ley, DOB/HAKA	9-13
Bally, Schuhe	9-13
Rubin, Modeschmuck	7
Le Bistro, Café	7
Depéche Mode	3-5
Dacapo Mode, young fashion	3-5
Robert Ley, DOB	3-5
Roeckl, Handschuhe	1
Andrea Anders, DOB	1

22-24	Telekom
22	Velvet
20	Jaspers, Goldschmiede
18	Kitty Bings Bellezza
16	Aachen De Luxe Mode, DOB
12-14	BB Wäsche/Dessous
12-14	Ytos, young fashion
8	Allessandra, Schuhe
6	K 6 Fashion / City Sun
2-4	Coconut
2-4	Douglas, Parfümerie

Büchel | Büchel

Aachen

1a-Lage: Krämerstraße

Filialisierungsgrad: 68 %
Besonderheiten: kurze, enge, leicht ansteigende Einkaufsstraße zwischen Markt und Dom

Markt

Rathaus

Rommelsgasse

Bleyle, DOB	2
Friseur	4
Nobis, Printenshop	6
CIRO, Modeschmuck	8
Maison	10
Krawatten	12
Cédric Shop	14
Fil à Fil, DOB/HAKA	14a
Moda Dimani	16
Wäschestudio	18
Redford	20-34
Görtz 17, Schuhe	20-34
Benetton, young fashion	20-34
Dom Apotheke	20-34
Escada, DOB	20-34
Moss Brot	20-34

Krämerstraße
Länge 1a-Lage: 150 m

7	"Goldener Apfelbaum", Gastronomie
9	Nobis, Printenbäckerei
11	Bagstore, Lederwaren
13-15	Schneiderwind, Pfeifen/Tabak
17	La Fayette, DOB
19-21	Helg, DOB
19-21	Uhren Weiss

Hof

DOM

Augsburg

		Rangordnung der 84 Städte
Einwohner:	264.764	29
Besucheraufkommen 1994:	432.528 Übernachtungen	29
Kaufkraftkennziffer 1995 je Einwohner:	109,2	34
Umsatzkennziffer 1995 je Einwohner:	138,5	28
Anteil Textil (gesamte 1a-Lage): nach Anzahl der Betriebe	30,3 %	40
Anteil Schuhe (gesamte 1a-Lage): nach Anzahl der Betriebe	8,1 %	49
Filialisierungsgrad (gesamte 1a-Lage): nach Anzahl der Betriebe	64,7 %	25
Passantenzählung:	**2.049**	40
Standort:	Annastraße 24 Annastraße 33	
Zeit:	16.00 Uhr bis 17.00 Uhr	
Datum:	5. Mai 1995	
Wetter:	warm, wolkenloser Himmel	
Besonderheiten:	keine	
Länge der Straßenfronten 1a-Lage:	1.150 m	
Kemper's Kaufkraftpotential 1995: normierte Kaufkraftkennziffer x normierte Passantenzählung 100 = Durchschnitt der 84 Städte	**98,7**	36
Mietpreis 1a-Lage 1995 pro m²: Quelle: Kemper's Index	DM/m² 210,-- bei Neuvermietung	
Kemper's Ertragskennziffer 1995: Index des Kemper's Kaufkraft-potentials : Mietindex 100 = Durchschnitt der 84 Städte	**82,0**	58

Ansässige Einzelhandelsbetriebe 1a-Lage

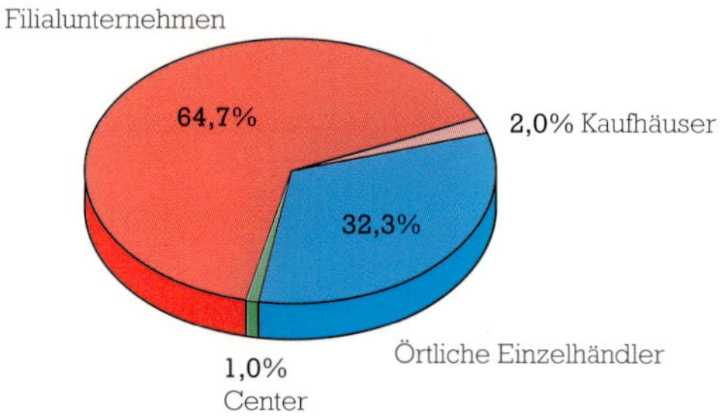

Branchenmix 1a-Lage

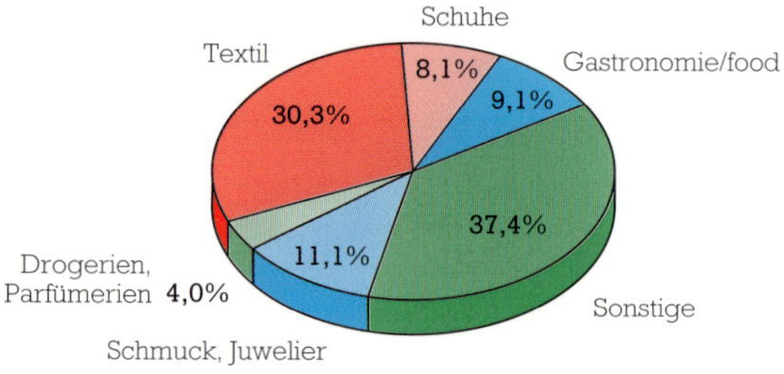

Weitere Makrodaten siehe KEMPER'S INDEX

Augsburg

1a-Lage: Annastraße

Filialisierungsgrad: 60 %
Besonderheiten: kurze Fußgängerzone, gut erhaltene alte Bausubstanz

Annastraße
Länge der 1a-Lage: 390 m

Linke Straßenseite:

Parfümerie Naegele	
Abele, Optik	2
Pfaff, Nähmaschinen	2
Roeckl, Handschuhe	2
Peter Moden	2
New Yorker, young fashion	4
Gold Uhlenbrock	4
Schuhhaus Stoll	6
Mister + Lady Jeans, young fashion	6
Jeanshalle, young fashion	8-10
Bijou Brigitte, Modeschmuck	8-10
Eingang Anna-Passage	
Stefanel, young fashion	8-10
Leiser Schuhe	12
Woolworth, Kleinkaufhaus	14
Koffer Kopf	16
Burghardt, Lampen	16
Haberstock, Parfümerie	16
Haus der Hüte	16
Kahn, Feinkost/Restaurant	18
Mayer, Foto/Optik	18
Scholler'sche Buch- und Kunsthandlung	20
Douglas, Parfümerie	22
Orsay, young fashion	24
Pimkie, young fashion	26
Leder Buchler	28
Maximilian Apotheke	30
Jeans Oscar, young fashion	32
Günther, Jagdartikel	32
Wagner, Juwelier	32
Eduscho, Kaffee	32
Pizza Pescara	34
Knapp, Uhren/Schmuck	36

Königsplatz

Rechte Straßenseite:

Steingasse	
	Fischer, Modehaus
3	Attinger, Porzellan
Eingang Attinger-Passage	
5	Römer-Apotheke
5	Different Boutique
7	Runners Point, Sportartikel
9	Sailer Schuhe
9	Ernesto, young fashion
11	Hennes & Mauritz, young fash.
	Gaststätte
Unter dem Bogen	
15	Sportecke
15	Sisley Boutique, young fashion
17	Hettlage, Bekleidungshaus
Mettlochgäßchen	
19	Kröll + Nill, Bekleidungshaus
21	Kaufhalle, Kleinkaufhaus
25	Binder Moden
25	Gretl Glöckl, Trachtenmoden
27	Schweiger, Metzgerei
27	NUR, Reisebüro
29	Eckerle, Herrenmode
Martin-Luther-Platz	
	Kreissparkasse
31	Kröll + Nill, Teppiche
33	Schlemmermeyer, Feinkost
35	H. Mayer, Schmuck
37	Ditsch, Pizza
37	Jersey Ilany, DOB
39	Brameier, Modeschmuck
39	Bücher Gondrom
39	Zero, young fashion
Färbergäßchen	

Augsburg

1a-Lage: Bahnhofstraße

Filialisierungsgrad: 74,4 %
Besonderheiten:
nur linke Straßenseite 1a-Lage

Salamander, Schuhe			Königsplatz
Fuggerstraße			**Konrad-Adenauer-Allee**
Deutsche Bank			
Citibank	2		
Fuchs, Drogeriemarkt	2		
Goldland, Uhren/Schmuck	2		Park
Rosa Wolke, Boutique	2		
Levi's, young fashion	2		
Photo Porst	2		
Europa-Apotheke	2		
Schaezlerstraße		Bahnhofstraße / Länge der 1a-Lage: 370 m	**Schaezlerstraße**
Christ, Juwelier	4		LEW-Energieberatung
Atlas Reisen, Reisebüro	4		
Schuh Werdich	6	5	Baby Walz
Cosmopolitan, young fashion	6	5	Spielzeugmarkt im Tivoli
Carsy's, Geschenkboutique	8	7	Spielothek
André, Schuhe	8	7	Verkehrsverein
Venus, Modeschmuck	8		
Nordsee, Systemgastronomie	10	9-11	Bayerische Vereinsbank
Tchibo, Kaffee	10		**Schrannenstraße**
Singer, Nähmaschinen/Stoffe	12		
Reiter, Metzgerei	12	13	Café Dichtl
Neue Bahnhofsapotheke	12	15	Benetton, young fashion
Optik Braun	14	17	Wild, Optik
Deichmann, Schuhe	16	17	Euro Lloyd, Reisebüro
Hypo Bank	18	17	Mayer Schuhe
Leiser, Schuhe	18	17	Photo Porst
Douglas, Parfümerie	18	19	Lenzinger, Juwelier
Uhren Weiss	18		
Burkmaierstraße			
C & A, Bekleidungshaus	20		

Bergisch Gladbach

		Rangordnung der 84 Städte
Einwohner:	104.887	81
Besucheraufkommen 1994:	103.604 Übernachtungen	76
Kaufkraftkennziffer 1995 je Einwohner:	127,9	3
Umsatzkennziffer 1995 je Einwohner:	113,1	51
Anteil Textil (gesamte 1a-Lage): nach Anzahl der Betriebe	22,0 %	70
Anteil Schuhe (gesamte 1a-Lage): nach Anzahl der Betriebe	2,0 %	84
Filialisierungsgrad (gesamte 1a-Lage): nach Anzahl der Betriebe	40,0 %	81
Passantenzählung:	**1.082**	73
Standort:	Hauptstraße 153	
Zeit:	16.00 Uhr bis 17.00 Uhr	
Datum:	5. Mai 1995	
Wetter:	warm, wolkenloser Himmel	
Besonderheiten:	Sonderverkauf	
Länge der Straßenfronten 1a-Lage:	470 m	
Kemper's Kaufkraftpotential 1995: normierte Kaufkraftkennziffer x normierte Passantenzählung 100 = Durchschnitt der 84 Städte	**61,0**	64
Mietpreis 1a-Lage 1995 pro m²: Quelle: Kemper's Index	DM/m² 95,-- bei Neuvermietung	
Kemper's Ertragskennziffer 1995: Index des Kemper's Kaufkraft-potentials : Mietindex 100 = Durchschnitt der 84 Städte	**112,0**	24

Ansässige Einzelhandelsbetriebe 1a-Lage

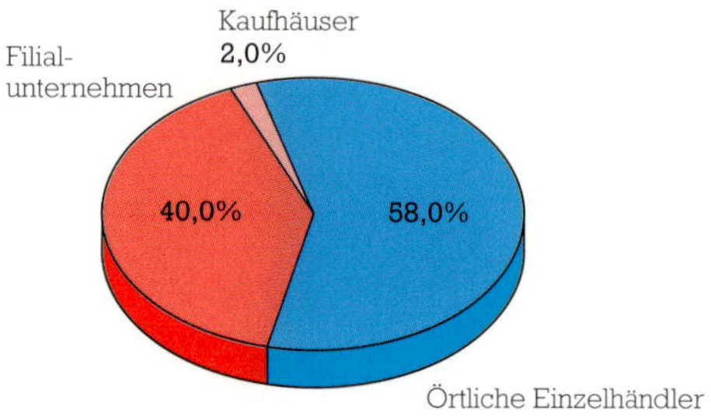

Branchenmix 1a-Lage

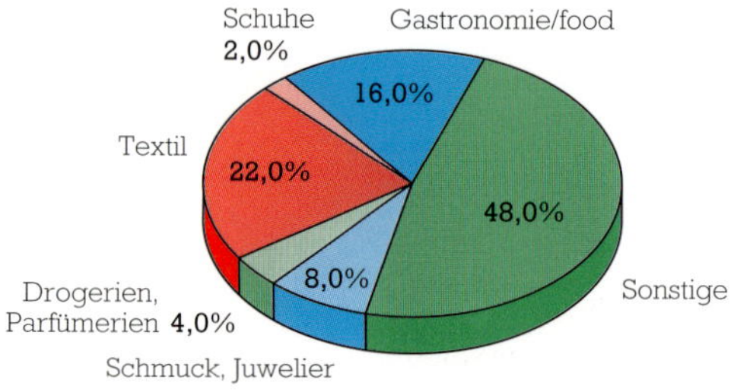

Weitere Makrodaten siehe KEMPER'S INDEX

Bergisch Gladbach

1a-Lage: Hauptstraße

Filialisierungsgrad: 40,0 %

Johann-Wilhelm-Lindlar-Straße

Gold Basar Kuyumac	152
Mini Mouse, Kiko	152
Kiosk	152
Wicküler Bier Brunnen	154
Winkel-Potthoff, Bäckerei	154
Lindlar, Uhren	156
Linda, Moden	156
Elefanten Apotheke	158
Hussel, Süßwaren	160
Tchibo, Kaffee	160
Keppler, Leder	162

Hauptstraße

Präsidium, young fashion	164-166
Aldi, Lebensmittel	164-166
Krusenbaum, Oberbekleidung	168
Stüssgen, Lebensmittel	170-172
Fontana, Kunst + Mode	170-172
Fuchs Reinigung	170-172
Atlas Reisen	174
Rats-Apotheke	176
Juwelier Behrendt	
NUR-Reisebüro	178
Quo Quo Mode	180
DM-Drogeriemarkt	180
Pütz Mode	182
Eduscho, Kaffee	182
Engel, Teppiche + Gardinen	184
Röhr Mode	184
Knappertsbusch, Optik	184
Raiffeisenbank	186
Douglas, Parfümerie	188
Laurentius Apotheke	190
Mühlensiepen, Tabak/Spirit.	190
Schätzlein, Lebensmittel	192

Hauptstraße
Länge der 1a-Lage: 230 m

145	Sparkasse
145	Miss B
147	Unterbörsch, Elektro
149	Reseda, Blumen
151	Kölner Bank
153	Deichmann, Schuhe
155	Bijou Catrin, Modeschmuck
157	Meyer's Fahrrad Zentrum
157	Hertie mit Schürmann
	Ledérecke Bremer
	Reisebüro Sonnenschein

Passage

175	Röseler Schuhe
	Neuform Reformhaus Bode
	"Grüne Ladenstraße"

Am Alten Pastorat

	Bistro "da Vinci"
177	Deutsche Bank
179	Müller-Bertus Moden
179	Bäckerei Rehbach
179	Foto Häuser
181	Dresdner Bank
183	Winkel-Potthoff, Café/Bäckerei
185	Büttgen, HAKA

Konrad-Adenauer-Platz

Berlin (West)

		Rangordnung der 84 Städte
Einwohner:	2.176.474	1
Besucheraufkommen 1994:	2.260.334 Übernachtungen	5
Kaufkraftkennziffer 1995 je Einwohner:	111,2	26
Umsatzkennziffer 1995 je Einwohner:	122,3	44
* Anteil Textil (gesamte 1a-Lage): nach Anzahl der Betriebe	33,4 %	24
* Anteil Schuhe (gesamte 1a-Lage): nach Anzahl der Betriebe	9,7 %	33
* Filialisierungsgrad (gesamte 1a-Lage): nach Anzahl der Betriebe	67,8 %	20
Passantenzählung:	**4.277**	6
Standort:	Tauentzienstraße 13 Tauentzienstraße 9	
Zeit:	16.00 Uhr bis 17.00 Uhr	
Datum:	5. Mai 1995	
Wetter:	warm, wolkenloser Himmel	
Besonderheiten:	keine	
* Länge der Straßenfronten 1a-Lage:	3.500 m	
Kemper's Kaufkraftpotential 1995: normierte Kaufkraftkennziffer x normierte Passantenzählung 100 = Durchschnitt der 84 Städte	**209,8**	5
Mietpreis 1a-Lage 1995 pro m²: Quelle: Kemper's Index	DM/m² 360,-- bei Neuvermietung	
Kemper's Ertragskennziffer 1995: Index des Kemper's Kaufkraft-potentials : Mietindex 100 = Durchschnitt der 84 Städte	**101,6**	39

* Ansässige Einzelhandelsbetriebe 1a-Lage

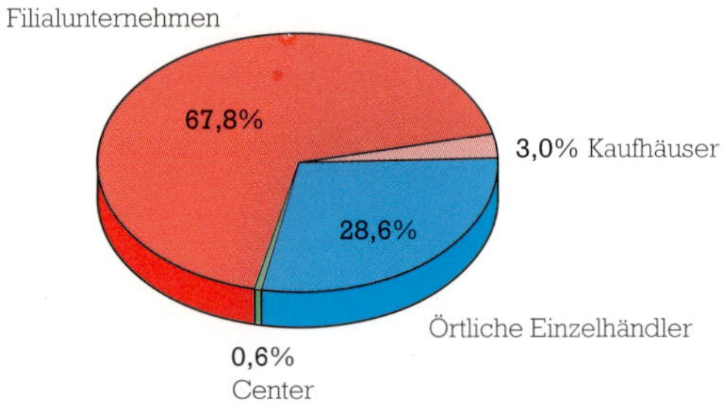

* Branchenmix 1a-Lage

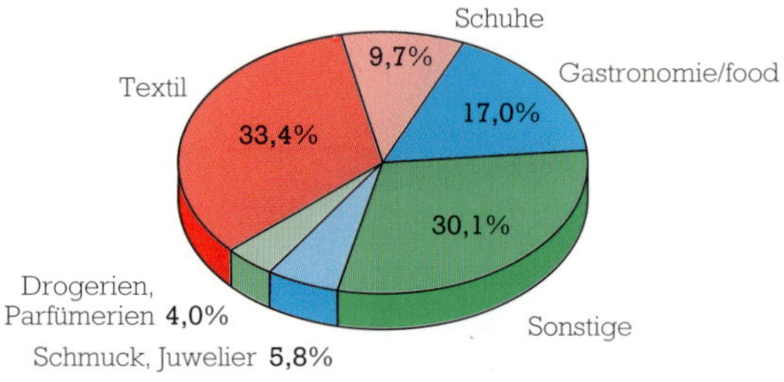

* bezogen auf alle betrachteten 1a-Lagen, incl. Stadtteillagen

Weitere Makrodaten siehe KEMPER'S INDEX

Berlin-Charlottenburg

1a-Lage: Tauentzienstraße

Filialisierungsgrad: 75,8 %
Besonderheiten: breite Fahrstraße, konsumig, trendig bis Luxus, großflächige Bebauung

Tauentzienstraße
Länge der 1a-Lage: 600 m

Linke Straßenseite

Ansbacher Straße

Deutsche Bank	1
Prénatal, Kiko	1
Otto Boenicke, Tabak/Geschenke	1
Parfümerie Bessé	1
USA-Jeans, young fashion	1
Schlüsseldienst am Zoo	1
Abendspaß, Theatergemeinde	2-3
Thoben Kuchen	2-3
"on town" mondi, DOB	2-3
Butter Lindner, Molkereiprodukte	2-3
Quelle-Technorama, Elektroartikel	2-3
Hypobank	4
Scheibel, Juwelier	4
Reisebüro	5
Schuhtick	5
Berliner Gaswerke AG	6
Auktionshaus	7
Both, Wohnzubehör	7
Skirts + Shirts, young fashion	7
Lichthaus Mösch	7a

Nürnberger Straße

Bally Schuhe	7b-c
Betten Rutz	7b
Pizza Hut, Systemgastronomie	8
Harvey's Eis	8
Brando 4, young fashion	8
Warner Brothers	8

Eingang Europa-Center

Liberty Sportswear	9
Royal Palast, Kino	9
Dresdner Bank	9
Europa-Apotheke	9
Modissa Ledermoden	9
Erdmann, HAKA	9

Eingang Europa-Center

Kentucky Fried Chicken
Wechselstuben
Photo Porst
Berger Moden
Europa-Center
Mövenpick

MCM Lederwaren	9
Douglas, Parfümerie	9
Leicht, Juwelier	9

Rechte Straßenseite

Ansbacher Straße

21-24	KaDeWe, Warenhaus

Passauer Straße

20	Leiser, Schuhe
20	Stottrop, young fashion
19	Peek & Cloppenburg, Bekleidungshaus

Nürnberger Straße

18a	Berliner Bank
18a	Strick Shop
18a	Pizza, Snack, Gebäck
18a	City Chic
18a	Wit Boy, young fashion
18	Zaphier, Juwelier
18	Ludwig Beck, young fashion
17	Brummer
17	Footlocker, Sportartikel
16	Schlemmermeyer, Feinkost
16	Ruhnke, Optik
16	Goldpfeil, Lederwaren

Marburger Straße

15	Salamander, Schuhe
15	Stefanel, young fashion

Passage Intermezzo

15	Benetton, young fashion
14	NUR, Reisebüro
14	New Yorker, young fashion
14	Young Stiller, Schuhe
13a	Zero, young fashion
13a	Yves Rocher, Kosmetik
13a	Hennes & Mauritz, young fashion
13	Domino Apotheke

Berlin-Charlottenburg

1a-Lage: Kurfürstendamm

Filialisierungsgrad: 72,2 %
Besonderheiten: breite Fahrstraße, konsumig, trendig

Kaiser-Wilhelm-Gedächtniskirche

Breitscheidplatz

Rankestraße

Kurfürstendamm
Länge der 1a-Lage: 240 m

Tchibo, Kaffee	11
Ditsch, Brezelbäckerei	11
Harvey's Eis	11
Hollywood, young fashion	12
Gloria, Kino	12
Steinbruch, young fashion	12
Ostrowski, Café	12
Hotel Boulevard	12
Görtz 17, Schuhe	13
Bijou Brigitte, Modeschmuck	13
Gloria-Galerie	
No Name, young fashion	14
Brando 4, young fashion	15
System Kollektion, Modeschmuck	15
Hotel Avantgarde	15
Marché, Gastronomie	15
Diesel, young fashion	16
Theaterkasse	16
Berliner Morgenpost	16
Swatch, Uhren	17
Hotel "Frühling am Zoo"	17
Emporium, young fashion	17

237	Hallhuber, young fashion
237	La Pochette, Lederwaren
237	Doyard, Gastronomie
237	Ostrowski, Backwaren
236	Marmorhaus
235	Pimkie, young fashion
234	Olymp & Hades, young fash.
234	Hennes & Mauritz, young fashion
231	Wertheim, Warenhaus
229	WMF, Haushaltswaren/Porzellan
229	Orsay, young fashion
228	Salamander, Schuhe
228	Benetton, young fashion
	Passage "Ku'damm-Eck"
227	Stefanel, young fashion
227	Imbiß

Joachimstaler Straße

Joachimstaler Straße

Berlin-Charlottenburg

1a-Lage: Wilmersdorfer Straße

Filialisierungsgrad: 73,7 %
Besonderheiten: eine der wenigen Fußgängerzonen in Berlin, mittleres bis niedriges Preisniveau

Wilmersdorfer Straße
Länge der 1a-Lage: 530 m

Schillerstraße

ABC-Bank	47
Diesel, young fashion	48
Hardy's Spielsalon	48
Entré, DOB	49
Queens, young fashion	49
Deichmann, Schuhe	50-51
Noris Verbraucherbank	50-51
Quelle Reisen	52
Apollo Optik	52
Quelle-Technorama, Elektroartikel	53-54
Leffers, Bekleidungshaus	53-54
Teppich Herz	53-54
Redana Moden, Leder	55-56
Runners Point, Sportartikel	55-56
Checkers, young fashion	55-56

126-127	Mode Terminal, young fashion
126-127	Unger Flugreisen
126-127	Thoben Kuchen
126-127	Umbau
126-127	Döner Kebap, Imbiß
126-127	Interim
126-127	Lior, DOB
124	Hennes & Mauritz, young fashion
122-123	Gino's Pullover
122-123	Jersey Ilany, DOB
122-123	Photo Porst
122-123	Wit Boy, young fashion
122-123	NUR Touristik, Reisebüro
122-123	Pilota
122-123	Eduscho, Kaffee
122-123	Nanu-Nana, Geschenkart.

Goethestraße

121	Salamander, Schuhe
121	Benetton, young fashion
121	Lior, DOB
121	New, DOB
118	Parfümerie Orly
118	Hertie, Warenhaus
118	Ihre Frischbackstube

Pestalozzistraße

Douglas, Parfümerie	57
Hussel, Süßwaren	57
Nordsee, Systemgastronomie	57
Roland, Schuhe	57
Young Stiller, Schuhe	58
News-Actuell	59
Ruhnke, Optik	59
Jeans Dschungel, young fashion	60-61
Asia Foodland, Lebensmittel	60-61
Street Company, young fashion	62-63
Sparkasse	62-63
Tack, Schuhe	62-63

117	Drospa, Drogeriemarkt
117	Orsay, young fashion
117	Tchibo, Kaffee
117	Brezelbäckerei
117	Schulz, Juwelier
115-116	Boeldicke, DOB
113-114	Woolworth, Kleinkaufhaus
112	Bäckerei + Imbiß
112	Leiser, Schuhe

Kantstraße

Stiller, Schuhe	64

111-109	Karstadt, Warenhaus

Berlin-Steglitz

1a-Lage: Schloßstraße

Filialisierungsgrad: 70,7 %
Besonderheiten: Schuhmeile Nr. 1, Fahrstraße

Schloßstraße
Länge der 1a-Lage: 840 m

Linke Seite

Senst, Konditorei	96
Leiser, Schuhe	97
Kieler Straße	
Imbiß	98
Reichelt, Kaufhof	98
Most, Süßwaren	99
Schlüter, Juwelier	99
Zwilling, Haushaltswaren	100
Footlocker, Sportartikel	100
Victor Z. Fashion, young fashion	101
Kid-Cool-Collection, Kiko	101
Galleria, Shopping-Galerie	101
Deitmerstraße	
Arndt, Juwelier	102
Bally, Schuhe	102-103
Villeroy & Boch,Haushaltsw.	103
Max Kühl, Bettwäsche	104
Roland, Schuhe	105
Ursula Aust, DOB	106
Wittstock, Schuhe	106
Hubertusstraße	
Umbau	107
Ihre Frisch-Backstube	107
Isico USA-Sports	107
Life Jeans, young fashion	108
Umbau	108
Fil à Fil, DOB, HAKA	109
Goldpfeil, Lederwaren	109
Christ, Juwelier	109
Schuh Neumann	110
Florastraße	
Citibank	111
GASAG-Ausstellungsraum	112
Hussel, Süßwaren	112
Rutz, Wäschehaus	113
Mc Gag, Modeschmuck	113
Berliner Bank	114
WMF, Haushaltswaren/Porzellan	115
Wäsche Furchert	115
Cyrano Hemden	116
Juwelier Gelermann	116
Mc Donald's, Systemgastronomie	117
Häagen Dazs, Eis	117
Max Voigt, Hüte	118
Dr. Scholl, Fußpflege	118
Tjaereborg-Reisen, Reisebüro	119
Fuchs & Rabe, Feinkost	119
Schuhe Spezialgrößen	120
Boeldicke, DOB	120
Feuerbachstraße	
Ansons, HAKA	121-122
P & C, Bekleidungshaus	123-125
Douglas, Parfümerie	126
Zermann, Juwelier	126
Dresdner Bank	127
Joop-Solarium	128
Split, Gastronomie	128
ABC Kreditbank	128
Brillen Forum	128
Schöneberger Ufer	

Rechte Seite

Muthesiusstraße	
29	Ruhnke, Optik
29	Erdmann & Sachse, Stoffe
28	Nöthling, Feinkost
27-28	Joop, DOB/HAKA
27	Douglas, Parfümerie
Zimmermannstraße	
26	Bata Schuhe
26	La Pochette, Ledermoden
26	Germania Apotheke
26	Eduscho, Kaffee
25	Mannesmann D2, Komunikation
25	Runners Point, Sportartikel
25	Body Shop, Kosmetik
24	Tivola/Lehmann, Schuhe
24	Blume 2000
23	Nordsee, Systemgastronomie
22	Jersey Ilany, DOB
21	Prénatal, Kiko
21	Salamander, Schuhe
Ahornstraße	
20	Woolworth, Kleinkaufhaus
20	Top Snack
19	Schildhorn Apotheke
18	Tchibo, Kaffee
18	Photo Porst
17a	C & A, Bekleidungshaus
	Bierpinsel
Schildhornstraße	
15	Wertheim, Warenhaus
11	Christ, Juwelier
Treitschkestraße	
7-10	Karstadt, Warenhaus
Markelstraße	
6	Orsay, young fashion
6	Katz Gold, Juwelier
6	Reisen Quelle
6	Schlemmermeyer, Feinkost
4-5	Klemens & Macinga, Textilien
5	BEWAG-Ausstellungsraum
4	Tack, Schuhe
4	Werdin, young fashion
Gutsmuthsstraße	
3	Uhren Weiss, Juwelier
1	Apollo, Optik
1	Hennes & Mauritz, young fash.
1	Bang Bang Jeans, young fash.
1	Bit Jeans, young fashion
Bornstraße	
	Hertie, Warenhaus
Bundesallee	

Berlin-Neukölln

1a-Lage: Karl-Marx-Straße

Filialisierungsgrad: 67,1 %
Besonderheiten: ausgewogener Einzelhandelsmix, Fahrstraße

Karl-Marx-Straße
Länge der 1a-Lage: 350 m

Neckarstraße

Hertie, Warenhaus	92-98
Ihre Frisch-Backstube	92-98
Le Petit Buffet	92-98

Rollbergstraße

Burger King, Systemgastronomie	100
Wit Boy, young fashion	100
MWS-Mode	102
Young Stiller, Schuhe	102
Sport Stiller, Schuhe	104
Singer, Nähmaschinen	104
Hochfeld, Korsetts	104

Werbellinstraße

Leineweber, Bekleidungshaus	108-110
Runners Point, Sportartikel	112
Bijou Catrin, Modeschmuck	112
Friseur Klier	112
Liqui's, Schuhe	112
New Yorker, young fash.	114-116
Leiser, Schuhe	114-116

Briesestraße

Deichmann, Schuhe	118
Lucky Jeans, young fashion	118
Wittstock,Schuhe	122
Berolina, Touristik	122
Benetton, young fashion	124
Tack, Schuhe	126

Kienitzer Straße

Apotheke	130
Laufer, Juwelier	130
Liberta I, young fashion	130
Mike's Laden, young fashion	132
J. Hartmann, Obst/Gemüse	134
Dies & Das, Geschenkeartikel	136
Lubi's Tintenfaß	138
Foto Klinke	138
Betten Rutz	140
Kaiser's Drugstore, Drogerie	142
M & S, DOB	142

Saltykowstraße

Wit Boy, young fashion	144
Regent, Juwelier	146
4 you, young fashion	146
Ruhnke, Optik	148
Susi, Süßwaren	148
MWS Mode, DOB	150

93	Footlocker, Sportartikel
93	Hussel, Süßwaren
93	Apotheke an der Post
95	C & A, Bekleidungshaus

Anzengruberstraße

97-99	Post
101-105	Leffers, Bekleidungshaus
107	Sparkasse

Ganghoferstraße

109-111	BfG, Bank
109-111	Jersey Ilany, DOB
113	Juwelier Weiss
113	Douglas, Parfümerie
115	Eduscho, Kaffee
115	Jeans Country, young fash.
117	Wilhelm-Busch-Apotheke
117	Wüstenrot
119	BEKU-Liberty Woman, DOB
119	Gericke, Imbiß
121	Kohnen, HAKA
123	Goldland, Juwelier
125	Lederfuchs
127	Foto Wegert
127	Reisebüro
129	Peter Rizzi
129	Ihre Frisch-Backstube
131	Mc Donald's, Systemgastronomie

Kino-Passage

135	Telekom
135	Clothing Company, young fashion
137	Boutique Lour, DOB
137	Teeladen
139	Klumb, Optik
141	Saalbau Neukölln
141	Café Rix
143	Haarkosmetikladen
143	Umbau
145	Mode aktuell
145	Thoben Kuchen
147	Drospa, Drogeriemarkt
149	Butter Lindner
149	Eduscho, Kaffee
151	Neumann, Schuhe
153	Citibank
155	Steineckes, Bäckerei
155	Tchibo, Kaffee
155	Döner Kebap, Imbiß

Herrnhuter Weg

Berlin-Spandau

1a-Lage: Carl-Schurz-Straße

Filialisierungsgrad: 70,0 %
besonderes Altstadt-Flair,
Fußgängerzone, ausgewogener
Einzelhandelsmix

Carl-Schurz-Straße
Länge der 1a-Lage: 250 m

Moritzstraße (links) / **Markt** (rechts)

Geschäft	Nr.	Nr.	Geschäft
Burger King, Systemgastronomie	37	38	Ega, Schuhe
Citibank	37	36	Holsteiner Räucherkate
Dresdner Bank	35		
Berolina, Reisebüro	35	34-32	Nordsee, Systemgastronomie
Hussel, Süßwaren	33		
Douglas, Parfümerie	33	30	Most, Süßwaren
Eduscho, Kaffee	31	28	BfG, Bank
Geber, Tabak	31		
Brillen Müller	31		

Charlottenstraße (links) / **Charlottenstraße** (rechts)

Geschäft	Nr.	Nr.	Geschäft
Wit Boy, young fashion	29	18-24	Bäckerei Grobe
Nunberger, Juwelier	29	18-24	Hertie, Warenhaus
Carl-Schurz-Apotheke	29		
Drospa, Drogeriemarkt	27	16	Hertie Reisen
Lampen Schubert	25	16	City-Imbiß
Bäckerei Grobe	23	16	Umbau
Zeitungsshop	23	14	Singer, Nähmaschinen
Tchibo, Kaffee	21	14	Charlottenapotheke
Amt für Gesundheit	17		

Mauerstraße (rechts)

Nr.	Geschäft
12	C & A, Bekleidungshaus

Berlin-Mitte

1a-Lage: Alexanderplatz

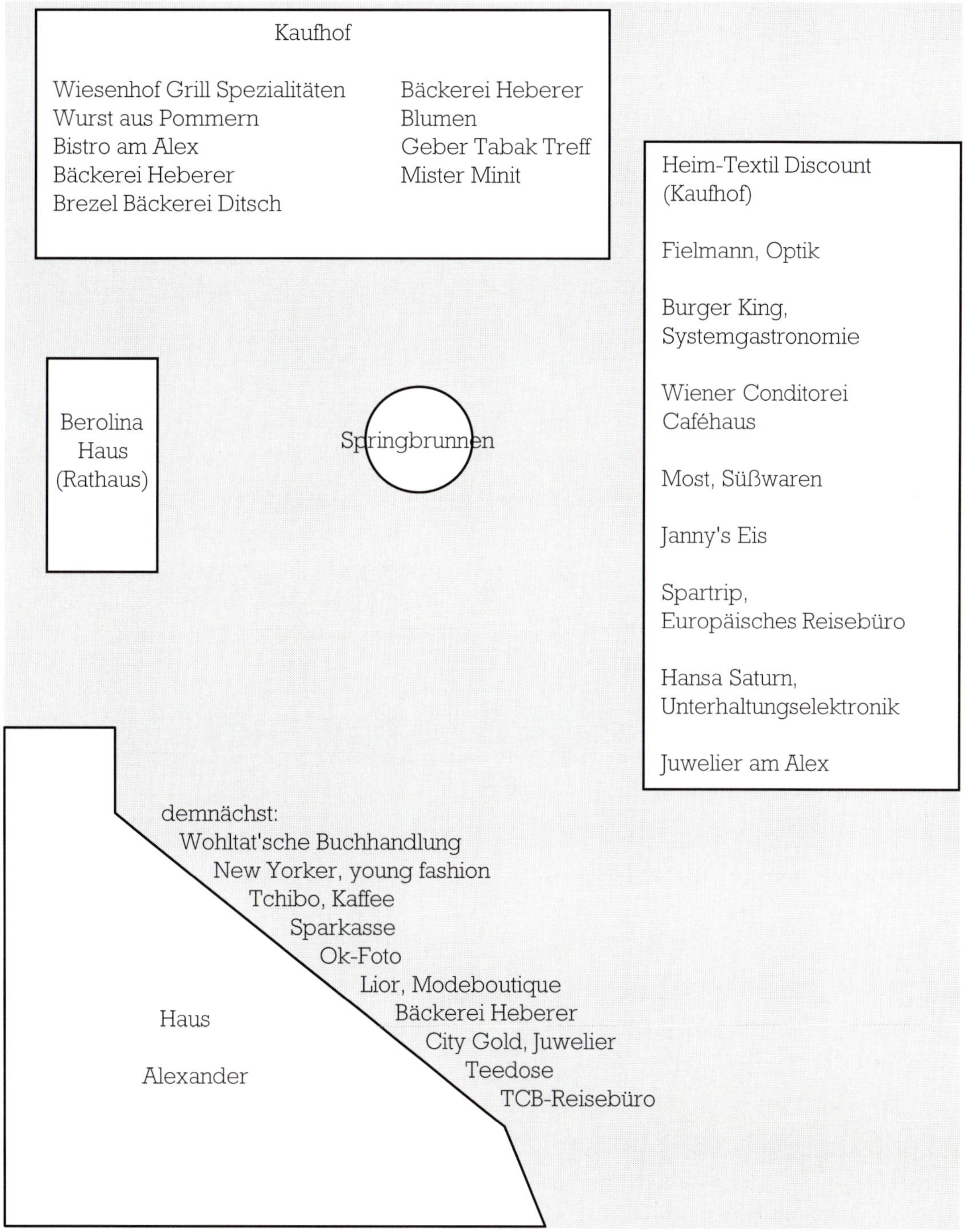
Kaufhof
Wiesenhof Grill Spezialitäten
Wurst aus Pommern
Bistro am Alex
Bäckerei Heberer
Brezel Bäckerei Ditsch
Bäckerei Heberer
Blumen
Geber Tabak Treff
Mister Minit
Heim-Textil Discount (Kaufhof)
Fielmann, Optik
Burger King, Systemgastronomie
Wiener Conditorei Caféhaus
Most, Süßwaren
Janny's Eis
Spartrip, Europäisches Reisebüro
Hansa Saturn, Unterhaltungselektronik
Juwelier am Alex
Berolina Haus (Rathaus)
Springbrunnen
demnächst:
Wohltat'sche Buchhandlung
New Yorker, young fashion
Tchibo, Kaffee
Sparkasse
Ok-Foto
Lior, Modeboutique
Bäckerei Heberer
City Gold, Juwelier
Teedose
TCB-Reisebüro
Haus
Alexander

Bielefeld

		Rangordnung der 84 Städte
Einwohner:	324.674	18
Besucheraufkommen 1994:	401.421 Übernachtungen	31
Kaufkraftkennziffer 1995 je Einwohner:	108,1	39
Umsatzkennziffer 1995 je Einwohner:	134,3	33
Anteil Textil (gesamte 1a-Lage): nach Anzahl der Betriebe	33,8 %	22
Anteil Schuhe (gesamte 1a-Lage): nach Anzahl der Betriebe	6,2 %	62
Filialisierungsgrad (gesamte 1a-Lage): nach Anzahl der Betriebe	80,1 %	5
Passantenzählung:	**2.702**	20
Standort:	Bahnhofstraße 10 Bahnhofstraße 15-17	
Zeit:	16.00 Uhr bis 17.00 Uhr	
Datum:	5. Mai 1995	
Wetter:	warm, wolkenloser Himmel	
Besonderheiten:	keine	
Länge der Straßenfronten 1a-Lage:	560 m	
Kemper's Kaufkraftpotential 1995: normierte Kaufkraftkennziffer x normierte Passantenzählung 100 = Durchschnitt der 84 Städte	**128,9**	18
Mietpreis 1a-Lage 1995 pro m²: Quelle: Kemper's Index	DM/m² 190,-- bei Neuvermietung	
Kemper's Ertragskennziffer 1995: Index des Kemper's Kaufkraft-potentials : Mietindex 100 = Durchschnitt der 84 Städte	**118,2**	20

Ansässige Einzelhandelsbetriebe 1a-Lage

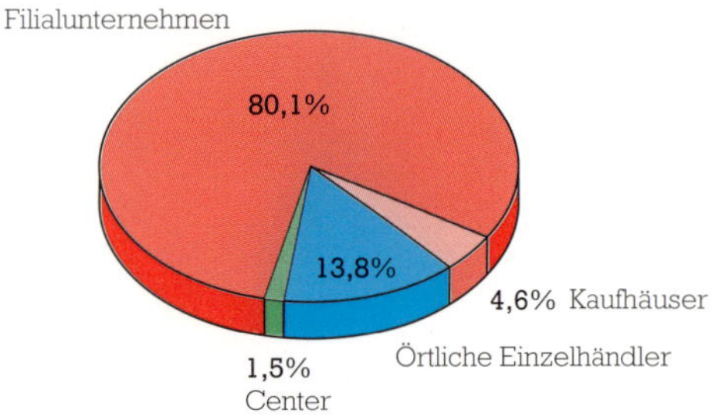

Branchenmix 1a-Lage

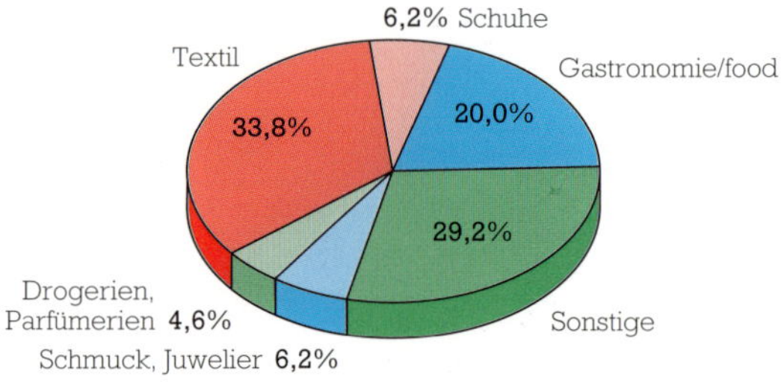

Weitere Makrodaten siehe KEMPER'S INDEX

Bielefeld

1a-Lage: Bahnhofstraße

Filialisierungsgrad: 80,1 %
Besonderheiten: großflächige Bebauung, Kaufhausmeile

Bahnhofstraße
Länge der 1a-Lage: 330 m

Linke Straßenseite

Jöllenbecker Straße

Geschäft	Nr.
Gold Smoglinski	
Arko Kaffee	
Camps Camps, Jeans	45
Schuh Palast	43
M & S, DOB	41
Jeans Fritz, young fashion	41
Opitz Backstube	39
Kaufhalle, Kleinkaufhaus	39

Zimmerstraße

Geschäft	Nr.
Liberty Woman, DOB	37
Madras Musik	37
Zumnorde, Schuhe	35
Deichmann, Schuhe	33
Drospa, Drogerie	33
Christ, Juwelier	29

Markt-Passage

Geschäft	Nr.
Hennes & Mauritz, young fashion	

Karl-Eilers-Straße

Geschäft	Nr.
Hacifa, Tabak	
Mühlensiepen, Tabak/Spirituosen	
Eduscho, Kaffee	27
Ring-Foto	27
Modehaus Leffers	21-23
Foto Wolf/ Parfümerie Wolf	19

Arndtstraße

Geschäft	Nr.
Karstadt, Warenhaus mit Bäckerei Siebrecht	15-17
Bahnhof-Apotheke	15-17
Café Knigge	13
Citibank	9-11
City Imbiß	9-11
Jeans Fritz, young fashion	7
Tiffany, Lampen/Glas	5
Schlemmermeyer, Feinkost	5
Boecker, Bekleidungshaus	1

Jahnplatz

Rechte Straßenseite

Feilenstraße

Nr.	Geschäft
38	C & A, Bekleidungshaus
36	Café Siebrecht
36	Fantasy, young fashion
34	Istanbul Imbiß
34	Köcher Puten
32	Eiscafé Vazzola
32	Runners Point, Sportartikel

Zimmerstraße

Nr.	Geschäft
30b	Tchibo, Kaffee
30a	Böhmer, Schuhe
30	Lederwaren Langhardt
28	Biba, DOB
28	Fielmann, Optik

City-Passage

Nr.	Geschäft
24	Hermsburger Imbiß
24	Jeans Fritz, young fashion
22	Andrea Anders, DOB
22	Benetton, young fashion
20	New Yorker, young fashion
18	Pimkie, young fashion
18	Gold Hausch

City-Passage

Nr.	Geschäft
16	Woolworth, Kleinkaufhaus
14	Douglas, Parfümerie
14	L. Beck Classics, young fashion
14	Uhren Weiss, Juwelier
	Leineweber, DOB

Stresemannstraße

Nr.	Geschäft
10	P & C, Bekleidungshaus
8	Orsay, young fashion
8	Blumenwelt
6	Zero, young fashion
6	André, Schuhe
4	Capitol Kino
4	Salamander, Schuhe
4	Villeroy & Boch, Haushaltswaren
2	Alwa Modezentrum
2	Quoniam

Jahnplatz

Bochum

		Rangordnung der 84 Städte
Einwohner:	401.058	16
Besucheraufkommen 1994:	338.324 Übernachtungen	37
Kaufkraftkennziffer 1995 je Einwohner:	105,0	45
Umsatzkennziffer 1995 je Einwohner:	121,2	45
Anteil Textil (gesamte 1a-Lage): nach Anzahl der Betriebe	30,1 %	43
Anteil Schuhe (gesamte 1a-Lage): nach Anzahl der Betriebe	3,2 %	82
Filialisierungsgrad (gesamte 1a-Lage): nach Anzahl der Betriebe	76,3 %	7
Passantenzählung:	**2.519**	24
Standort:	Kortumstraße 76 Kortumstraße 73	
Zeit:	16.00 Uhr bis 17.00 Uhr	
Datum:	5. Mai 1995	
Wetter:	warm, wolkenloser Himmel	
Besonderheiten:	Wahlveranstaltung Geschäftseröffnung Tchibo	
Länge der Straßenfronten 1a-Lage:	820 m	
Kemper's Kaufkraftpotential 1995: normierte Kaufkraftkennziffer x normierte Passantenzählung 100 = Durchschnitt der 84 Städte	**116,7**	22
Mietpreis 1a-Lage 1995 pro m²: Quelle: Kemper's Index	DM/m² 190,-- bei Neuvermietung	
Kemper's Ertragskennziffer 1995: Index des Kemper's Kaufkraftpotentials : Mietindex 100 = Durchschnitt der 84 Städte	**107,1**	35

Ansässige Einzelhandelsbetriebe 1a-Lage

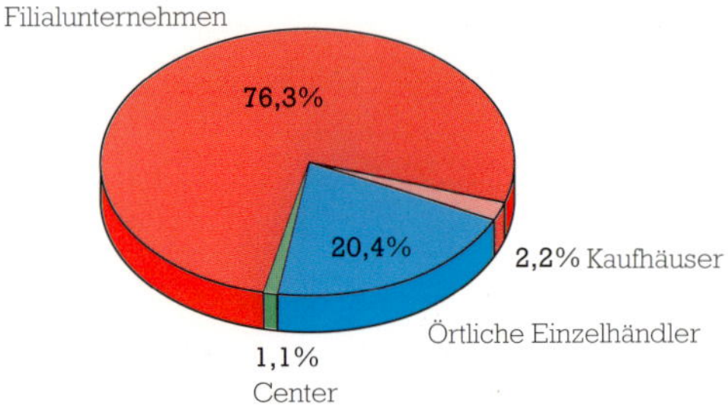

Branchenmix 1a-Lage

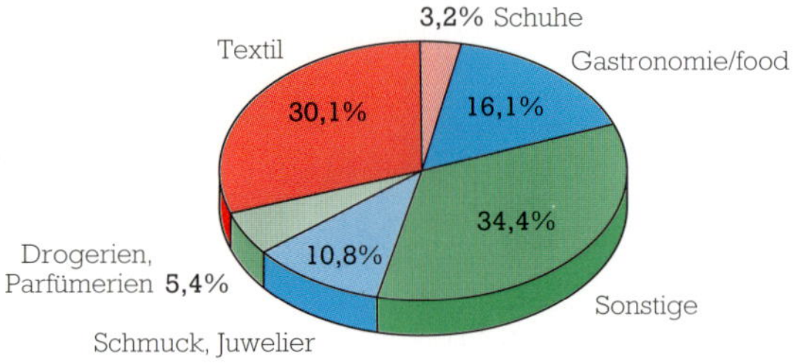

Weitere Makrodaten siehe KEMPER'S INDEX

Bochum

1a-Lage: Kortumstraße

Filialisierungsgrad: 76,3 %
Besonderheiten: Fußgängerzone mit großflächiger Bebauung

Kortumstraße
Länge der 1a-Lage: 510 m

Linke Straßenseite

Brückstraße	
Gold-Studio	111
Galerie Mensing, Gemälde	109
Sawall Mode	107
Telekom	105
Postbank	105
Picoletta Kindermode	103
Blaue Apotheke	103
Deschauer Imbiß + Supermarkt	101
Coast, young fashion	101
Casserole + Bäck. Schweinsberg	99
City-Passage	
Kochlöffel, Systemgastronomie	97
Loewe Büro + Daten	95
Fielmann Optik	93
Villeroy & Boch, Haushaltswaren/Porzellan	93
Free Life Jeans	91
Foto Hammer	91
Einkaufszentrum City-Point u.a. N. Scholz, HAKA	
Schoko Saure	85
Bongardstraße	
Sinn, Bekleidungshaus	79/81
Eduscho, Kaffee	77
Optiker Schulte-Ladbeck	77
Deichmann, Schuhe	75
Juwelier Klinge	75
Europa Schuhe	73
Wolljäger, DOB	73
Kaufhalle, Kleinkaufhaus	69-71
Liberty Woman, DOB	67
Krane, Optik	67
Stadtparfümerie Pieper	65
Benetton, young fashion	65
Gold Kraemer	63
Juwelier Maurer	61
Tchibo, Kaffee	61
WMF, Haushaltswaren/Porzellan	59
Husemannplatz	
Most, Süßwaren	57
Eis-Faghera	57
NUR, Reisebüro	57
GO, Schuhe	55
Nordsee, Systemgastronomie	55
Café/Konditorei Schweinsberg	53
Tengelmann+Bäck. Heyermann	51
Bolimax, Kino	51
Footlocker, Sportartikel	49
Niagara, Geschenkartikel	49
Brameier Aktuell, Modeschmuck	49
Der Ausstatter	47
Lederwaren Aldendorf	47
Yaska, Parfümerie	45
Heinen Brillen	43
Südring	

Rechte Straßenseite

Brückstraße	
120	Perlen Lotz
118	Tjaereborg, Reisebüro
118	Eduscho, Kaffee
116	Knopper Schmuck
114	Pizza Hut, Systemgastr.
112	Lederwaren Küpper
110	Bäckerei Heyermann
110	Eiscafé Italia
106-108	Fuchs, Drogeriemarkt
	Mühlensiepen,
	Tabak/Spirit.
	Friseur Ferrand
102-104	Boutique DOB
102-104	Broadway, young fashion
	Einkaufszentrum Drehscheibe u.a.
100	Boecker, Bekleidungshaus
	Bach-Reisen
Bongardstraße	
86	Douglas, Parfümerie
80-84	Voswinkel, Sportartikel
78	Appelrath + Cüpper, Bekleidungshaus
76	Orsay, young fashion
74	Zero, young fashion
72	Martins Bäckerei
72	Kaufhaus Kortum
Harmoniestraße	
70	C & A, Bekleidungshaus
68	Langhardt, Lederwaren
68	M & S Mode, DOB
66	Bijou Brigitte, Modeschmuck
66	Apotheke Dr. Prinzenberg
64	Jeans Palast, young fashion
64	Yves Rocher, Kosmetik
Huestraße	
60-62	Westfalenbank
58	Umbau
56	Plus, Lebensmittel
54	Pariscop, young fashion
54	Sewinora, Strickmoden
52	Takko-Modemarkt
50	Adams Kindermode
46-48	Apotheke
	New Yorker, young fashion
	Enigma, DOB
	Prénatal, Kindermoden
46-48	Silver Site Modeschmuck
Südring	

Bonn

		Rangordnung der 84 Städte
Einwohner:	296.859	20
Besucheraufkommen 1994:	1.091.691 Übernachtungen	11
Kaufkraftkennziffer 1995 je Einwohner:	120,6	9
Umsatzkennziffer 1995 je Einwohner:	132,5	35
Anteil Textil (gesamte 1a-Lage): nach Anzahl der Betriebe	27,8 %	50
Anteil Schuhe (gesamte 1a-Lage): nach Anzahl der Betriebe	11,3 %	19
Filialisierungsgrad (gesamte 1a-Lage): nach Anzahl der Betriebe	63,5 %	30
Passantenzählung:	**2.942**	16
Standort:	Remigiusstraße 5 Remigiusstraße 20	
Zeit:	16.00 Uhr bis 17.00 Uhr	
Datum:	5. Mai 1995	
Wetter:	warm, wolkenloser Himmel	
Besonderheiten:	keine	
Länge der Straßenfronten 1a-Lage:	880 m	
Kemper's Kaufkraftpotential 1995: normierte Kaufkraftkennziffer x normierte Passantenzählung 100 = Durchschnitt der 84 Städte	**156,5**	14
Mietpreis 1a-Lage 1995 pro m²: Quelle: Kemper's Index	DM/m² 190,-- bei Neuvermietung	
Kemper's Ertragskennziffer 1995: Index des Kemper's Kaufkraft-potentials : Mietindex 100 = Durchschnitt der 84 Städte	**143,6**	8

Ansässige Einzelhandelsbetriebe 1a-Lage

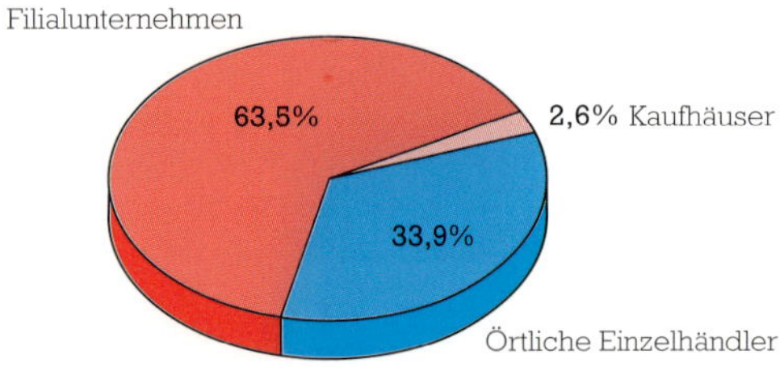

Branchenmix 1a-Lage

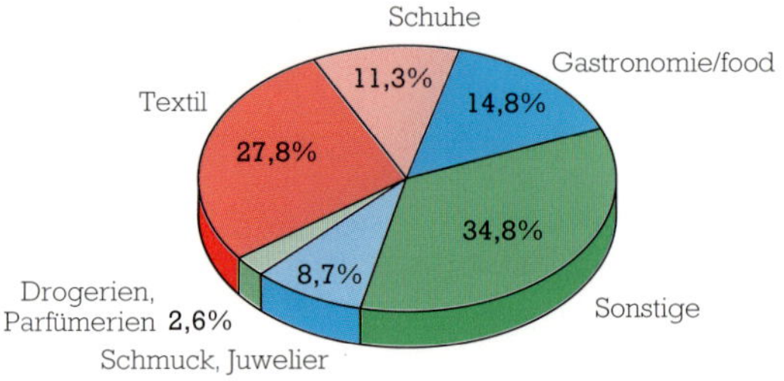

Weitere Makrodaten siehe KEMPER'S INDEX

Bonn

1a-Lage: Remigiusstraße

Filialisierungsgrad: 68,0 %
Besonderheiten: Verbindung zwischen Markt und Münsterplatz, kurz

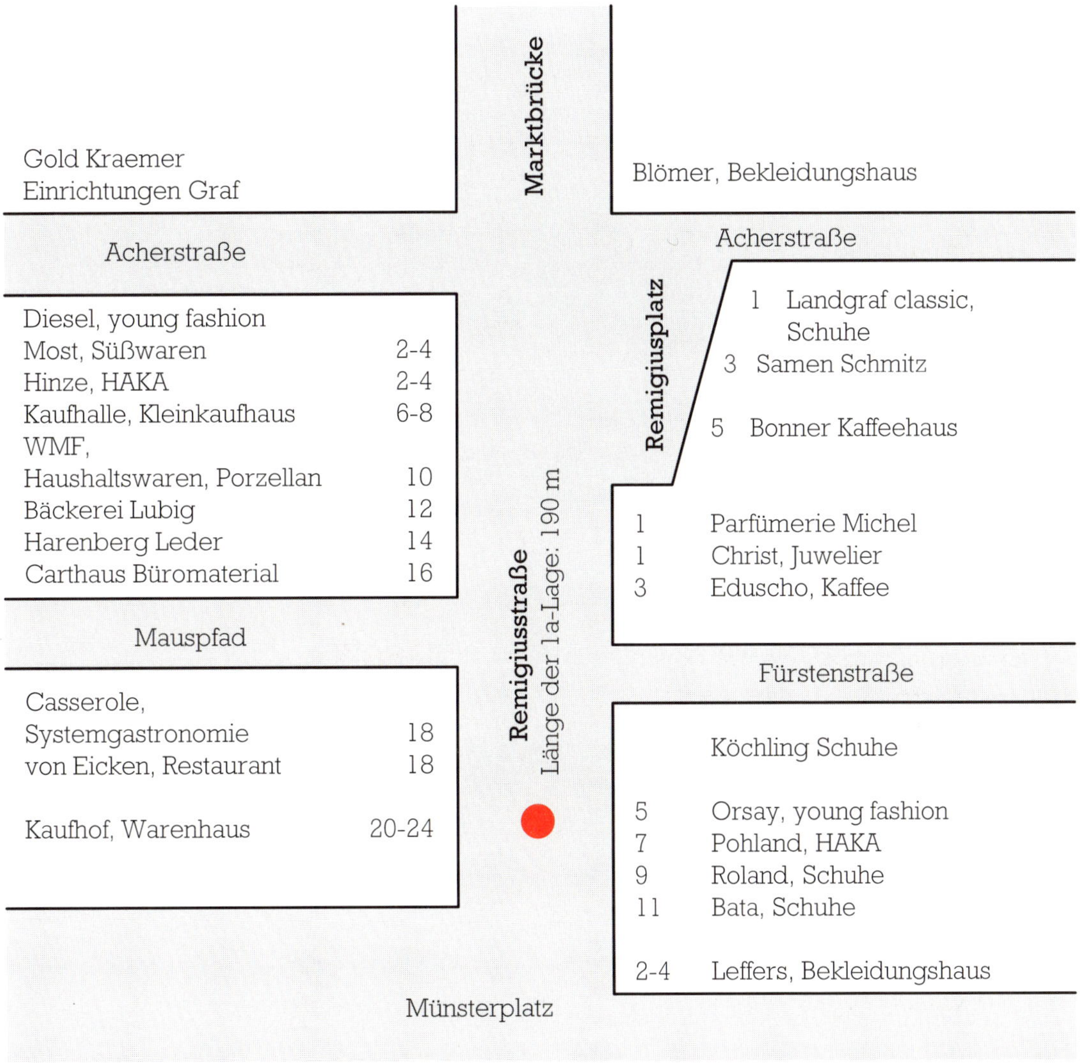

Bonn

1a-Lage: Sternstraße

Filialisierungsgrad: 60,6 %
Besonderheiten: schmale, langgezogene 1a-Lage, kleinflächige Bebauung

Markt

Sternstraße
Länge der 1a-Lage: 160 m

15 Blömer, Bekleidungshaus

Wenzelgasse | Marktbrücke

Metropol-Theater	24
P & C, Bekleidungshaus	26
Schuhhaus Fink	34
Müller-Langhard, Konditorei	36
Etienne Aigner, Lederwaren	38-40
Hut Weber	42

	Gold Kraemer
27	Wüstenrot
29	Lazzarin Eis
31	Daniels, HAKA
33	Daniels, Jeans
35	Löwen-Apotheke
37	Bally, Schuhe
39	Douglas, Parfümerie

Bonngasse

Schulz, Zigarren/Lotto	2
Foto Blau	4
Schuh Natur	6
Schlemmermeyer, Feinkost	8
Benetton, young fashion	10
André, Schuhe	12
Haack, Eisenwaren	14-16
Deichmann, Schuhe	18-20
Gold-Centrum	22
Dancker Optik	24-26
Boutique Orly	28
Vogue Alley, young fashion	30
WMF, Glas/Porzellan	32
Bastian, Schuhe	34
Juwelier Kersting	36
Wolljäger, DOB	38
Uhren Schmidt	40
Liberty Woman, DOB	42
Landgraf Schuhe	44
Metzgerei Brauell	46
Salamander, Schuhe	48
M. Sackewitz, Ledermoden	50

1	Harenberg, Lederwaren
3	Nordsee, Systemgastronomie
5	Musicland
7	Andrea Anders, DOB
9-11	Wolle Rödel
13	Grace Fashion
15	Zero, young fashion
17	Bijou Brigitte, Modeschmuck
19	Yves Rocher, Kosmetik
21	Gold Paradies
23	Laura Ashley, DOB
25	Biba, DOB
27	Bäckerei Eschweiler
29-31	Schwaeppe, Schuhe
33	Schlaraffenland, Fleisch und Wurstwaren
35	Pimkie, young fashion
37	Benetton, young fashion
39	Brameier, Modeschmuck
41	Fritsch, Schirme/Pfeifen
43	Brillen Göpel
45	Pizza Bella Italia
47	Oliba Jeans
49	Edwin Store
51	W. Hau, aktuelle Mode
53	B. Rajczyk, Uhren
55	Stoffe Lennertz
	Zum weißen Haus

Sternpassage

Dreieck

Bonn

1a-Lage: Poststraße

Filialisierungsgrad: 73,1 %
Besonderheiten: Verbindung vom Münsterplatz zum Bahnhof

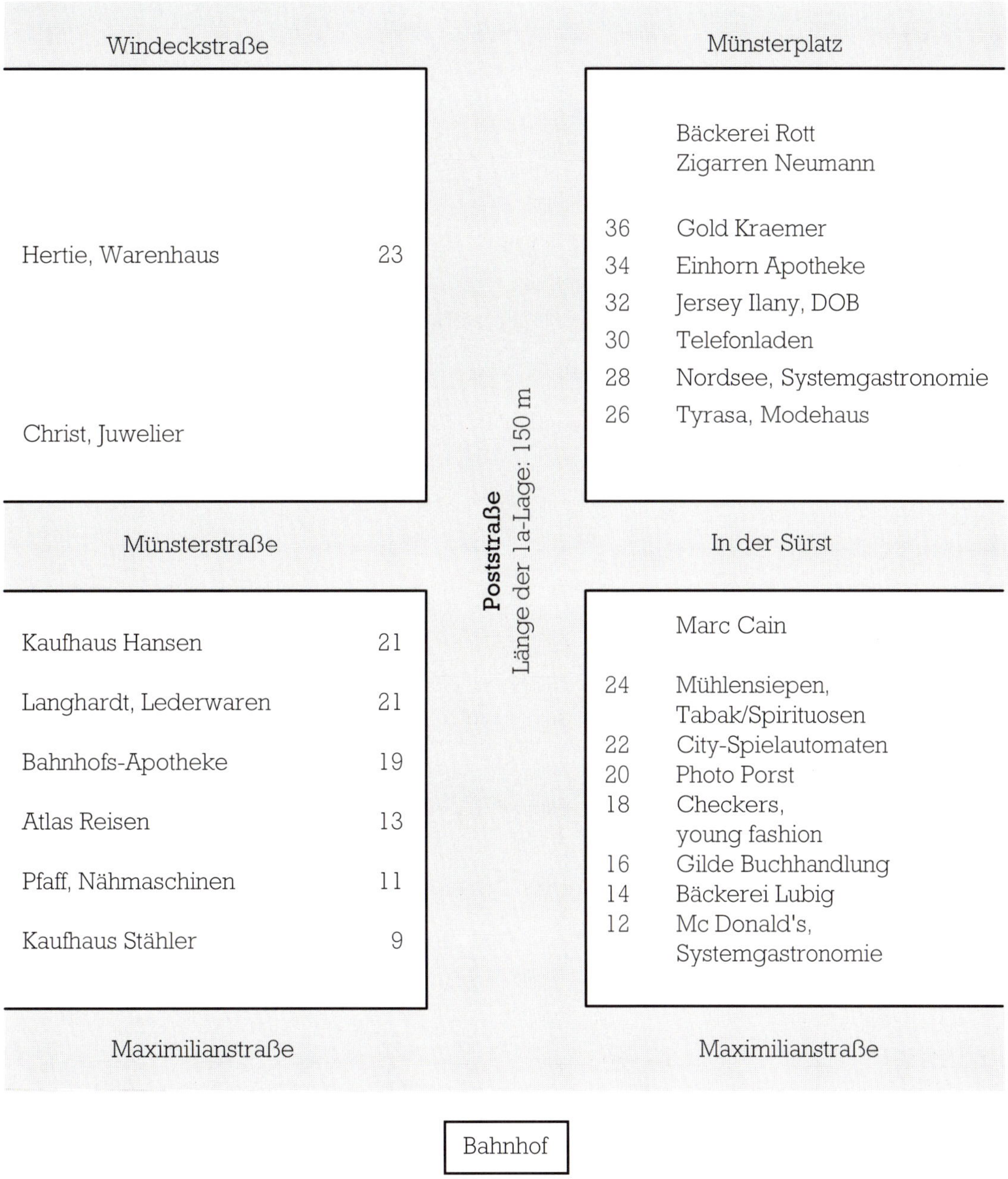

Bottrop

		Rangordnung der 84 Städte
Einwohner:	119.676	67
Besucheraufkommen 1994:	37.029 Übernachtungen	82
Kaufkraftkennziffer 1995 je Einwohner:	95,1	67
Umsatzkennziffer 1995 je Einwohner:	84,8	79
Anteil Textil (gesamte 1a-Lage): nach Anzahl der Betriebe	25,8 %	57
Anteil Schuhe (gesamte 1a-Lage): nach Anzahl der Betriebe	6,1 %	63
Filialisierungsgrad (gesamte 1a-Lage): nach Anzahl der Betriebe	48,5 %	71
Passantenzählung:	**1.362**	65
Standort:	Hansastraße 6-8	
Zeit:	16.00 Uhr bis 17.00 Uhr	
Datum:	5. Mai 1995	
Wetter:	warm, wolkenloser Himmel	
Besonderheiten:	keine	
Länge der Straßenfronten 1a-Lage:	780 m	
Kemper's Kaufkraftpotential 1995: normierte Kaufkraftkennziffer x normierte Passantenzählung 100 = Durchschnitt der 84 Städte	**57,2**	67
Mietpreis 1a-Lage 1995 pro m²: Quelle: Kemper's Index	DM/m² 90,-- bei Neuvermietung	
Kemper's Ertragskennziffer 1995: Index des Kemper's Kaufkraft-potentials : Mietindex 100 = Durchschnitt der 84 Städte	**110,7**	29

Ansässige Einzelhandelsbetriebe 1a-Lage

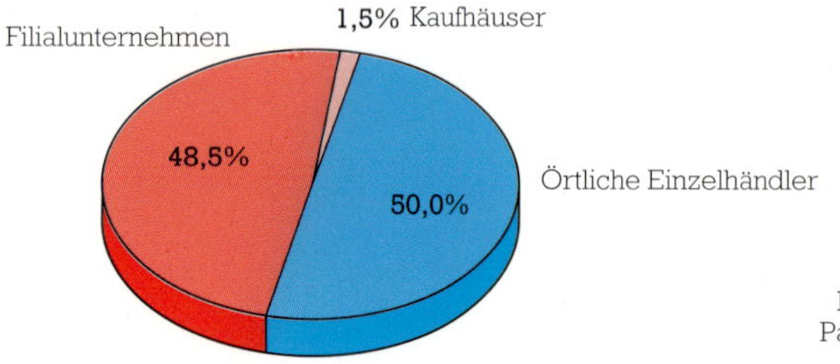

Branchenmix 1a-Lage

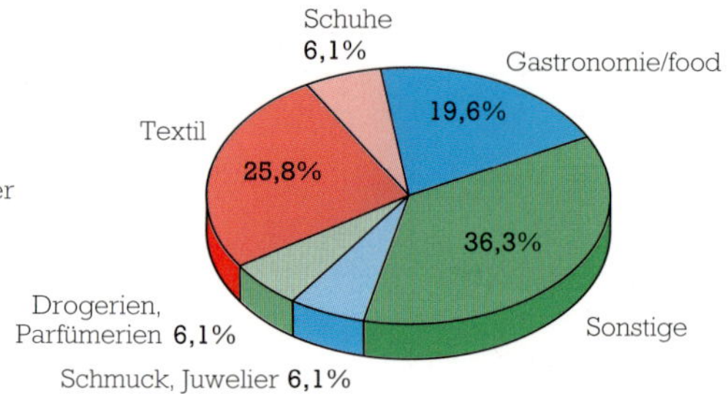

Weitere Makrodaten siehe KEMPER'S INDEX

Bottrop

1a-Lage: Hochstraße

Filialisierungsgrad: 45,7 %
Besonderheiten: kurze, parallel zur Hansastraße laufende Fußgängerzone

Hochstraße – Länge der 1a-Lage: 290 m

Stadtparfümerie Pieper	
Blumen Risse	24
Kirche	

Kirchplatz

Alte Apotheke	32
Sürmann, HAKA	34
Haffke, DOB	34
Karstadt, Warenhaus mit Mister Minit	34-36
DM, Drogeriemarkt	48
Elefanten Apotheke	48
Der Brotkorb	48
Deichmann, Schuhe	
Citibank	

Am Pferdemarkt

29	Busch Jeans
29	Domcafé Bergendahl
31	Rebbelmund
31	C & A, Bekleidungshaus
31a	M & S, DOB
33	Schuhreparatur Feldeisen
35	Spiel Hobby Ecke
35	Fleischwaren Vietor
35	Reformhaus Bacher
35	Borgmann Sport
37-39	Stern Boutique
41	Buchhandlung Erlenkämper
43	Bäckerei Sporkmann
43	Eis Garaz
43	Blumen Palette
45	Uhren Schmuck Rosche
47	Na-Nu Boutique
47	Mengede, Metzgerei
49	Bottroper Goldfenster
49	Harry Göhre, Jagd + Sport
	Irona Mode
	Müller Leonhardt, Hörgeräte
	Mc Donald's, Systemgastronomie

Pferdemarkt

Bottrop

1a-Lage: Hansastraße

Filialisierungsgrad: 54,8 %
Besonderheiten: kurze, parallel zur Hochstraße laufende Fußgängerzone

Hansastraße – Länge der 1a-Lage: 140 m

Poststraße

Telefonladen	
Foto Video Frey	2
Eingang Hansa-Zentrum	
Douglas, Parfümerie	4
Werdin, young fashion	6-8
Europa-Schuhe	6-8
Bäckerei Bergendahl	10
Uhren Schmuck Triffterer	10
Eduscho, Kaffee	12
Mengede, Rotisserie/Metzgerei	12
Hansa- Apotheke	12a
Optik Gebauer	14
Foto Schellenberg	16
Mühlensiepen, Tabak/Spirituosen	16
Moden Rickert	18-20
Schlecker, Drogeriemarkt	
Tabak Höing	
Bäckerei Bergendahl	
Foto Leigemann	
Böhmer, Schuhe	

Kirche

Kirchplatz

1	Schulte Fischedick, Schuhe
1	Porzellan Broch
7	Karstadt, Warenhaus

Am Pferdemarkt

15	Bäckerei Horsthemke
17	Friseur Schneider
17	Bijou Brigitte, Modeschmuck
17	Sewinora, Strickmoden
17	Biba, DOB
17	Long Distance Sportswear
19-21	Radio/Hifi Schmitz
21	Hussel, Süßwaren

Altmarkt

Braunschweig

		Rangordnung der 84 Städte
Einwohner:	256.267	30
Besucheraufkommen 1994:	343.265 Übernachtungen	35
Kaufkraftkennziffer 1995 je Einwohner:	109,1	35
Umsatzkennziffer 1995 je Einwohner:	165,2	7
Anteil Textil (gesamte 1a-Lage): nach Anzahl der Betriebe	34,3 %	18
Anteil Schuhe (gesamte 1a-Lage): nach Anzahl der Betriebe	9,1 %	37
Filialisierungsgrad (gesamte 1a-Lage): nach Anzahl der Betriebe	52,5 %	63
Passantenzählung:	**2.610**	21
Standort:	Hutfiltern 6 Hutfiltern 9	
Zeit:	16.00 Uhr bis 17.00 Uhr	
Datum:	5. Mai 1995	
Wetter:	warm, wolkenloser Himmel	
Besonderheiten:	keine	
Länge der Straßenfronten 1a-Lage:	1.260 m	
Kemper's Kaufkraftpotential 1995: normierte Kaufkraftkennziffer x normierte Passantenzählung 100 = Durchschnitt der 84 Städte	**125,6**	19
Mietpreis 1a-Lage 1995 pro m²: Quelle: Kemper's Index	DM/m² 195,-- bei Neuvermietung	
Kemper's Ertragskennziffer 1995: Index des Kemper's Kaufkraft-potentials : Mietindex 100 = Durchschnitt der 84 Städte	**112,3**	23

Ansässige Einzelhandelsbetriebe 1a-Lage

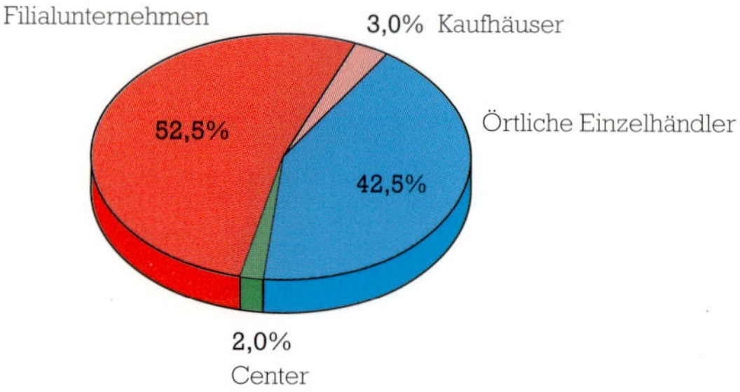

Branchenmix 1a-Lage

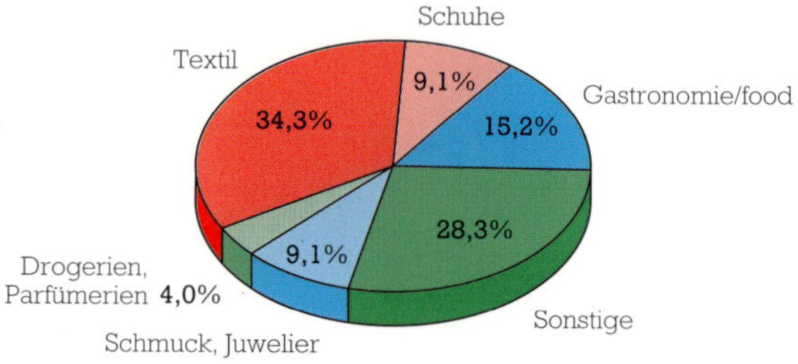

Weitere Makrodaten siehe KEMPER'S INDEX

Braunschweig

1a-Lage: Damm, Hutfiltern

Filialisierungsgrad: 71,4 %
Besonderheiten: lange Fußgängerzone, kleinflächige Bebauung

Damm / **Hutfiltern** – Länge der 1a-Lage: 350 m

Westseite

Bohlweg

Geschäft	Nr.
Flebbe, Textilhaus	
La Femme, Modeboutique	18
Gebr. Ring, Juweliere	18
Foto Quick	18
Bartels, Schuhe	17
Weipert, Textilhaus	16
Woolworth, Kleinkaufhaus	16
Ursula Aust, DOB	15
Jeans Palast, young fashion	14

Münzstraße

Geschäft	Nr.
Inter Sport Nause	
Tack, Schuhe	12
Voigt, Schuhe	11
Douglas, Parfümerie	9
Karstadt Sporthaus	
Karstadt Reisebüro	5 - 8
Karstadt Snack	
Gezi Ledermode	4
WMF, Haushaltswaren/Porzellan	3
Kahn, Reisebüro	2
Deichmann, Schuhe	1
Burgpassage mit:	8
Benetton, young fashion	
Boa Brillen	
Liberty, young fashion	7
Pimkie, young fashion	6
Benetton, young fashion	5
Chare	4
Hussel, Süßwaren	3
Jersey Ilany, DOB	
Tchibo, Kaffee	2
Bieselt, DOB	2
Scala Kino	2
Most, Süßwaren	2

Kohlmarkt

Ostseite

Horten, Warenhaus

Bohlweg

Nr.	Geschäft
20	Bonita, DOB
20	Kunath, Fleischerei
20-21	Stadtbäckerei Milkau
22	NUR, Reisebüro
22	St. Aegidien-Apotheke
23	Zero, young fashion
24	Footlocker, Sportartikel
25	Tchibo, Kaffee
26	C & A, Bekleidungshaus
28	Flam, Boutique
28	Apollo, Optik

Münzstraße

Nr.	Geschäft
	Görtz, Schuhe
33	Chocolata, Süßwaren
33	Tabakwaren Kassel
34	Orsay, young fashion
36	Christ, Juwelier
37	Rheingold Schuhe
38	Eduscho, Kaffee
39	Gold Kraemer
	Nordsee, Systemgastronomie

Kattreppeln

Nr.	Geschäft
40	New Yorker, young fashion
	Tiffany, Modeschmuck
9	Modehaus Konen

Kohlmarkt

Braunschweig

**1a-Lage: Schuhstraße,
Sack**

Filialisierungsgrad: 39,5 %
Besonderheiten: über Burgpassage mit Hutfiltern verbunden

Schild

Sack

Chez Roger Boutique 13-14

Hansemann-Passage mit u.a.: 12
Yves Rocher, Kosmetik
Sonja M., Mode

ECE-Center City-Point 5-11
mit u.a. Douglas, Parfümerie
Heutelbeck
Uhren Weiss, Juwelier
Candy & Company

15-18 Langerfeldt Modehaus
21-22 Weiss Bürobedarf
23 TUI Reisebüro
24 Maschen Mode Duwald
24 Nowak Radio, Fernsehen
Karin Föhring,
Die Uhrenecke

Neue Straße

Vor der Burg

Schuhstraße
Länge der 1a-Lage: 330 m

Rödiger, Goldschmied
Bata, Schuhe 3
Fichtelmann Imbiß 1
Koch, Mode in Leder 1

Kunath,
Metzgerei & Imbiß 42-43
Eckardt Bäckerei 42-43

Karstadt Brillen/Optik
Karstadt Reisebüro 35-38

Karstadt, Warenhaus mit
Holland Blumen 29-34

Röser,
exkl. Schuhe

1-2 Die Schmuckecke
3 Dompassage: Foto Tiemann
4 Tabakladen Fähndrich
4 Hof-Apotheke

Kleine Burg

5 Rover Handschuhe

Burgpassage

Stephanstraße

Kaufhaus Kimmich 24-28
Salamander, Schuhe 24-28
Anna Freise, Juwelier 23
Photo Porst 22
Bungenstock Uhren,
Juwelier 21
Sewinora, Strickmoden
Blumen

6 Monique Boutique
7 Fantasy, young fashion
8 Bäckerei Manig
8 Tivoli Playhouse
9 Douglas, Parfümerie
11 Reisky Schuhe
Eiscafé
12 Nordsee, Systemgastron.
13 P & C, Bekleidungshaus

15 Becker & Flöge, Optik
16 Bad + Baden
17 Walker's Leder/Schuhe

Kohlmarkt

Hutfiltern

Bremen

		Rangordnung der 84 Städte
Einwohner:	551.604	10
Besucheraufkommen 1994:	933.068 Übernachtungen	14
Kaufkraftkennziffer 1995 je Einwohner:	100,2	54
Umsatzkennziffer 1995 je Einwohner:	127,3	40
Anteil Textil (gesamte 1a-Lage): nach Anzahl der Betriebe	33,3 %	25
Anteil Schuhe (gesamte 1a-Lage): nach Anzahl der Betriebe	11,7 %	16
Filialisierungsgrad (gesamte 1a-Lage): nach Anzahl der Betriebe	70,0 %	16
Passantenzählung:	**2.471**	27
Standort:	Sögestraße 31-33 Sögestraße 30-32	
Zeit:	16.00 Uhr bis 17.00 Uhr	
Datum:	5. Mai 1995	
Wetter:	warm, wolkenloser Himmel	
Besonderheiten:	keine	
Länge der Straßenfronten 1a-Lage:	1.000 m	
Kemper's Kaufkraftpotential 1995: normierte Kaufkraftkennziffer x normierte Passantenzählung 100 = Durchschnitt der 84 Städte	**109,2**	27
Mietpreis 1a-Lage 1995 pro m²: Quelle: Kemper's Index	DM/m² 250,-- bei Neuvermietung	
Kemper's Ertragskennziffer 1995: Index des Kemper's Kaufkraft- potentials : Mietindex 100 = Durchschnitt der 84 Städte	**76,2**	62

Ansässige Einzelhandelsbetriebe 1a-Lage

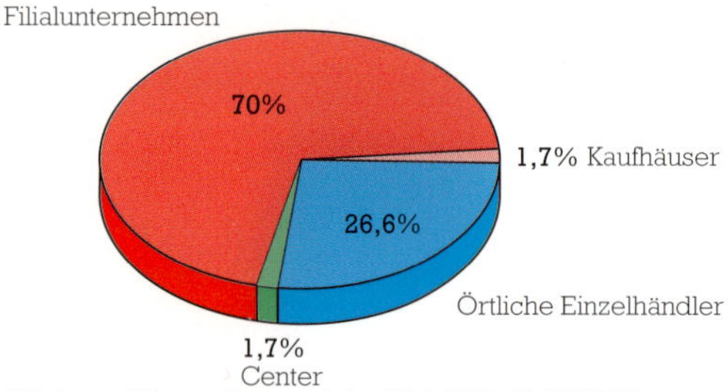

Weitere Makrodaten siehe KEMPER'S INDEX

Branchenmix 1a-Lage

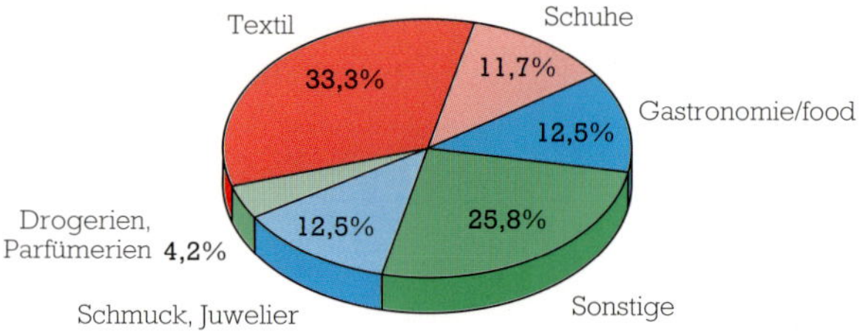

Bremen

1a-Lage: Sögestraße

Filialisierungsgrad: 64,4 %
Besonderheiten:
kleinflächige Bebauung,
historisch gewachsen

Sögestraße
Länge der 1a-Lage: 250 m

Linke Straßenseite

Obernstraße

Brinckmann & Lange, Juwelier	1
WMF, Haushaltswaren/Porzellan	3-5
Etienne Aigner, Lederwaren	7
Borchers Schlachterei	9
Garde Bäckerei	11-13
Nordsee, Systemgastronomie	11-13
Eduscho, Kaffee	15
Schlemmermeyer, Feinkost	17-19
Stefanel, young fashion	17-19

Unser-Lieben-Frauen-Kirchhof

Bijou One, Modeschmuck	21
Gold Funke	21

Queerenstraße

Salamander, Schuhe	23
Tchibo, Kaffee	25
Juwelier Ulf Lange	27
King Shoe	29
Hennes & Mauritz, young fashion	31-33
Douglas, Parfümerie	31-33

Katharinen-Passage

Stiesing Mode	35
André, Schuhe	37-39
NUR-Touristik, Reisebüro	37-39
Interimslösung	41
Orsay, young fashion	43-45
Lattemann, Schuhe	43-45
Wormland, HAKA	41-51
Wempe, Juwelier	47-51

Schlüsselkorb

Rechte Straßenseite

Obernstraße

2	Karstadt, Warenhaus

Lloyd-Passage

16-20	Roland, Bekleidungshaus
22-28	Petit Appetit, Gastronomie
22-28	Karstadt Sporthaus

Pelzerstraße

30-32	Dittfeld, Lederwaren
30-32	Ciro, Perlen
34	Bremer Schmuckhaus
36-38	Dörbecker Schreibwaren
40	Ipuri, DOB
42-44	Café Knigge
46	Montanus, Bücher/Zeitschr.
48	Gold Kraemer
52	Roland, Schuhe
54	Laura Ashley, DOB
56	Henseler Porzellan
58	Mey & Edlich, DOB/HAKA
60	Franke, Parfümerie
60	Otto Melchers, Bücher
62-64	Juwelier Meyer
62-64	Villeroy & Boch, Haushaltswaren/Porzellan

Knochenhauerstraße

Bremen

1a-Lage: Hutfilterstraße, Obernstraße

Filialisierungsgrad: 83,3 %
Besonderheiten:
lange und breite Einkaufstraße, mittig Straßenbahn

Bürgermeister-Smidt-Straße

Hutfilterstraße

Kaufhalle, Kleinkaufhaus	24-26
Fantasy, Trendladen	20-22
NUR, Reisebüro	20-22
Eduscho, Kaffee	18
Nordsee, Systemgastronomie	16
Deichmann, Schuhe	12
Jean Pascale, young fashion	12-14
Zeichbauer, HAKA	10
Siemes, Schuhe	6-8
Viva Mode	6-8
Salamander, Schuhe	2-4

	Ulla Popken, DOB
23	Hussel, Süßwaren
	Adler-Apotheke
21	Burger King, Systemgastr.
17-19	Görtz, Schuhe
15	Juwelier Haase
9-13	M3, young fashion
9-13	Schuh Meineke
7	Kaisers Drugstore
1-5	Finke Mode
	Alte Gilde, Gastronomie

Kurze Wallfahrt

Ansgarikirchhof

Dyckhoff, Bekleidungshaus	94-98
Brinkmann, Haushaltswaren	82-88
Mc Donald's, Systemgastronomie	80
Runners Point, Sportartikel	78
Bonita, DOB	76
Eduscho, Kaffee	76

57	Bijou Brigitte, Modeschmuck
57	Tiffany, Mode
57	Umbau
57	Spinnrad, Drogerie
57	Laugen Bäckerei
	Levis Shop, young fashion
	Yaska, Parfümerie
55	Cosmos, young fashion
55	TC Reiseshop
55	H & M, young fashion

Pieperstraße

Papenstraße

Obernstraße
Länge der 1a-lage: 320 m

Schuh Meyer	62-66
Douglas, Parfümerie	62-66
Ursula Aust, DOB	58-60
Jersey Ilany, DOB	58-60
Most, Süßwaren	56
Nanu Nana, Geschenkartikel	56
Photo Dose	56
P & C, Bekleidungshaus	44-54

53	Christ, Juwelier
49-51	Orsay, young fashion
45-49	Boecker, Bekleidungshaus
39-43	Benetton, young fashion
39-43	Pimkie, young fashion
39-43	Schreiber, Schuhe
37	Tack, Schuhe
35	Schulte Ledermoden
5-33	Karstadt, Warenhaus
	picknick

Kahlerstraße

André, Schuhe	38-42
Uhren Weiss, Juwelier	38-42
Niebank Boutique	34-36
Brameier, Modeschmuck	34-36
Fielmann, Optik	32
Apollo, Optik	30
Apotheke in der Obernstraße	26
Exit, young fashion	22-24
News, young fashion	22-24

Große Waagestraße

van Houten, Café	20
Haita, Wäsche/Dessous	18
Storm Bücher	18
Footlocker, Sportartikel	16
Zero, young fashion	14

Sögestraße

Kleine Waagestraße

Bremerhaven

		Rangordnung der 84 Städte
Einwohner:	131.492	55
Besucheraufkommen 1994:	145.356 Übernachtungen	61
Kaufkraftkennziffer 1995 je Einwohner:	91,2	70
Umsatzkennziffer 1995 je Einwohner:	122,9	43
Anteil Textil (gesamte 1a-Lage): nach Anzahl der Betriebe	22,6 %	68
Anteil Schuhe (gesamte 1a-Lage): nach Anzahl der Betriebe	6,4 %	60
Filialisierungsgrad (gesamte 1a-Lage): nach Anzahl der Betriebe	58 %	51
Passantenzählung:	**605**	81
Standort:	Bürgermeister-Smidt-Straße 38	
Zeit:	16.00 Uhr bis 17.00 Uhr	
Datum:	5. Mai 1995	
Wetter:	warm, wolkenloser Himmel	
Besonderheiten:	keine	
Länge der Straßenfronten 1a-Lage:	730 m	
Kemper's Kaufkraftpotential 1995: normierte Kaufkraftkennziffer x normierte Passantenzählung 100 = Durchschnitt der 84 Städte	**24,3**	80
Mietpreis 1a-Lage 1995 pro m²: Quelle: Kemper's Index	DM/m² 70,-- bei Neuvermietung	
Kemper's Ertragskennziffer 1995: Index des Kemper's Kaufkraft- potentials : Mietindex 100 = Durchschnitt der 84 Städte	**60,6**	74

Ansässige Einzelhandelsbetriebe 1a-Lage

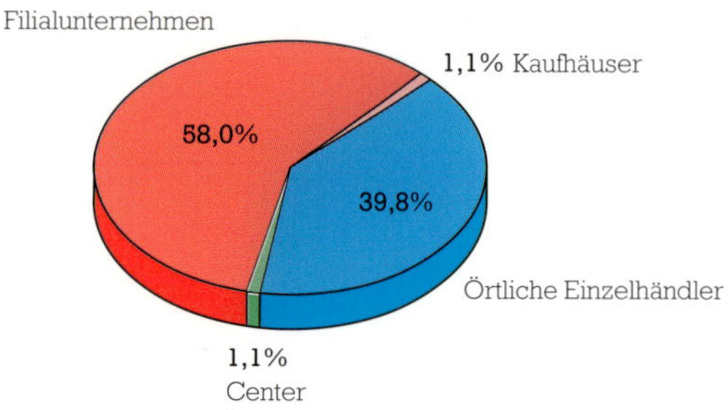

Branchenmix 1a-Lage

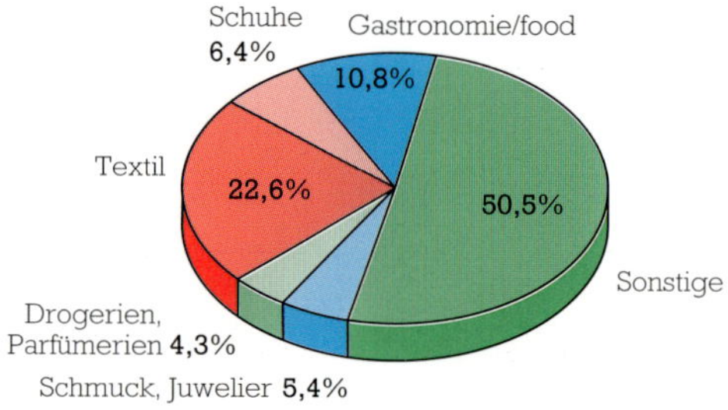

Weitere Makrodaten siehe KEMPER'S INDEX

Bremerhaven

1a-Lage: Bürgermeister-Smidt-Straße

Filialisierungsgrad: 58,0 %
Besonderheiten:
breite Einkaufsstraße

Bürgermeister-Smidt-Straße
Länge der 1a-Lage: 320 m

Peßburger Straße / Preßburger Straße

Gustav Weyen, Porzellan	100
Blumen Rath	100
Goldschmiede Hornung	98
Reisebüro Fischer	98
Tack, Schuhe	96
Stadtbäckerei Engelbrecht	94
Schmidt's Drogeriemarkt	94
Landesbausparkasse	92
Eiscafé Dürigon	92
New Yorker, young fashion	90
Ring Apotheke	88
Lloyd Reisebüro	88
Rossmann, Parfümerie + Drogerie	86

83	Check Point, young fashion
81	Foto Grohbrügge
79	Bunte Truhe
79	Gold Knipsel
77	PM-Boutique
77	Pelze Gutmann
75	Lederwaren Radfelder
75	Michael, Geschenke
75	Modehaus Meyer
71-73	Hamburger Farm, Systemgastr.

Keilstraße

Schuhe Rieker	84
Juwelier Lidecke	84
Hansatreff	82
Spielothek	80a
Otto May, DOB	78-80
Yaska, Parfümerie	78-80
von der Heide, DOB	78-80
Nordsee-Zeitung	78-80
Most, Süßwaren	78-80
Juwelier Boersma	78-80
M & S Mode, DOB	74-76
Woolworth, Kleinkaufhaus	74-76
C & A, Bekleidungshaus	

59	Reformhaus Schloßhauer
59	Buchhandlung F. Morisse
57	Betten Beutge
57	H.W. Kernreich, Porz./Glas
55	Wüstenrot
55	Trendshop von der Heide
53	Spinnrad, Drogerie
53	Blumen Siedenburg
51a	von der Heide, Herrenbekleidung
51	Oggi Jeans & Mode, young fashion
49	Quick, Schuhe
49	Cityman, Schuhe

Mühlenstraße

Karstadt, Warenhaus	
Tchibo, Kaffee	48
Bürgermeister-Smidt-Apotheke	48
Bücher Mügge	46
Nordsee, Systemgastronomie	

Kirchplatz

Kirche

Kirchenstraße

Jean Pascale, young fashion	42
Quellmalz, DOB	40
Holst, DOB	40
Deichmann, Schuhe	38
A. Ludewig, Wäsche	34-36
Optik Crauel	34-36
Apotheke Sander	34
"Die Brotkate"	32
Juwelier Wilzius	32
Sparkasse Bremerhaven	

41	Dresdner Bank
39	Modehaus Holscher
37	Optik Bode
35	Quelle Technorama
33	Geestemünder Bank
33	Lange, Schuhe
27	Gardinen/Stoffzentrum
25	Blue Steam Company, young fash.
23	Modelinchen, young fashion

Eingang Columbus-Center / Mittelstraße

Plattenladen Bening	
Bertelsmann, Bücher	
Juwelier Dietze	16-18
KD, Drogeriemarkt	
Schuhhaus Burmester	14
Juwelier Monrath	12
Bäckerei Engelbrecht	12
Horten, Warenhaus	

21	Singer Nähparadies
17-19	Parfümerie Krömer
17-19	Mc Donald's, Systemgastronomie
15	Volksbank
15	Nanu Nana, Geschenkartikel
13	Anthony's
13	Jeans Shop, young fashion
9-11	Deutsche Bank
7	Ritas Modestübchen
5	Tabak + Pfeifenforum

Theodor-Heuss-Platz

Chemnitz

		Rangordnung der 84 Städte
Einwohner:	280.744	23
Besucheraufkommen 1994:	245.257 Übernachtungen	44
Kaufkraftkennziffer 1995 je Einwohner:	77,6	79
Umsatzkennziffer 1995 je Einwohner:	101,4	64
Anteil Textil (gesamte 1a-Lage): nach Anzahl der Betriebe	30,5 %	38
Anteil Schuhe (gesamte 1a-Lage): nach Anzahl der Betriebe	4,3 %	78
Filialisierungsgrad (gesamte 1a-Lage): nach Anzahl der Betriebe	60,9 %	40
Passantenzählung:	**452**	83
Standort:	Straße der Nationen 26 Straße der Nationen 23	
Zeit:	16.00 Uhr bis 17.00 Uhr	
Datum:	5. Mai 1995	
Wetter:	warm, wolkenloser Himmel	
Besonderheiten:	keine	
Länge der Straßenfronten 1a-Lage:	500 m	
Kemper's Kaufkraftpotential 1995: normierte Kaufkraftkennziffer x normierte Passantenzählung 100 = Durchschnitt der 84 Städte	**15,5**	83
Mietpreis 1a-Lage 1995 pro m²: Quelle: Kemper's Index	DM/m² 100,-- bei Neuvermietung	
Kemper's Ertragskennziffer 1995: Index des Kemper's Kaufkraft-potentials : Mietindex 100 = Durchschnitt der 84 Städte	**27,0**	83

Ansässige Einzelhandelsbetriebe 1a-Lage

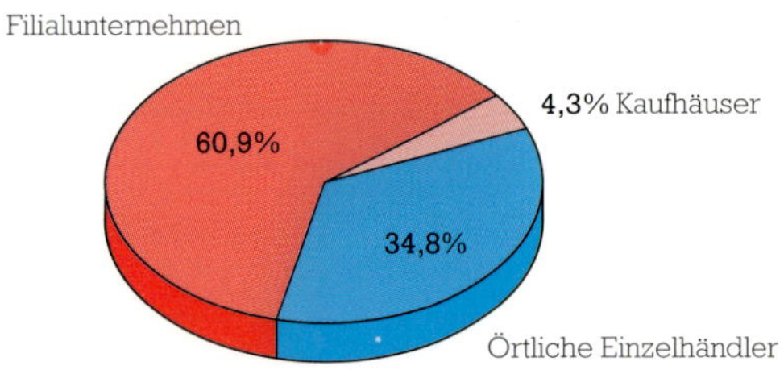

Branchenmix 1a-Lage

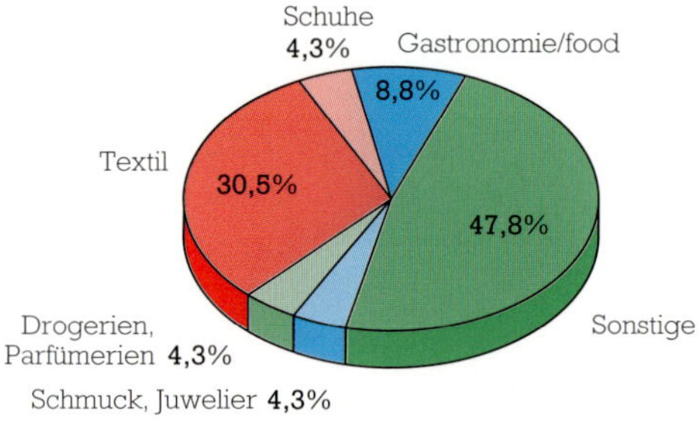

Weitere Makrodaten siehe KEMPER'S INDEX

Chemnitz

1a-Lage: Straße der Nationen

Filialisierungsgrad: 60,9 %
Besonderheiten: breite Fahrstraße, klein- und großflächiger Einzelhandel Plattenbauten,

Cottbus

		Rangordnung der 84 Städte
Einwohner:	128.121	60
Besucheraufkommen 1994:	134.983 Übernachtungen	64
Kaufkraftkennziffer 1995 je Einwohner:	76,8	83
Umsatzkennziffer 1995 je Einwohner:	100,8	66
Anteil Textil (gesamte 1a-Lage): nach Anzahl der Betriebe	12,8 %	84
Anteil Schuhe (gesamte 1a-Lage): nach Anzahl der Betriebe	12,8 %	9
Filialisierungsgrad (gesamte 1a-Lage): nach Anzahl der Betriebe	43,6 %	78
Passantenzählung:	**461**	82
Standort:	Spremberger Straße 11	
Zeit:	16.00 Uhr bis 17.00 Uhr	
Datum:	5. Mai 1995	
Wetter:	warm, wolkenloser Himmel	
Besonderheiten:	Stadt- oder Straßenfest	
Länge der Straßenfronten 1a-Lage:	500 m	
Kemper's Kaufkraftpotential 1995: normierte Kaufkraftkennziffer x normierte Passantenzählung 100 = Durchschnitt der 84 Städte	**15,6**	82
Mietpreis 1a-Lage 1995 pro m²: Quelle: Kemper's Index	DM/m² 100,-- bei Neuvermietung	
Kemper's Ertragskennziffer 1995: Index des Kemper's Kaufkraft-potentials : Mietindex 100 = Durchschnitt der 84 Städte	**27,2**	82

Ansässige Einzelhandelsbetriebe 1a-Lage

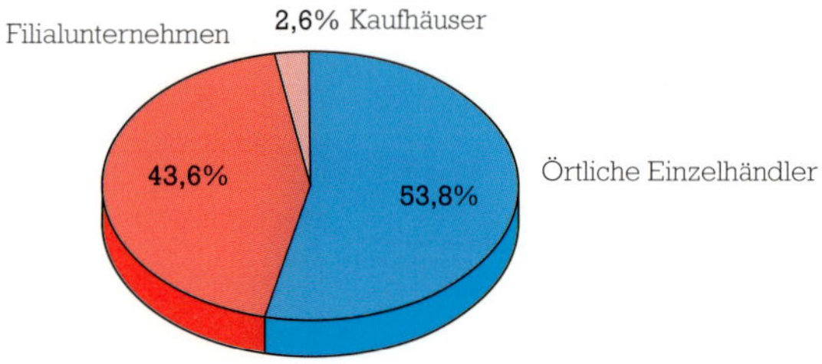

Branchenmix 1a-Lage

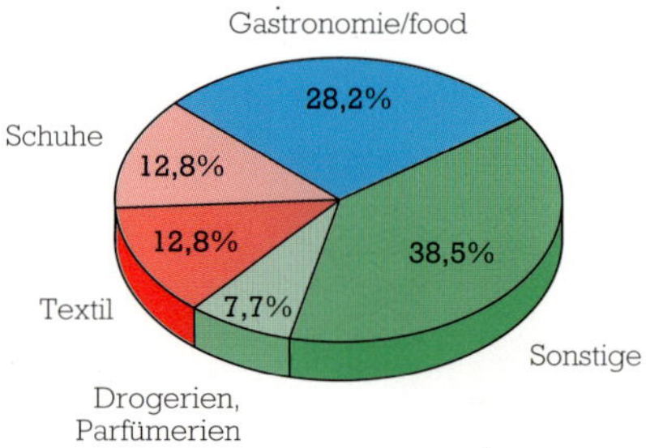

Weitere Makrodaten siehe KEMPER'S INDEX

Cottbus

1a-Lage: Spremberger Straße

Filialisierungsgrad: 43,6 %
Besonderheiten: mittleres bis niedriges Preisniveau

Spremberger Straße
Länge der 1a-Lage: 330 m

Marktstraße

Boutique Torino, DOB	
Kracht, Leder/Schirme	44
Commerzbank	42-43
Mc Paper, Schreibwaren	42-43
André, Schuhe	40-41
Mitgude, Fleischerfachgeschäft	40-41
Fruchtmarkt	37-39

Mühlenstraße

Interim	36
Buffalo, Gastronomie	36
Nordsee, Systemgastronomie	35
Eduscho, Kaffee	35
Le Coeur, Parfümerie	34

Passage

Caspar Blue, young fashion	31-33
Stadt Cottbus, Gastronomie	29-30
Bonbonniere	28
Elegance, DOB	27
Böcking, Modelleisenbahnen	26
Umbau	25
Tieck, Friseur	25
Umbau	25
Reinsberg, Schuhe	23
Quick, Schuhe	21-22
Salamander, Schuhe	19-20
Galerie am Turm	19

Am Turm

Spremberger Turm
Europa-Schuhe
Deutsche Bank

Breitscheidplatz

Altmarkt

1	Tee & Süßwaren
2	BAF, young fashion
3	Fotoquelle
3	WMF, Haushaltswaren/Porzellan

Mühlenstraße

4	Lauterbach, Konditorei
5	Jeans Fritz, young fashion

Schloßkirchplatz

9	NKD, Kleinkaufhaus
9	Krautz & Vogt, Geschenkartikel
11	OK-Foto
11	Fielmann, Optik
13	Lederwaren/Taschen
14-15	Kaiser's Drugstore
16	Umbau

Burgstraße

17	Heron, Buchhandlung
17	Konditorei
17	Café am Turm

Franz-Mehring-Straße

Darmstadt

		Rangordnung der 84 Städte
Einwohner:	139.754	52
Besucheraufkommen 1994:	375.487 Übernachtungen	34
Kaufkraftkennziffer 1995 je Einwohner:	120,8	8
Umsatzkennziffer 1995 je Einwohner:	172,9	4
Anteil Textil (gesamte 1a-Lage): nach Anzahl der Betriebe	32,5 %	30
Anteil Schuhe (gesamte 1a-Lage): nach Anzahl der Betriebe	14,3 %	3
Filialisierungsgrad (gesamte 1a-Lage): nach Anzahl der Betriebe	40,3 %	80
Passantenzählung:	**2.019**	42
Standort:	Ernst-Ludwig-Straße 21	
Zeit:	16.00 Uhr bis 17.00 Uhr	
Datum:	5. Mai 1995	
Wetter:	warm, wolkenloser Himmel	
Besonderheiten:	Abiturfeier	
Länge der Straßenfronten 1a-Lage:	490 m	
Kemper's Kaufkraftpotential 1995: normierte Kaufkraftkennziffer x normierte Passantenzählung 100 = Durchschnitt der 84 Städte	**107,6**	29
Mietpreis 1a-Lage 1995 pro m²: Quelle: Kemper's Index	DM/m² 170,-- bei Neuvermietung	
Kemper's Ertragskennziffer 1995: Index des Kemper's Kaufkraft-potentials : Mietindex 100 = Durchschnitt der 84 Städte	**110,4**	30

Ansässige Einzelhandelsbetriebe 1a-Lage

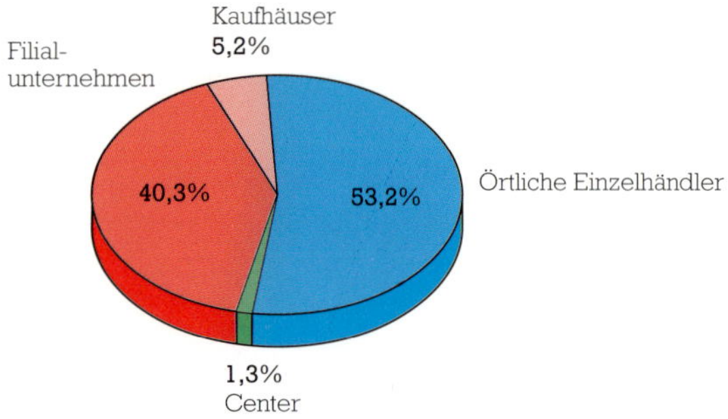

Branchenmix 1a-Lage

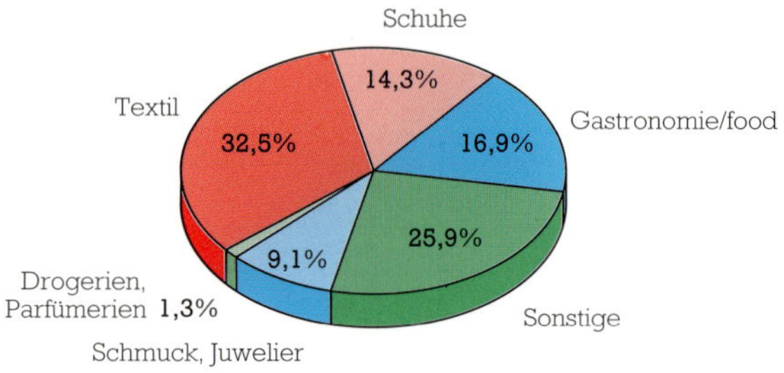

Weitere Makrodaten siehe KEMPER'S INDEX

Darmstadt

1a-Lage: Ernst-Ludwig-Straße

Filialisierungsgrad: 54,8 %
Besonderheiten:
schmale Fußgängerzone

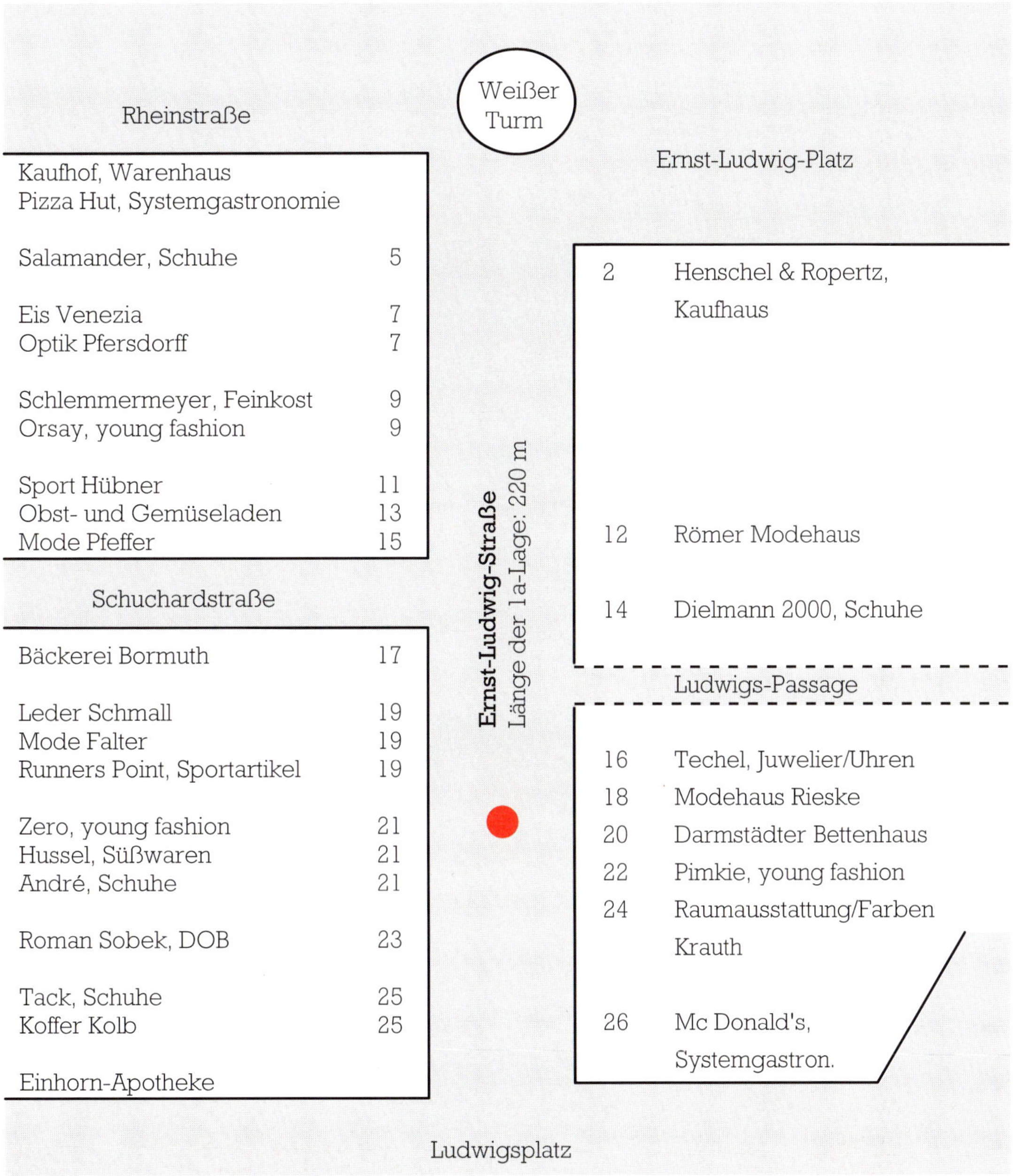

Darmstadt

1a-Lage: Ludwigstraße

Filialisierungsgrad: 21,1 %
Besonderheiten: kurze 1a-Lage

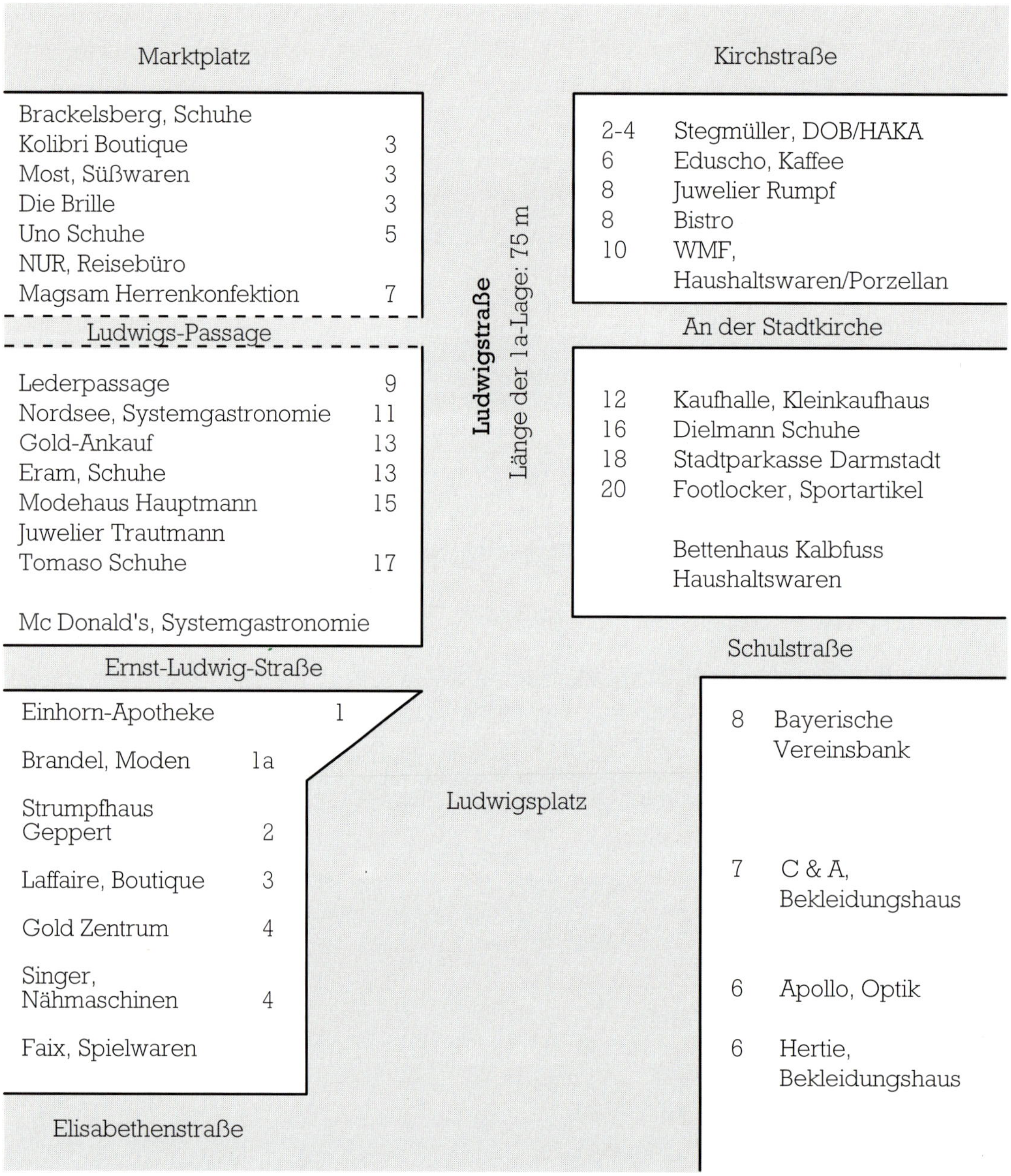
Marktplatz
Kirchstraße
Brackelsberg, Schuhe
Kolibri Boutique 3
Most, Süßwaren 3
Die Brille 3
Uno Schuhe 5
NUR, Reisebüro
Magsam Herrenkonfektion 7
Ludwigs-Passage
Lederpassage 9
Nordsee, Systemgastronomie 11
Gold-Ankauf 13
Eram, Schuhe 13
Modehaus Hauptmann 15
Juwelier Trautmann
Tomaso Schuhe 17
Mc Donald's, Systemgastronomie
Ludwigstraße
Länge der 1a-Lage: 75 m
2-4 Stegmüller, DOB/HAKA
6 Eduscho, Kaffee
8 Juwelier Rumpf
8 Bistro
10 WMF, Haushaltswaren/Porzellan
An der Stadtkirche
12 Kaufhalle, Kleinkaufhaus
16 Dielmann Schuhe
18 Stadtparkasse Darmstadt
20 Footlocker, Sportartikel
Bettenhaus Kalbfuss Haushaltswaren
Ernst-Ludwig-Straße
Schulstraße
Einhorn-Apotheke 1
Brandel, Moden 1a
Strumpfhaus Geppert 2
Laffaire, Boutique 3
Gold Zentrum 4
Singer, Nähmaschinen 4
Faix, Spielwaren
Ludwigsplatz
8 Bayerische Vereinsbank
7 C & A, Bekleidungshaus
6 Apollo, Optik
6 Hertie, Bekleidungshaus
Elisabethenstraße

Darmstadt

1a-Lage: Schuchardstraße

Filialisierungsgrad: 55,6 %
Besonderheiten: kurze 1a-Lage, schmal, Aufwertung durch Luisencenter

	Ernst-Ludwig-Straße				Ernst-Ludwig-Straße
	Sailer Shoes				Bormuth Bäckerei
	"Der Freßkorb"				Schoko Kasper
	Lusa Reformhaus	1			S'Oliver Store, young fashion
	"Die Truhe", Mode + Schmuck	1	**Schuchardstraße**	4	Görtz 17, Schuhe
	Umbau	3	Länge der 1a-Lage: 65 m	4	Bijou Brigitte, Modeschmuck
	Optik Thierbach	3		6	Challenger Boots
	Uhren Michel	5		6	Frontpage
	Umbau	7		8	Photo Porst
	Blumen Schulz	9		8	Pizza + Pasta
	Früchtekorb Schulz	9		10	City Apotheke
	NUR, Reisebüro	11		10	Yves Rocher, Kosmetik
				10	Gütting, Elektro/Rasierer
	Stadtverwaltung mit:			12	Rodenhäuser Textil
	Heag Stromberatung	13		14	Commerzbank
				14	Eduscho, Kaffee
				16-18	Kissel Kleidung
	Luisenstraße				Luisenstraße

Karstadt, Warenhaus + Luisencenter

Dortmund

		Rangordnung der 84 Städte
Einwohner:	601.966	7
Besucheraufkommen 1994:	480.217 Übernachtungen	26
Kaufkraftkennziffer 1995 je Einwohner:	99,7	58
Umsatzkennziffer 1995 je Einwohner:	114,5	48
Anteil Textil (gesamte 1a-Lage): nach Anzahl der Betriebe	33,7 %	23
Anteil Schuhe (gesamte 1a-Lage): nach Anzahl der Betriebe	9,1 %	37
Filialisierungsgrad (gesamte 1a-Lage): nach Anzahl der Betriebe	80,9 %	4
Passantenzählung:	**3.776**	8
Standort:	Westenhellweg 46 Westenhellweg 39-41	
Zeit:	16.00 Uhr bis 17.00 Uhr	
Datum:	5. Mai 1995	
Wetter:	warm, wolkenloser Himmel	
Besonderheiten:	keine	
Länge der Straßenfronten 1a-Lage:	800 m	
Kemper's Kaufkraftpotential 1995: normierte Kaufkraftkennziffer x normierte Passantenzählung 100 = Durchschnitt der 84 Städte	**166,1**	12
Mietpreis 1a-Lage 1995 pro m²: Quelle: Kemper's Index	DM/m² 300,-- bei Neuvermietung	
Kemper's Ertragskennziffer 1995: Index des Kemper's Kaufkraft-potentials : Mietindex 100 = Durchschnitt der 84 Städte	**96,5**	47

Ansässige Einzelhandelsbetriebe 1a-Lage

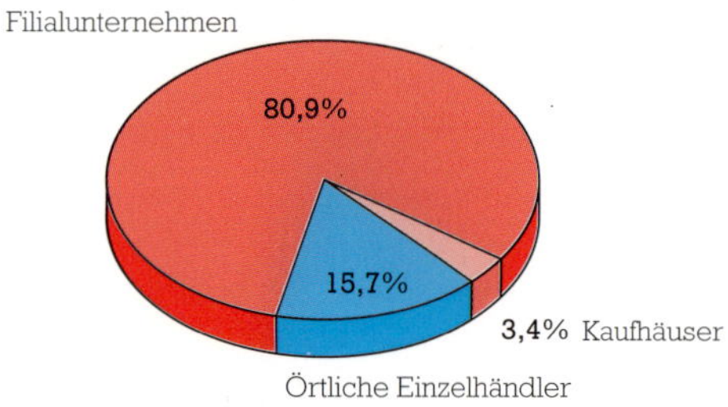

Branchenmix 1a-Lage

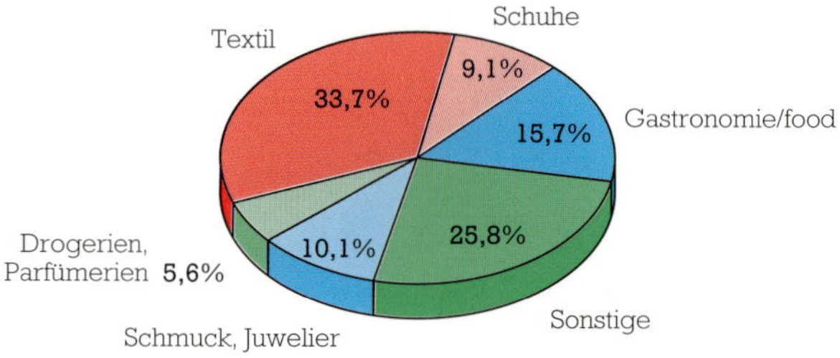

Weitere Makrodaten siehe KEMPER'S INDEX

Dortmund

1a-Lage: Westenhellweg, Ostenhellweg

Filialisierungsgrad: 80,9 %
Besonderheiten: lange Fußgängerzone mit großflächiger Bebauung

Ostenhellweg

Westenhellweg
Länge der 1a-Lage: 590 m

Linke Straßenseite

Stefanstraße	
Karstadt, Sporthaus	
Magnum Apotheke	32
Ital. Eiscafé	30
Juliane von Hees, DOB	28
Jeans Fritz, young fashion	26
C & A, Bekleidungshaus	18-24
Willy-Brandt-Platz	
Wolbert's Mahlzeit	
St.Reinoldi-Kirche	
Coast Schuhe + Junge Mode	
P & C, Bekleidungshaus	1
Ortner DOB/HAKA	3
Jeans Fritz, young fashion	5
Gold Kraemer	7
Apotheke	7
Douglas, Parfümerie	9
Passage Krüger	
Bücher Krüger	9
Metzgerei Dilchert	11-13
Dyckhoff, Bekleidungshaus	11-13
Corso Passage	
Uhren Weiss, Juwelier	17
Optik Overhage	19
Coast, young fashion	19
Salamander, Schuhe	21
Hansastraße	
Haita, Wäsche/Dessous	37
Cramer & Meermann, Bekleidungshaus	39-41
Lühringhof	
Rosenthal, Glas/Porzellan	43
NUR, Reisebüro	43
Rüschenbeck, Juwelier	45
Biba, DOB	47
Yves Rocher, Kosmetik	47
Orsay, young fashion	49
Beate Uhse, Sexshop	51
André, Schuhe	51
Petergasse	
Böhmer, Schuhe	55-57
Appelrath & Cüpper, Bekleidungshs.	63
Voswinkel, Sportartikel	65
Bäckerei Klems	67
Metzgerei Dilchert	67
Stadtparfümerie Pieper	67
Zwilling J.A. Henckels	
Café/Bistro Daily	
Fielmann, Optik	69
Bäckerei/Café Grobe	71
Gold Schäfer	73
Petrikirchhof	

Rechte Straßenseite

Stefanstraße	
33	Vosschulte
31	Liberty Woman, DOB
31	Bijou Brigitte, Modeschmuck
29	Pohland, HAKA
27	Pizza Hut, Systemgastronomie
25	Mambo Boutique
Passage	
25	Umbau
23	Bäckerei Klems + Tchibo
19-21	Tchibo, Kaffee
19-21	Böhmer, Schuhe
Kleppingstraße	
5	More & More Company, young fashion
3	Mövenpick Marché, Systemgastronomie
1	Wempe, Juwelier
Markt	
2-4	Wormland, HAKA
6	Juwelier Tewes
8	Freund & Bauer
8	Roland, Herrenschuhe
10	Parfümerie Ernedo
12-14	Hij, HAKA
16	WMF, Porzellan/Haushaltswaren
18-20	Sinn, Bekleidungshaus
22	Eduscho, Kaffee
22	Vanessa, young fashion
24	Schwanen Apotheke
24	Most, Süßwaren
26	Christ, Juwelier
28	Vogelsang, Schuhe
30-36	Karstadt, Warenhaus
Hansastraße	
40-46	Europa Schuhe
40-46	Pohland, HAKA
46	Hennes & Mauritz, young fashion
52	Woolworth, Kleinkaufhaus
	Funke, Gold/Uhren
Mönchenwordt	
58	Jeans 2000, young fashion
60	Deichmann, Schuhe
62	Nordsee, Systemgastronomie
62	Laura Ashley, DOB
64	Douglas, Parfümerie
64	Apollo, Optik
66-68	New Yorker, young fashion
66-68	Schlemmermeyer, Feinkost
66-68	Mc Donald's, Systemgastronomie
72	Kaufhof incl. Saturn-Hansa und Herzblume
86-88	Petri Apotheke
86-88	Ruhr-Nachrichten
86-88	Buchhandlung Lensing
Potgasse	

Dresden

		Rangordnung der 84 Städte
Einwohner:	479.273	15
Besucheraufkommen 1994:	1.274.545 Übernachtungen	9
Kaufkraftkennziffer 1995 je Einwohner:	80,7	74
Umsatzkennziffer 1995 je Einwohner:	87,9	76
Anteil Textil (gesamte 1a-Lage): nach Anzahl der Betriebe	22,7 %	67
Anteil Schuhe (gesamte 1a-Lage): nach Anzahl der Betriebe	11,4 %	17
Filialisierungsgrad (gesamte 1a-Lage): nach Anzahl der Betriebe	81,8 %	3
Passantenzählung:	**2.525**	23
Standort:	Prager Straße 17	
Zeit:	16.00 Uhr bis 17.00 Uhr	
Datum:	5. Mai 1995	
Wetter:	warm, teilweise bedeckter Himmel	
Besonderheiten:	keine	
Länge der Straßenfronten 1a-Lage:	550 m	
Kemper's Kaufkraftpotential 1995: normierte Kaufkraftkennziffer x normierte Passantenzählung 100 = Durchschnitt der 84 Städte	**89,9**	46
Mietpreis 1a-Lage 1995 pro m²: Quelle: Kemper's Index	DM/m² 180,-- bei Neuvermietung	
Kemper's Ertragskennziffer 1995: Index des Kemper's Kaufkraft-potentials : Mietindex 100 = Durchschnitt der 84 Städte	**87,1**	52

Ansässige Einzelhandelsbetriebe 1a-Lage

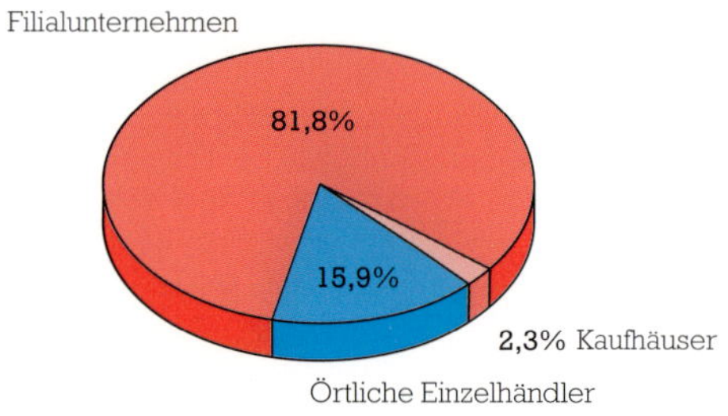

Branchenmix 1a-Lage

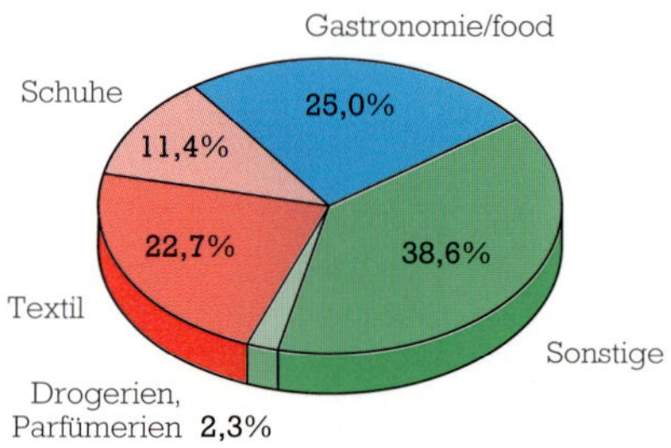

Weitere Makrodaten siehe KEMPER'S INDEX

Dresden

1a-Lage: Prager Straße

Filialisierungsgrad: 81,8 %
Besonderheiten: breite Promenade, Pavillons und Neubauten, Kauf- und Warenhausstandort, konsumig

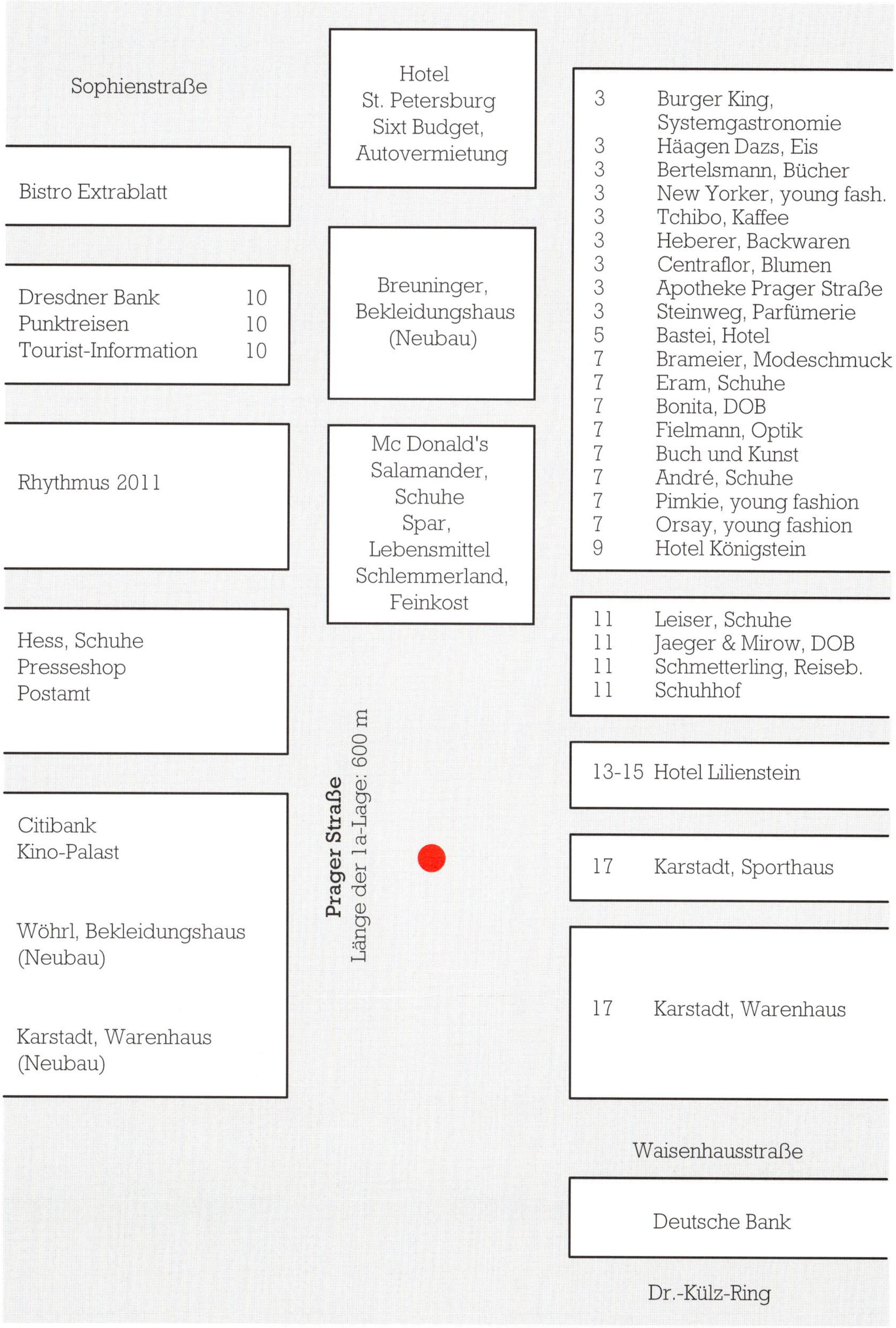

Düsseldorf

		Rangordnung der 84 Städte
Einwohner:	574.936	9
Besucheraufkommen 1994:	1.984.916 Übernachtungen	6
Kaufkraftkennziffer 1995 je Einwohner:	126,5	4
Umsatzkennziffer 1995 je Einwohner:	150,5	21
Anteil Textil (gesamte 1a-Lage): nach Anzahl der Betriebe	40,0 %	4
Anteil Schuhe (gesamte 1a-Lage): nach Anzahl der Betriebe	10,6 %	25
Filialisierungsgrad (gesamte 1a-Lage): nach Anzahl der Betriebe	67,1 %	21
Passantenzählung:	**4.688**	3
Standort:	Schadowstraße 17-21 Schadowstraße 20-22	
Zeit:	16.00 Uhr bis 17.00 Uhr	
Datum:	5. Mai 1995	
Wetter:	warm, wolkenloser Himmel	
Besonderheiten:	keine	
Länge der Straßenfronten 1a-Lage:	1.830 m	
Kemper's Kaufkraftpotential 1995: normierte Kaufkraftkennziffer x normierte Passantenzählung 100 = Durchschnitt der 84 Städte	**261,7**	2
Mietpreis 1a-Lage 1995 pro m²: Quelle: Kemper's Index	DM/m² 350,-- bei Neuvermietung	
Kemper's Ertragskennziffer 1995: Index des Kemper's Kaufkraft-potentials : Mietindex 100 = Durchschnitt der 84 Städte	**130,3**	11

Ansässige Einzelhandelsbetriebe 1a-Lage

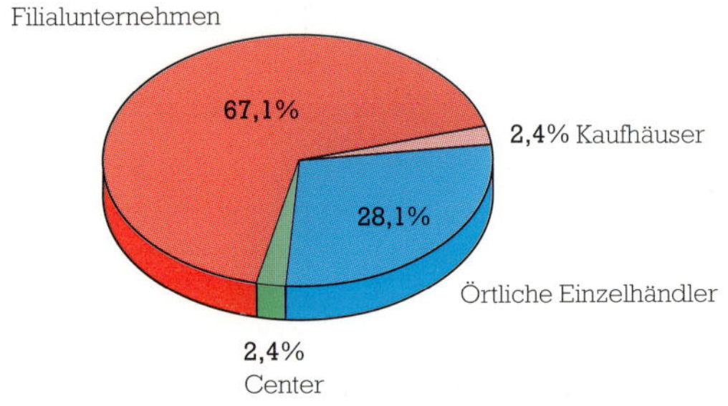

Branchenmix 1a-Lage

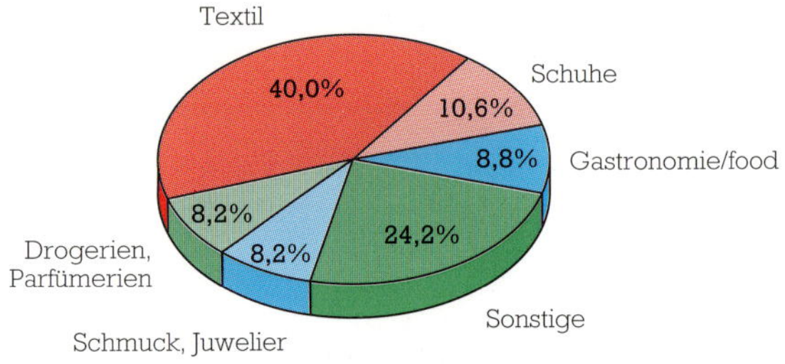

Weitere Makrodaten siehe KEMPER'S INDEX

Düsseldorf

1a-Lage: Schadowstraße

Filialisierungsgrad: 74,2 %
Besonderheiten: Konsummeile mit Kaufhäusern, Straßenbahn mittig

Schadowstraße
Länge der 1a-Lage: 600 m

Linke Straßenseite

Jacobistraße

Churrasco, Systemgastronomie	86-88
Energie	84
Betten Hönscheidt	82
Spinnrad, Drogerie	80
Bäckerei/Café Oehme	80
Bacchos, Restaurant	78
Papeterie Kops & Bossen	

Liesegangstraße

Citibank	84
Schreiber, Wäsche	72
Douglas, Parfümerie	72
WOM, World of Music	70
City Mode	68
Runners Point, Sportartikel	68
M & S, DOB	64-66
WMF Präsentation, Porzellan/Haushaltswaren	64-66
Hifi/Photo Koch	62
Atlas, Reisen	60
Modehaus Hansen	56-58
Apollo, Optik	56-58

Bleichstraße

Quelle, Technorama	52
Tack, Schuhe	48-50
International Sports	46
Bäckerei	
Singer, Nähmaschinen	44
Lichthaus Prediger	42

Gustav-Gründgens-Platz

Boecker, Mode & Pelz	
Helmy Moden	30
Parfümerie Schnitzler	30
Schnitzler for men	30
Lederwaren Hosterbach	28
Roland, Schuhe	28
Zero, young fashion	
Hennig Schreibwaren	26
Stottrop, Parfümerie/DOB	24
Salamander, Schuhe	20-22
Cosmopolitan, young fashion	20-22

Schadowplatz

Textilkaufhaus Hansen	13
Foto Leistenschneider	16
Stock International	6

Blumenstraße

Rechte Straßenseite

Tonhallenstraße

93	Karstadt, Warenhaus

Liesegangstraße

77	Commerzbank
75	C & A, Bekleidungshaus
73	Textilhaus Bornemeyer
71	Pohland, HAKA
69	Wormland, HAKA
67	Deichmann, Schuhe
65	Pimkie, young fashion
	Manfield Docksteps
63	Lederwaren Langhardt

Wagnerstraße

59	Gold Kraemer
55	Mode Schmidt
55	Schuhhaus Siemes
53	Orsay, young fashion
51	Juppen Schuhe
51	Boa Schuhe
49	Juwelier Weiss

Berliner Allee

41	Böhmer, Schuhe
39	Most, Süßwaren
39	Douglas, Parfümerie

Berliner Allee

	Peek & Cloppenburg, Bekleidungshaus
25	P & C Boutique
23	Modeschlößchen Desiré
17-21	Leffers, Textilhaus
	Konditorei Bittner
15	Weipert, Wäsche
15	Ballauf, Kunstgewerbe
	Schadow-Arkaden

Blumenstraße

Düsseldorf

1a-Lage: Flinger Straße

Filialisierungsgrad: 81,1 %
Besonderheiten: kurze Fußgängerzone, jung und trendig, Altstadtlage

Flinger Straße
Länge der 1a-Lage: 190 m

Westseite

Heinrich-Heine-Allee

Stefanel, young fashion	
Eduscho, Kaffee	42

Neustraße

Hansa Moden	70
Biba, DOB	68
Malibu Boutique	66
Douglas, Parfümerie	66

Hunsrückenstraße

Laura Ashley, DOB	
Blumhoff, DOB	58
Brettenbach, Juwelier	58
Bijou Brigitte, Modeschmuck	54

Mata-Hari-Passage

Coast, young fashion	54
Schlemmermeyer, Feinkost	52
Mode De Luxe	50
Roland Schuhe	50
Mata Hari, DOB	50
Music Shop	50
Cosmopolitan, young fashion	40
Nordsee, Systemgastronomie	38
Der Edelsteinladen	38
Benetton, young fashion	36
Street One, DOB	34
Umbau	32
Bata Schuhe	32

Kapuzinergasse

Ostseite

Breite Straße

Carsch-Haus

Hunsrückenstraße

	Mühlensiepen, Tabak/Spirituosen
	Bagstore
43	Light Fashion, Boutique
41	Montanus, Bücher/Zeitschriften
39	Orsay, young fashion
37	Hof-Apotheke
35	Factory Boutique
33	Casserole, Systemgastronomie
27	you who, young fashion
27	The Gap, HAKA
27	Footlocker, Sportartikel
25-27	Kult, young fashion

Mittelstraße

Düsseldorf

1a-Lage: Königsallee

Filialisierungsgrad: 63,3 %
Besonderheiten: Fahrstraße, Ladenlokale überwiegend auf einer Seite, Flaniermeile

Königsallee
Länge der 1a-lage: 730 m

Kaufhof, Warenhaus
Theodor-Körner-Straße
Trinkausstraße
Benrather Straße
Bastionstraße
Graf-Adolf-Platz
Park
Graf-Adolf-Straße

Blumenstraße

18 Heinemann, Bekleidungshaus
20 Brillen Kaiser
20 Hans Münstermann, Juwelier
22 Schrobsdorff Buchhandlung
22 Langhardt, Lederwaren
24 Hörhager Laimböck, DOB/HAKA
26 Réne Kern, Juwelier
28 Umbau/ Prange Schuhe

Passage Kö-Center

30 Lipsia Pelze / Blome Uhren
30 Eickhoff, DOB

Königstraße

34/34a Benetton, young fashion
36 Zwola/Nic Janik/Guido Boehler
Kesting Galerie
36 Prange, Schuhe / Georg Nikolitsch
Ortenberg Juwelen/König Pub
38 Fuchs Greven, Porzellan
38 Most, Süßwaren
40 Lichtburg Kino / Palm Tobacco
42 Franzen Porzellanhaus
44 Pelzer Teppiche / Leysieffer, Süßwaren
46 Douglas, Parfümerie
46 Galerie Paffrath / Juwelier Patriarca
48 van Eicken, Restaurant
50 Weyersberg Schmuck /Max Mara
54 Marc O'Polo, young fashion
54 Kuck Schmuck

Steinstraße

Benrather Hof - Umbau
56 Ciro-Perlen / Eickhoff Modehaus
56 Antiquitäten Eva Schulte
58 KÖ - KARRÉE: Fáconnable, HAKA
Uhren Weiss, Juwelier
60 KÖ-GALERIE: Louis Féraud / Etienne Aigner
62 Commerzbank
64 Robert Ley
66 Passage
68 H & S Uhren / MCM

Grünstraße

70 Lufthansa
72 Giorgio Armani
74 Prange Comfort / Juwelen Stern
76 Auktionshaus
78 Bally, Schuhe
80 Mey & Edlich, DOB/HAKA
82 Herbert Stock, HAKA
86 Scheinmann Schuhe
88 Rodier, Schuhe / Selbach, HAKA
90 Escada, DOB
92 Churrasco, Systemgastronomie/ Ulli Knecht
Villeroy + Boch, Porzellan
92 Schlüter, Mode / Pelze Slupinski

Bahnstraße

92a Barbara Freres / René Schuhe

Stadt-Sparkasse-Passage

92a Fausto Santini, Schuhe
94 Juwelier Wichelmann
96 Mayer'sche Buchhandlung
98 Mode Paradies / Optik Preuss
98 Douglas, Parfümerie

Graf-Adolf-Straße

Duisburg

		Rangordnung der 84 Städte
Einwohner:	536.797	11
Besucheraufkommen 1994:	258.915 Übernachtungen	42
Kaufkraftkennziffer 1995 je Einwohner:	96,2	65
Umsatzkennziffer 1995 je Einwohner:	95,0	68
Anteil Textil (gesamte 1a-Lage): nach Anzahl der Betriebe	30,9 %	36
Anteil Schuhe (gesamte 1a-Lage): nach Anzahl der Betriebe	11,1 %	20
Filialisierungsgrad (gesamte 1a-Lage): nach Anzahl der Betriebe	71,6 %	13
Passantenzählung:	**5.559**	2
Standort:	Königstraße 12	
Zeit:	16.00 Uhr bis 17.00 Uhr	
Datum:	5. Mai 1995	
Wetter:	warm, wolkenloser Himmel	
Besonderheiten:	Stadt- und Straßenfest, Fußballfans	
Länge der Straßenfronten 1a-Lage:	660 m	
Kemper's Kaufkraftpotential 1995: normierte Kaufkraftkennziffer x normierte Passantenzählung 100 = Durchschnitt der 84 Städte	**236,0**	3
Mietpreis 1a-Lage 1995 pro m²: Quelle: Kemper's Index	DM/m² 200,-- bei Neuvermietung	
Kemper's Ertragskennziffer 1995: Index des Kemper's Kaufkraft-potentials : Mietindex 100 = Durchschnitt der 84 Städte	**205,7**	4

Ansässige Einzelhandelsbetriebe 1a-Lage

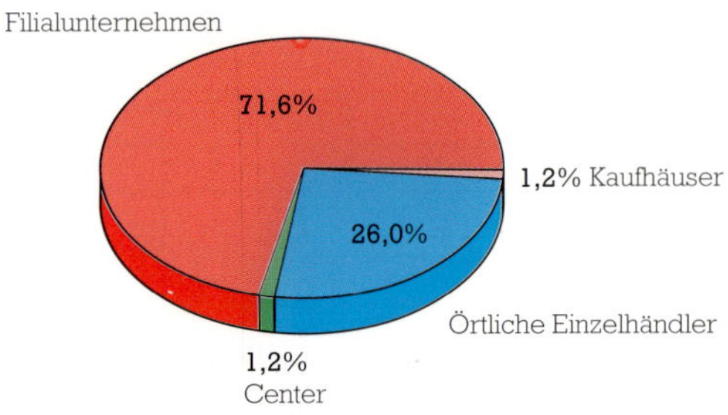

Branchenmix 1a-Lage

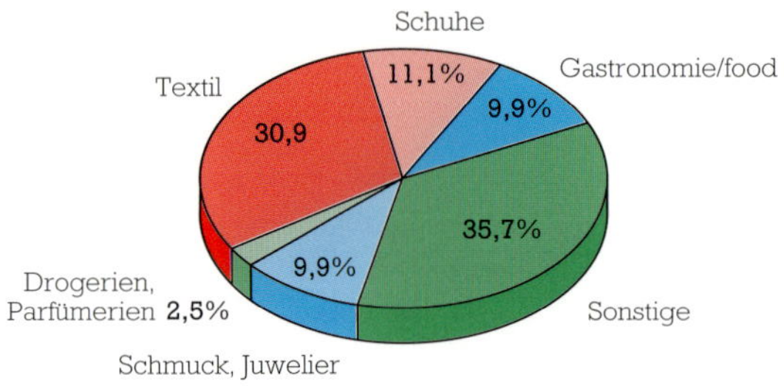

Weitere Makrodaten siehe KEMPER'S INDEX

Duisburg

1a-Lage: Königstraße

Filialisierungsgrad: 72,7 %
Besonderheiten: Ladenlokale nur auf einer Straßenseite mit Teilüberdachung

Königstraße
Länge der 1a-Lage: 320 m

Tonhallenstraße

46	Karstadt, Warenhaus	Parfümerie Strumpf-Boutique Mühlensiepen Confiserie

Claubergstraße

44	Nordsee, Systemgastronomie
44	Jersey Ilany, DOB
42	Interimslösung
40	Biba, DOB
40	Kino
40	Hapag Lloyd, Reisebüro
38	L'Tour, Reisebüro
38	Tramer, Hörgeräte
38	Uhlig Optik-Foto
36	Jean Pascale, young fashion
34	Roland, Herrenschuhe
32	Vogue Alley, young fashion
32	Tchibo, Kaffee
30	Bata, Schuhe
26-28	Central-Apotheke
26-28	Esprit, young fashion
	Most, Süßwaren
	Eiscafé Panciera
24	Photo Beck
22	Weiss, Juwelier

Düsseldorfer Straße

16	Mühlensiepen, Tabak/Spirituosen
16	Juwelier Tübben
14	Juwelier Stammen
14	Rahm's Brotkorb
14	Modepartner
12	Hoselmann Schuhe
10	Prénatal, KiKo
10	Frische Ferkeleien
8	Douglas, Parfümerie
8	Hunkemöller, Bademoden/Wäsche
6	Juwelier Rüschenbeck
4	Jeans Palast, young fashion
2	Götzen, Parfümerie
2	Haita, Wäsche/Dessous

Sonnenwall

Duisburg

1a-Lage: Kuhstraße, Münzstraße

Filialisierungsgrad: 79,2 %
Besonderheiten: enge und konsumige Fußgängerzone mit Kaufhausbesatz

Kuhtor

Sonnenwall

1	Citibank
	Da Bruno Citibank

Untermauerstraße

Kuhstraße
Länge der 1a-Lage: 350 m

1	de Haan & Co, Metzgerei
3	Juwelier Schmeltzer
5	Goldhaus Duisburg
7	Biba, DOB
9-11	Deichmann, Schuhe
17-19	Voswinkel, Sportartikel
21	Footlocker, Sportartikel
23-25	WMF, Haushaltsw./Porzellan
27	Tchibo, Kaffee
29	Stadtschänke
29	Nett, Geschenkartikel

Poststraße

Galeria Duisburg mit u.a.:

Boecker, Bekleidungshaus
Coast, young fashion
Mayer'sche Buchhandlung
Dismer, Schuhe

Steinsche Gasse

Münzstraße

Café Berns	
Hörgeräte Geers	20
Fotoatelier Erdmann	22
Schmuck Riegel	22
City Hosen	22
Roland, Schuhe	24
Carsten's Mode	24
Elefanten Apotheke	26
Sunny, young fashion	26
Café In	28
Engber's, young fashion	28
Tack, Schuhe	30
Deichmann, Schuhe	32
Schlatholt, Schuhe	34
P & C, Bekleidungshaus	40

9-11	Duisburger Textil Discount
13	Checkers, young fashion
15	Böhmer, Schuhe
17	Parfümerie Klemann
17	M & S, DOB
19	Bijou Brigitte, Modeschmuck
19	Runners Point, Sportartikel
19	Neckermann, Reisebüro
19	Eduscho, Kaffee
19	Neckermann und Technikwelt

Beekstraße

Umbau	44
Jeans Palast, young fashion	44
Check Point, young fashion	46
Gold & Silber Bauer	46

45	Sinn, Bekleidungshaus

Erfurt

		Rangordnung der 84 Städte
Einwohner:	215.782	37
Besucheraufkommen 1994:	400.017 Übernachtungen	32
Kaufkraftkennziffer 1995 je Einwohner:	78,3	78
Umsatzkennziffer 1995 je Einwohner:	92,8	71
Anteil Textil (gesamte 1a-Lage): nach Anzahl der Betriebe	27,4 %	54
Anteil Schuhe (gesamte 1a-Lage): nach Anzahl der Betriebe	9,8 %	32
Filialisierungsgrad (gesamte 1a-Lage): nach Anzahl der Betriebe	60,8 %	41
Passantenzählung:	**2.246**	33
Standort:	Anger 61	
Zeit:	16.00 Uhr bis 17.00 Uhr	
Datum:	5. Mai 1995	
Wetter:	warm	
Besonderheiten:	keine	
Länge der Straßenfronten 1a-Lage:	660 m	
Kemper's Kaufkraftpotential 1995: normierte Kaufkraftkennziffer x normierte Passantenzählung 100 = Durchschnitt der 84 Städte	**77,6**	53
Mietpreis 1a-Lage 1995 pro m²: Quelle: Kemper's Index	DM/m² 160,-- bei Neuvermietung	
Kemper's Ertragskennziffer 1995: Index des Kemper's Kaufkraft-potentials : Mietindex 100 = Durchschnitt der 84 Städte	**84,5**	55

Ansässige Einzelhandelsbetriebe 1a-Lage

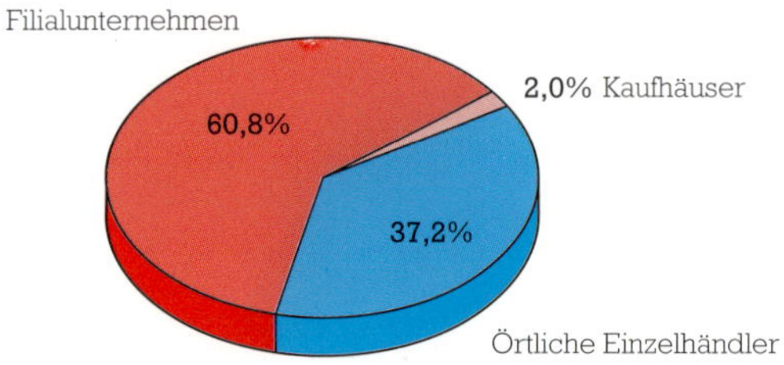

Branchenmix 1a-Lage

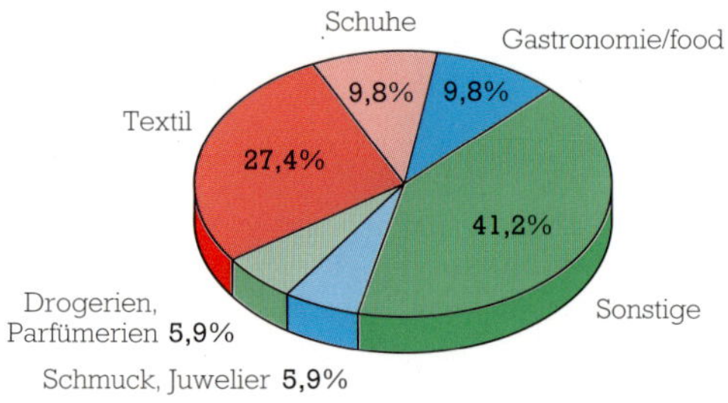

Weitere Makrodaten siehe KEMPER'S INDEX

Erfurt

1a-Lage: Anger

Filialisierungsgrad: 60,8 %
Besonderheiten: breite Fußgängerzone, mittig gelegene Straßenbahntrasse, teilweise luxuriös, gut sanierte Bausubstanz

Anger
Länge der 1a-Lage: 500 m

Nr.	Geschäft
11	Busse, Kunst & Antiquitäten
12	Most, Süßwaren
12	Pfrenzinger Uhren
13	Erfurter Blumen
14	BAF
15	la Mode, DOB
16	Optik Stein
17	WMF, Haushaltswaren/Porzellan

Schlösserstraße — Bahnhofstraße

Geschäft	Nr.
Reisebüro ITC	62
Burger King, Systemgastronomie	61
Thüringer Bäckerei	61
Metzgerei R. Müller	60
Woolworth, Kleinkaufhaus	59
Ärztehaus	58

Nr.	Geschäft
18	Angermuseum
19	Umbau
20	Umbau

Borngasse — Mühlgasse

Geschäft	Nr.
Nordsee, Systemgastronomie	57
Anger-Filmpalast	56
Fink, Schuhe	57
Heil, Modehaus	55-56
Hypobank	55-56

Nr.	Geschäft
21	Vedes, Spielwaren
21	Sparkasse
22	Orsay, young fashion
23	Rossmann, Drogerie
23	Heil, HAKA

Grafengasse — Keilhauergasse

Geschäft	Nr.
Pimkie, young fashion	54
Sport-Fink	53
Laage, Schuhe	53
Zumnorde, Schuhe	51
Wäschehaus Bauer	49
Weiss, Juwelier	49
Douglas, Parfümerie	47-48

Nr.	Geschäft
24	Internationale Herrenmode
24	Wolfgang Held, HAKA
25-26	Sparkasse
27	Fielmann, Optik
28	Peter Knecht, Buchhandlung
29	DAS, Versicherung

Weitergasse — Lachsgasse

Geschäft	Nr.
Bonita, DOB	46
Jasper, Juwelier	45
Leder Viehoff	45
Anger Drogerie	44
Lederland	43
Checkers, young fashion	42
Eram, Schuhe	42
Gela Chik, DOB/HAKA	41

Nr.	Geschäft
30-32	Umbau
33	Nr. 1 Mode Express, DOB
34	Fink, Sportartikel
35	Christ, Juwelier
36	Optiker Krüpke
36	Umbau
37-38	städtisches Haus

Barfüßerstraße

Erlangen

		Rangordnung der 84 Städte
Einwohner:	102.383	83
Besucheraufkommen 1994:	307.950 Übernachtungen	38
Kaufkraftkennziffer 1995 je Einwohner:	131,4	2
Umsatzkennziffer 1995 je Einwohner:	139,8	26
Anteil Textil (gesamte 1a-Lage): nach Anzahl der Betriebe	31,3 %	33
Anteil Schuhe (gesamte 1a-Lage): nach Anzahl der Betriebe	7,8 %	52
Filialisierungsgrad (gesamte 1a-Lage): nach Anzahl der Betriebe	56,3 %	58
Passantenzählung:	**818**	75
Standort:	Nürnberger Straße 15	
Zeit:	16.00 Uhr bis 17.00 Uhr	
Datum:	5. Mai 1995	
Wetter:	warm, wolkenloser Himmel	
Besonderheiten:	keine	
Länge der Straßenfronten 1a-Lage:	490 m	
Kemper's Kaufkraftpotential 1995: normierte Kaufkraftkennziffer x normierte Passantenzählung 100 = Durchschnitt der 84 Städte	**47,4**	72
Mietpreis 1a-Lage 1995 pro m²: Quelle: Kemper's Index	DM/m² 130,-- bei Neuvermietung	
Kemper's Ertragskennziffer 1995: Index des Kemper's Kaufkraft- potentials : Mietindex 100 = Durchschnitt der 84 Städte	**63,6**	71

Ansässige Einzelhandelsbetriebe 1a-Lage

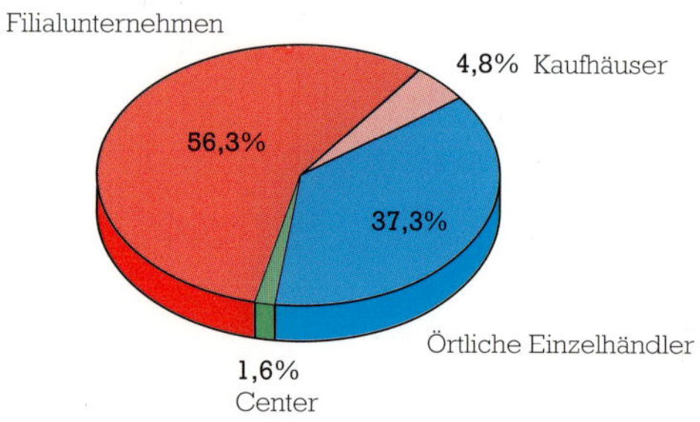

Branchenmix 1a-Lage

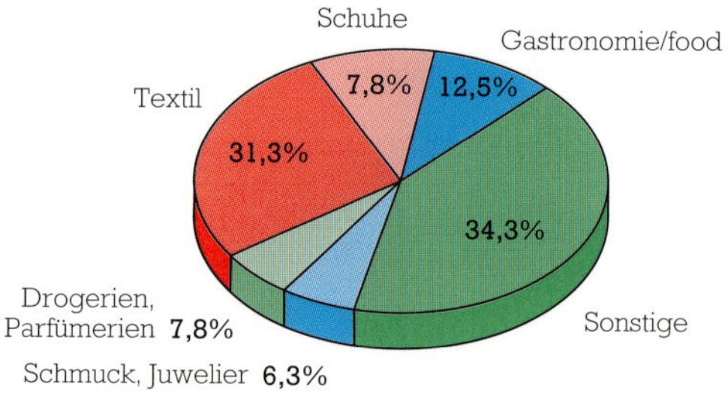

Weitere Makrodaten siehe KEMPER'S INDEX

Erlangen

1a-Lage: Hauptstraße, Nürnberger Straße

Filialisierungsgrad: 56,3 %
Besonderheiten: kurze, teilweise sehr breite Fußgängerzone

Hugenottenplatz

Hauptstraße
Länge der 1a-Lage: 310 m

Geschäft	Nr.
Mc Donald's, Systemgastronomie	19
Schmuck Linder	17
Telekom	17
Bebop Mode	15
Crämer & Co, young fashion	15
Pizzeria	15
Kinderstube	13
Porzellan "Gute Stube"	13

Der Beck, iß was
Flower Shop, Blumen

Kaufhof, Warenhaus

Apothekergasse

Neustädter Kirchplatz

Neustädter Kirche

Innere Brucker Straße

Friedrichstraße

Geschäft	Nr.
Drospa, Drogeriemarkt	11
Parfümerie Aust	9
Mengin, Schuhe	7
Der Beck, iß was	5
Jeans Treff, young fashion	5
Uhren Guhr	3
Eisert, Mode & Sport	1-3

Nr.	Geschäft
12	Photo Porst
12	Die Nudel, Gastronomie
10	Leder Studio S
8	Hut & Mode Andres
6	Deichmann, Schuhe
4	Montanus, Bücher/Zeitschriften
2	Betten Bühler

Südliche Stadtmauerstraße

Geschäft	Nr.
Citibank	1
La Brasserie	3

Nr.	Geschäft
2-4	P & C, Bekleidungshaus
8	Corp's O'Noldia
10	K + L Ruppert, Bekleidungshaus

Güterhallenstraße

Henkestraße

Nürnberger Straße

Geschäft	Nr.
Altes Palais Telefonladen	9
Pöhlmann, Schuhe	11
Ernesto, young fashion	11
Footlocker, Sportartikel	13
Fielmann, Optik	13
Hussel, Süßwaren	15
Drospa, Drogeriemarkt	15
Schuhe Leucht	17
Douglas, Parfümerie	19
Spirituosen Eilles	21
Mode Dorsch	21
Juwelier Büchner	23
Abele Optik	25
Tchibo, Kaffee	27
Dorn, Bauernladen	27
Shoe time by peppel	29
Hertie, Warenhaus	31

Nr.	Geschäft
16	Kissel, Bekleidungshaus
18	Foto Pfarr
20	Schuh Peppel
22	Müller, Drogeriemarkt
22a	Volksbank mit Reisebüro
24	Crämer & Co, young fashion
24	Benetton, young fashion

Eingang Grande Galerie

Nr.	Geschäft
26	Yves Rocher, Kosmetik
26	Uhren Knapp
26	Modegeschäft Ireen's
28	Flam, young fashion
28	Spielothek
28	Eis Toscani
30	Horten, Warenhaus
	Wöhrl, Bekleidungshaus
	C & A, Bekleidungshaus

Rathausplatz

Essen

		Rangordnung der 84 Städte
Einwohner:	622.380	6
Besucheraufkommen 1994:	771.115 Übernachtungen	18
Kaufkraftkennziffer 1995 je Einwohner:	107,3	41
Umsatzkennziffer 1995 je Einwohner:	124,6	42
Anteil Textil (gesamte 1a-Lage): nach Anzahl der Betriebe	35,1 %	17
Anteil Schuhe (gesamte 1a-Lage): nach Anzahl der Betriebe	11,4 %	17
Filialisierungsgrad (gesamte 1a-Lage): nach Anzahl der Betriebe	84,2 %	2
Passantenzählung:	**4.352**	5
Standort:	Limbecker Straße 44-46 Limbecker Straße 47-49	
Zeit:	16.00 Uhr bis 17.00 Uhr	
Datum:	5. Mai 1995	
Wetter:	warm, wolkenloser Himmel	
Besonderheiten:	Aktion: Naf Naf, Luftballons von Eduscho	
Länge der Straßenfronten 1a-Lage:	1.430 m	
Kemper's Kaufkraftpotential 1995: normierte Kaufkraftkennziffer x normierte Passantenzählung 100 = Durchschnitt der 84 Städte	**206,0**	6
Mietpreis 1a-Lage 1995 pro m²: Quelle: Kemper's Index	DM/m² 330,-- bei Neuvermietung	
Kemper's Ertragskennziffer 1995: Index des Kemper's Kaufkraftpotentials : Mietindex 100 = Durchschnitt der 84 Städte	**108,9**	32

Ansässige Einzelhandelsbetriebe 1a-Lage

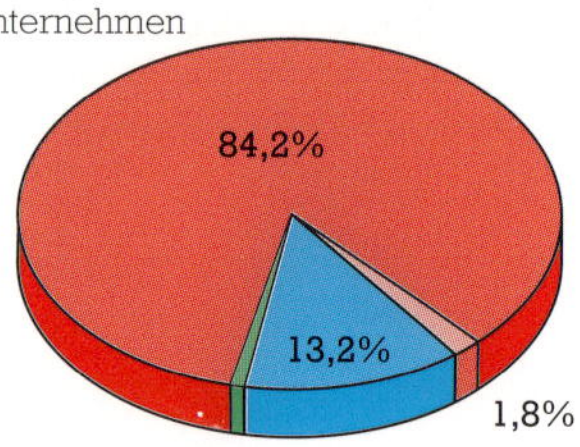

Weitere Makrodaten siehe KEMPER'S INDEX

Branchenmix 1a-Lage

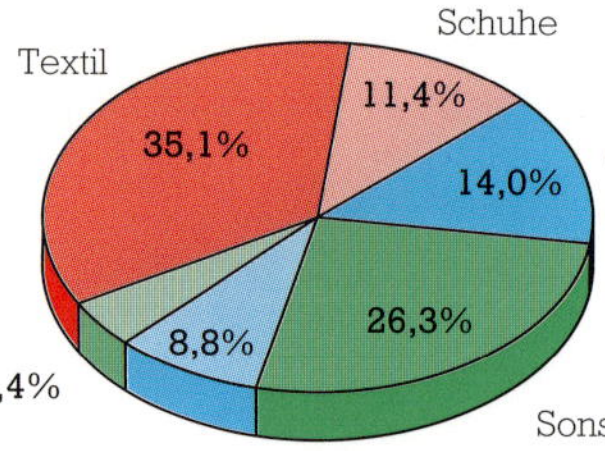

Essen

1a-Lage: Limbecker Straße

Filialisierungsgrad: 88,0 %
Besonderheiten: sehr lange, schmale Fußgängerzone, leicht abfallend

Limbecker Straße
Länge der 1a-Lage: 750 m

Linke Straßenseite

Karstadt, Sporthaus

Apollo, Optik
Sinn, Bekleidungshaus

Limbecker Platz

Shop in Shop	
Goldschmiede H. Koll	79
De Hollands Kaasboer	79
Wälkens Backstube	79
Borchers Metzgerei	79
Zigarren Pfordte	79

Lindenallee

Teppich Kibek	75-77

Kunzestraße

Jersey Ilany, DOB	73
Atlas, Reisen	71
Engbers, HAKA	69
Tchibo, Kaffee	67
Müller, Drogeriemarkt	59-65
Salamander, Schuhe	55-57
Eduscho, Kaffee	53
Bäckerei Horst Hemke	53
Wolljäger, DOB	51
Pimkie, DOB	47-49
Café Overbeck	45
Grüterich, Schuhe	41-43

III. Hagen

Cramer & Meermann, Bekleidungshaus	25-37

Schwarze Horn

Rechte Straßenseite

1	Karstadt, Warenhaus

Friedrich-Ebert-Straße

80-82	Roland, Schuhe
80-82	Deichmann, Schuhe

Kastanienallee

78	Nordsee, Systemgastron.
76	Juwelier Sommé
74	Mac + Maggie
74	Sacha shoes
72	You who, young fashion
70	Coast, young fashion
70	Foot Locker, Sportartikel
62-68	Jeans Palast,young fashion
62-68	Bettenhaus Saeger
60	Europa Schuhe
58	Gold Kraemer
56	Orsay, DOB
52-54	Ruhnke, Optik
52-54	Yves Rocher, Kosmetik
48-50	Niagara
48-50	André, Schuhe
44-46	Naf Naf, young fashion
44-46	Bonita, DOB
42	Bata, Schuhe
34-38	Douglas, Parfümerie
34-38	Hennes & Mauritz, young fashion
30	Präsidium, young fashion
30-32	Checkers, young fashion
20-28	Karstadt Sporthaus

Schwarze Horn

Kornmarkt

Essen

1a-Lage: Kettwiger Straße

Filialisierungsgrad: 84,4 %
Besonderheiten: breite und lange Fußgängerzone, großflächige Bebauung, Kaufhausmeile

Kettwiger Straße
Länge der 1-Lage: 500 m

Linke Straßenseite

Kornmarkt

Boecker, Bekleidungshaus	6
Einhorn-Apotheke	5

Brandstraße

Esprit, young fashion	
Villeroy + Boch, Haushaltswaren	
Tack, Schuhe	
Willi Kühne, young fashion	
That's me, young fashion	
Hennes & Mauritz, young fashion	
Porzellan Mischell	47
Walter Schöne, DOB	47
Bally, Schuhe	43
C & A, Bekleidungshaus	39

Kurienplatz

P & C, Bekleidungshaus	37
Baedecker, Bücher/Zeitschr.	35
The Store, young fashion	35
Langhardt, Lederwaren	33
Most, Süßwaren	31
Gold + Juwelen	31
Gold Kraemer	29a
Mademoiselle, DOB	29
WMF, Haushaltswaren	27

I. Dellbrügge

Schlemmermeyer, Feinkost	23
NUR Touristik, Reisebüro	21
Biba, DOB	21
Roland, Schuhe	19
Eduscho, Kaffee	19
Goldhaus	19
Dom Apotheke	17
Schmuckladen Goldland	15
Tillmann	15
Konditorei Overbeck	15

Am Glockenspiel

Böhmer, Schuhe	13
Gold Kraemer	11
Nordsee, Systemgastronomie	9
Douglas, Parfümerie	7
Hacifa Tabakwaren	5

Kapuzinergasse

Tchibo, Kaffee	3
Anson's, HAKA	1

Lindenallee

Rechte Straßenseite

Markt

56	Radio Fern
54	Deichmann, Schuhe

Porschekanzel

48	Pro Mod, DOB
48	Toscani Eis
46	Flothmann, Zeichenbedarf
44	Appelrath & Cüpper, Bekleidungshaus

Zwölfling

42	Woolworth, Kleinkaufhaus
40	Voswinkel, Sportartikel

An St. Quintin — Dom St. Quintin

36	Teppichhaus
36	Steffensmeier
	Andrea Anders, DOB
36	Eingang Kino
36	Augenoptik Weiskamp
	Interimslösung

I. Dellbrügge

32-34	Pohland, HAKA
30	Douglas, Parfümerie
28	Wormland,
26	Herrenbekleidung
24	Orsay, young fashion
22	Karstadt hören und lesen
20	Juwelier Deiter
20	Cosmopolitan, young fashion
	Jeans Palast, young fashion

II. Dellbrügge

12-18	Dellbrügger und Klingen, exclusiver Wohnbedarf
2-10	Toscani Eis
2-10	Juwelier ten Brink
2-10	Bäckerei Wälkens
2-10	Jean Pascale, young fash.
2-10	Wolsdorff, Zigarren

Am Handelshof

Frankfurt am Main

		Rangordnung der 84 Städte
Einwohner:	659.803	5
Besucheraufkommen 1994:	3.304.879 Übernachtungen	3
Kaufkraftkennziffer 1995 je Einwohner:	118,2	10
Umsatzkennziffer 1995 je Einwohner:	134,5	32
Anteil Textil (gesamte 1a-Lage): nach Anzahl der Betriebe	42,6 %	2
Anteil Schuhe (gesamte 1a-Lage): nach Anzahl der Betriebe	10,3 %	28
Filialisierungsgrad (gesamte 1a-Lage): nach Anzahl der Betriebe	65,9 %	23
Passantenzählung:	**2.297**	31
Standort:	Zeil 88 Zeil 75	
Zeit:	16.00 Uhr bis 17.00 Uhr	
Datum:	5. Mai 1995	
Wetter:	warm, wolkenloser Himmel	
Besonderheiten:	keine	
Länge der Straßenfronten 1a-Lage:	1.020 m	
Kemper's Kaufkraftpotential 1995: normierte Kaufkraftkennziffer x normierte Passantenzählung 100 = Durchschnitt der 84 Städte	**119,8**	21
Mietpreis 1a-Lage 1995 pro m²: Quelle: Kemper's Index	DM/m² 350,-- bei Neuvermietung	
Kemper's Ertragskennziffer 1995: Index des Kemper's Kaufkraft- potentials : Mietindex 100 = Durchschnitt der 84 Städte	**59,7**	75

Ansässige Einzelhandelsbetriebe 1a-Lage

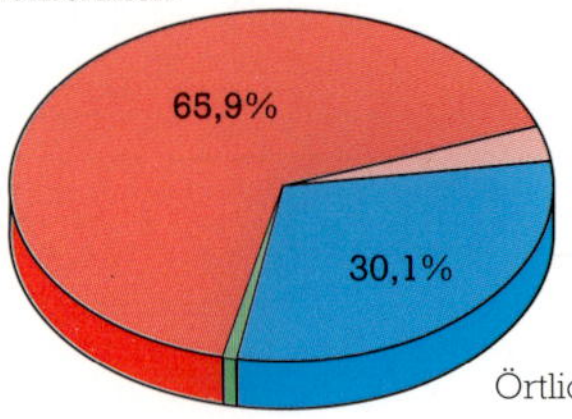

Branchenmix 1a-Lage

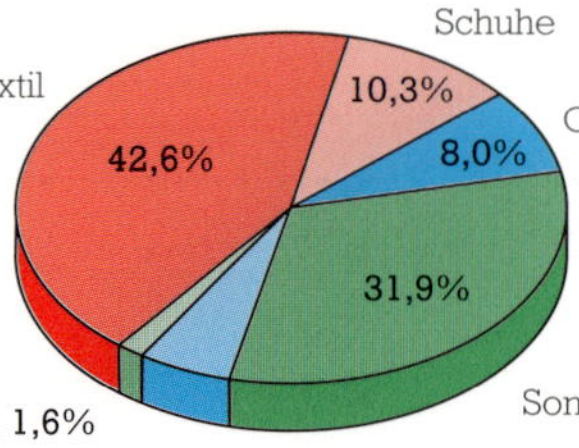

Weitere Makrodaten siehe KEMPER'S INDEX

Frankfurt am Main

1a-Lage: Zeil

Filialisierungsgrad: 83,8 %
Besonderheiten: lange und sehr breite Fußgängerzone, großflächige Bebauung, Kaufhausmeile, konsumig

Zeil
Länge der 1a-Lage: 600 m

Linke Straßenseite

Churrasco, Systemgastronomie 7
Wempe, Juwelier 7

An der Hauptwache

Kirche

Kaufhof, Warenhaus
Hako, Schuhe 123

Liebfrauenstraße

Ott & Heinemann, Bekleidungshaus 121
Görtz, Schuhe 119
Pina Colada 117
Umbau 115-113
Satyricon, young fashion 111
Hirsch-Apotheke 111
Deichmann, Schuhe 109
WMF, Haushaltswaren 107
Douglas, Parfümerie 105
Nordsee, Systemgastronomie 105
Zeil-Pick-Grill 85-93
Jordan, Schuhe 85-93
Boecker, Pelzhaus 85-93
Diehl, Unterhaltungselektronik
Atlas, Reisebüro 85-93
Orsay, young fashion 83
André, Schuhe 83
Zero, young fashion 81
Präsidium, young fashion 81
Gold Pletzsch 81

Hasengasse

Disney Store, Geschenkartikel 79
Uhren Weiss, Juwelier 77
Benetton, young fashion 75
P & C, Bekleidungshaus 71-75

Reinekestraße

Gabler, Leder 69
Salamander, Schuhe 69
Apollo, Optik 69

Konstabler-Wache

Virgin Megatore, young fashion

Rechte Straßenseite

4 Betten Rid
2 Wormland, HAKA

Schillerstraße

WMF, Haushaltswren/Porzellan
Prange Duo, Schuhe
11 Sport Prostler
11 Mc Donald's, Systemgastron.
12 Fotec, Foto/Video
12 Most, Süßwaren
12 Citibank

Große Eschenheimer Straße

116-126 Kaufhof, Warenhaus
116-126 Stefanel, young fashion
112-114 Zeil-Galerie mit:
Benetton, young fashion
H & M, young fashion
106-110 Post
98-104 Schneider, Bekleidungshaus

Stiftstraße

Centrum-Apotheke

Brönnerstraße

92-94 Woolworth, Kleinkaufhaus
90 Christ, Juwelier
90 Hertie, Warenhaus
90 Schauland, Hifi/Video/TV
90 WOM, Tonträger

Schäfergasse

88 Orsay, young fashion
88 Pimkie, young fashion
86 Tack, Schuhe
84 Gold Kraemer
72-82 Ammerschläger, Bekleidungshs.
70 Palm-Tabak
70 Pizzeria / Imbiß

Große Friedberger Straße

68 Jeans Palast, young fashion
64 Mode & Sport Mauricius
60-62 Kirchenbauer, Imbiß/Fleischer.
58 Mode & Sport Mauricius

Konrad-Adenauer-Straße

48 C & A, Bekleidungshaus

Frankfurt am Main

1a-Lage: Goethestraße

Filialisierungsgrad: 53,4 %
Besonderheiten: Fahrstraße, hochwertiger Branchenbesatz

Goethestraße
Länge der 1a-Lage: 260 m

Westseite

Rathenauplatz

Mannsfeld & Stroh, HAKA	2
Most, Süßwaren	2
Sphinx Couture	2
Versa, Schuhe	2
Fogal, Strümpfe	4-8
Michele, Juwelier	4-8
Robbe + Berking, Silber	4-8
Etienne Aigner, Leder	4-8
Bally, Schuhe	10
Chanel, DOB	10

Alte Rothofstraße

Pfüller, KiKo	12
Picard, Galerie	14
Fil à Fil, DOB	16
Stefanel, young fashion	16
Krizia, Schuhe	18
Ehinger & Schwarz, Schmuck	18
Tiffany, Geschenkartikel	20
Umbau	22
Boutique Lange	22
Reiner Brenner, Optik	24
Möller & Schaar, Bekleidungshaus	26-28
Linda, Schuhe	26-28

Kleine Bockenheimer Straße

Frankfurter Sparkasse	30
Lalique, Kristallwaren	32
Barbara Ohms, Dessous	32
Schweizer Jersey	32
Dresdner Bank	

Große Bockenheimer Straße

Opernplatz

Ostseite

Goetheplatz

1	Rosenthal, Glas/Porzellan
1	MCM, Accessoires
3	Laura Ashley, DOB
3	Bommersheim, Parfümerie
5	Miele, Haushaltsgeräte
7	Loewe, Unterhaltungselektr.
7	Linda, Schuhe

Alte Rothofstraße

9	Fink Exclusiv
9	Friedrich, Juwelier
9	Annabel of Königstein, DOB
11	Vonderbank, Galerie
11	Cartier, Juwelier
13	Boutique Henry
13	St. John, DOB
15-17	Modehaus Pfüller
19	Ernst Noth, Juwelier
19	Uli Knecht, HAKA
21	Bogner, Bekleidungshaus
23	Guy Laroche, Bekleidungshs.
23	Gianni Versace, Bekleidungshaus
25	Hermes, Accessoires
25	Riffel, DOB
27	Guerlain, DOB
27	Montana, DOB
29	Christoffle, Silber/Haushaltsw.
29	Sprangenberg, Pelze
29	Jil Sander, DOB

Luginsland

31	Annas, young fashion
33	Escada, DOB
33	Mirage, Bistro
35	Uli Knecht, HAKA
35	Mondi, DOB
35	Eduscho, Kaffee
35	Jasmin, DOB

Neue Mainzer Straße

Freiburg im Breisgau

		Rangordnung der 84 Städte
Einwohner:	197.384	40
Besucheraufkommen 1994:	693.551 Übernachtungen	20
Kaufkraftkennziffer 1995 je Einwohner:	100,2	54
Umsatzkennziffer 1995 je Einwohner:	159,3	13
Anteil Textil (gesamte 1a-Lage): nach Anzahl der Betriebe	24,8 %	63
Anteil Schuhe (gesamte 1a-Lage): nach Anzahl der Betriebe	8,9 %	39
Filialisierungsgrad (gesamte 1a-Lage): nach Anzahl der Betriebe	46,5 %	75
Passantenzählung:	**3.168**	14
Standort:	Kaiser-Joseph-Straße 224	
Zeit:	16.00 Uhr bis 17.00 Uhr	
Datum:	5. Mai 1995	
Wetter:	warm, wolkenloser Himmel	
Besonderheiten:	Bus- und Straßenbahnverkehr	
Länge der Straßenfronten 1a-Lage:	1130 m	
Kemper's Kaufkraftpotential 1995: normierte Kaufkraftkennziffer x normierte Passantenzählung 100 = Durchschnitt der 84 Städte	**140,1**	16
Mietpreis 1a-Lage 1995 pro m²: Quelle: Kemper's Index	DM/m² 220,-- bei Neuvermietung	
Kemper's Ertragskennziffer 1995: Index des Kemper's Kaufkraft-potentials : Mietindex 100 = Durchschnitt der 84 Städte	**111,0**	26

Ansässige Einzelhandelsbetriebe 1a-Lage

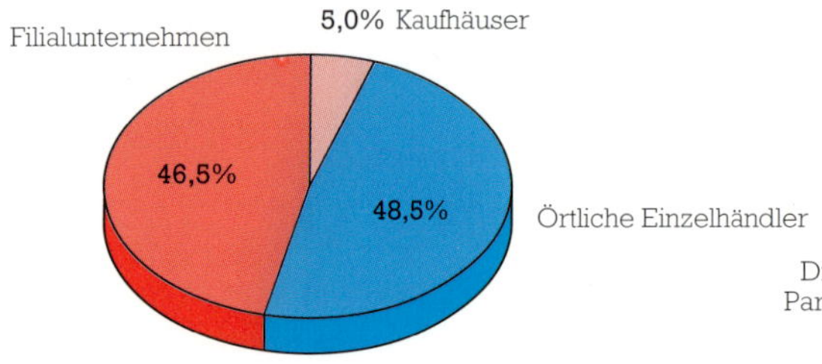

Branchenmix 1a-Lage

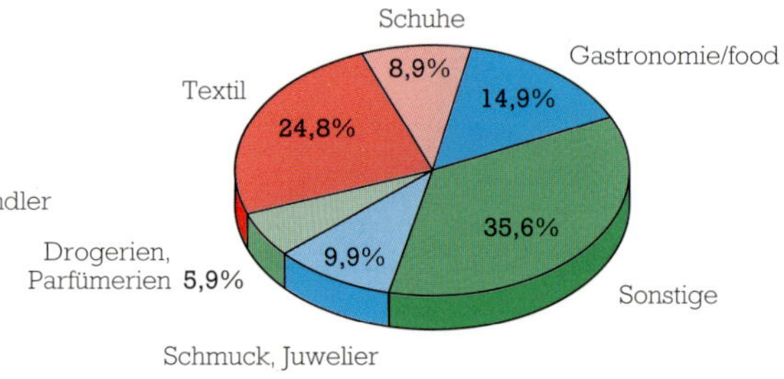

Weitere Makrodaten siehe KEMPER'S INDEX

Freiburg im Breisgau

1a-Lage: Kaiser-Joseph-Straße

Filialisierungsgrad: 50,7 %
Besonderheiten: langgezogene Fußgängerzone, Straßenbahn mittig, Kopfsteinpflaster

Kaiser-Joseph-Straße
Länge der 1a-Lage: 480 m

Linke Straßenseite

Friedrichring	
Mayer, Schuhe	168
Mac Fash, young fashion	168
Weberstraße	
Neckermann, Warenhaus	170
Wasserstraße	
DM-Drogeriemarkt	172
Modehaus Kaiser	174
Schiffstraße	
Der Herrenspezialist, Kaiser	178
Herder Bücher	180
Gauchstraße	
Sparkasse	186-190
Franziskanerstraße	
Blumenhaus Flormarkt	192
Feinkost Müller	192
Stadtbäckerei Usländer	194
Sparkassenpassage	
Parfümerie Flair	194
Die Bücherkiste	194
Schuhhaus Beyer	194
Bata, Schuhe	196
Woolworth, Kleinkaufhaus	198-200
Modehaus Bollerer	202-204
Kaiser's, Lebensmittel	206
Rathausgasse	
Oberpaur, Kaufhaus	212
Schelkes Apotheke	214
Eram, Schuhe	216
WMF, Haushaltswaren	218
Optik Bestier	220
Parfümerie Kern	222
Bertholdstraße	
Orsay, young fashion	224
Hemden Herr	226
Juwelier Nittel	228
Tee Peter	230
Klick Fotoland	232
Müller, Drogeriemarkt	232
Porzellan Schafferer	236
Nordsee, Systemgastr.	242
Bally, Schuhe	242
Salamander, Schuhe	248
Löwenstraße	
Roland, Schuhe	250
Mc Donald's, Systemgastronomie	252
Der Schuhladen	256
Humboldtstraße	

Bertolds-brunnen

Martinstor

Rechte Straßenseite

Auf der Zinnen	
145	Tchibo, Kaffee
145	Atlas Reisen
145	Drogerie Elchlepp
147-149	Hertie Boulevard Café
Nussmannstraße	
151-165	Hertie, Warenhaus
	mit le petit Buffet
	Stadtbäckerei
	Christ, Juwelier
Engelstraße	
167	Regierungspräsidium
Marktgasse	
169-177	Kaufhaus Breuninger
Münsterstraße	
179	Hof-Apotheke
179	"Dies und das"
181-	Schuh Klaus
185	Grewe Brillen
187	Douglas, Parfümerie
189	Juwelier Stahl
189	Schirm Wagner
191	Sporthaus Glockner
Schusterstraße	
193	Café Steinmetz
195	Kaufhof, Warenhaus
201	Metzgerei Gruninger
203	Mode Fabel
Salzstraße	
205	Löwen-Apotheke
207	Brillenmode Volker Trautmann
209	Modehaus Kausch
211-213	Juwelier Kühn
215	Deichmann, Schuhe
Grünwälderstraße	
217	Sport Bohny
219	Tally Weijl, Textil
221	Stadtcafé
223	Eduscho, Kaffee
225	Noris Bank
227	Benetton, young fashion
229	Badische Zeitung
231	Laufsteg, Schuhe + Mode
	Segafredo Kaffee
Gerberau	

Freiburg im Breisgau

1a-Lage: Rathausgasse

Filialisierungsgrad: 47,1 %
Besonderheiten: enge Straße, mittig verlaufender kleiner Bach

Rathausgasse
Länge der 1a-Lage: 180 m

Brunnenstraße

Checkers, young fashion	36
Kurzwaren Karl Andris	34
Flam, young fashion	32
Ihringer's Weinladen	30
Gold + Silber Grabisch	28
Zigarren Meier	26
Bijou One, Modeschmuck	24
Runners Point, Sportartikel	20
Help Boutique	18
Bauer's Tabak-Shop	16
Ratsstüble, Gastronomie	16
Burehus, Accessoires + Schmuck	14
Blu Moden	14

Universitätsstraße

Geschenke Hansen	12
Eiscafé Lazzarin	12
Fielmann, Optik	10
Frese, Tapeten/Stoffe	10
Tchibo, Kaffee	8
Gaststätte zur alten Burse	8
Most, Süßwaren	4

Bursengang-Passage

Freiburger Lederhaus	4
Adler-Apotheke	2
Oberpaur, Bekleidungshaus	

Kaiser-Joseph-Straße

17	Jersey Josephine, DOB
15	Waffen Kirsch
13	Photo Porst
11	Schlemmermeyer, Feinkost
11	Yves Rocher, Kosmetik
9	Boutique Yacco
7	Seilnacht, Uhren/Schmuck
5	Orsay, young fashion
	Wallgraben-Theater

Rathaus

Berth.-Schwarz Denkmal

St. Martins-Kirche

Rathausplatz

3	Volksbank
1	Modehaus Bollerer, HAKA

Kaiser-Joseph-Straße

Fürth

		Rangordnung der 84 Städte
Einwohner:	108.097	75
Besucheraufkommen 1994:	147.615 Übernachtungen	60
Kaufkraftkennziffer 1995 je Einwohner:	108,5	37
Umsatzkennziffer 1995 je Einwohner:	130,8	38
Anteil Textil (gesamte 1a-Lage): nach Anzahl der Betriebe	16,3 %	81
Anteil Schuhe (gesamte 1a-Lage): nach Anzahl der Betriebe	4,1 %	79
Filialisierungsgrad (gesamte 1a-Lage): nach Anzahl der Betriebe	51,0 %	64
Passantenzählung:	**1.170**	69
Standort:	Schwabacher Straße 21	
Zeit:	16.00 Uhr bis 17.00 Uhr	
Datum:	5. Mai 1995	
Wetter:	warm, wolkenloser Himmel	
Besonderheiten:	keine	
Länge der Straßenfronten 1a-Lage:	500 m	
Kemper's Kaufkraftpotential 1995: normierte Kaufkraftkennziffer x normierte Passantenzählung 100 = Durchschnitt der 84 Städte	**56,0**	69
Mietpreis 1a-Lage 1995 pro m²: Quelle: Kemper's Index	DM/m² 120,-- bei Neuvermietung	
Kemper's Ertragskennziffer 1995: Index des Kemper's Kaufkraft-potentials : Mietindex 100 = Durchschnitt der 84 Städte	**81,4**	59

Ansässige Einzelhandelsbetriebe 1a-Lage

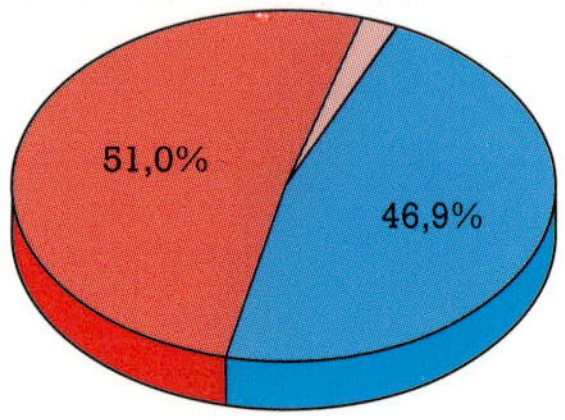

Branchenmix 1a-Lage

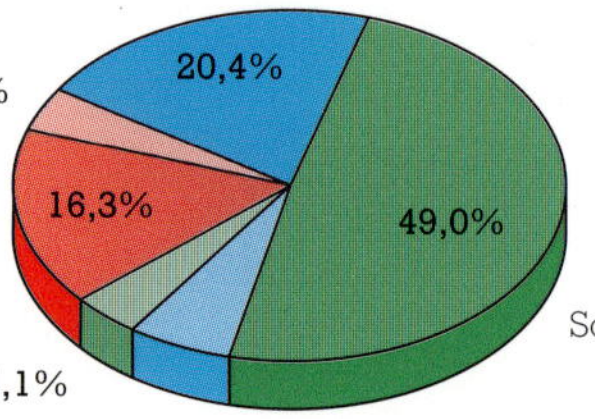

Weitere Makrodaten siehe KEMPER'S INDEX

Fürth

1a-Lage: Schwabacher Straße

Filialisierungsgrad: 51,0 %
Besonderheiten:
leicht ansteigende Fußgängerzone,
Verlagerung des Laufs durch Center

Schwabacher Straße
Länge der 1a-Lage: 300 m

Linke Straßenseite

Maxstraße

Meyer + Bastian, Haushaltsw.	45
Eis-Café	45
Franken Bank	43
Istanbul, Juwelier	41
André, Schuhe	41
Weltbild plus, Bücher/Musik/Video	39
Umbau	39
Staufen-Apotheke	37
Galerie Steinbeck, Geschenkartikel	35
Runners Point, Sportartikel	35
Orientteppich Bonakdar	33
Weigmann, Juwelier	33
Der Beck, Café	31
Schinken Peter	31
Eduscho, Kaffee	29
Benetton, young fashion	29
Abele, Optik	27
Kreuz-Apotheke	25
Wölfel, Bäckerei	25
Kochlöffel, Systemgastronomie	23
Genniges, Bücher	23
Wicklein Lebkuchen	21
Globus Hüte	19
Lotto Toto	19
Ernesto, young fashion	19
Nordsee, Systemgastronomie	19

Rudolf-Breitscheid-Straße

Hirsch-Apotheke	
Reformhaus Kiechl	17
Jeanette, young fashion	17
Bücher Schrag	15
Pfaff, Nähmaschinen	15
Wöhrl, Bekleidungshaus	13

Moststraße

Rechte Straßenseite

Maxstraße

52	Woolworth, Kleinkaufhaus
50	Pronto Pizza
48	Wetsch, Schuhe
48	Eckstein, Büro Aktuell

Marienstraße

46	Hako Textil
44	Photo Porst
44	Toscani Eis
44	Tchibo, Kaffee
42	Citibank
40	Stefansbäck
38	Scheidig, Parfümerie
38	Faber, Juwelier
38	Mister + Lady Jeans
36	Fielmann, Optik
34	Pöhlmann, Schuhe

Mathildenstraße

32	Deutsche Bank
28	Müller, Drogeriemarkt

Blumenstraße

26	New Yorker, young fashion

Gelsenkirchen

		Rangordnung der 84 Städte
Einwohner:	295.037	22
Besucheraufkommen 1994:	125.484 Übernachtungen	67
Kaufkraftkennziffer 1995 je Einwohner:	91,6	69
Umsatzkennziffer 1995 je Einwohner:	102,6	61
Anteil Textil (gesamte 1a-Lage): nach Anzahl der Betriebe	21,2 %	73
Anteil Schuhe (gesamte 1a-Lage): nach Anzahl der Betriebe	9,4 %	35
Filialisierungsgrad (gesamte 1a-Lage): nach Anzahl der Betriebe	64,7 %	25
Passantenzählung:	**2.529**	22
Standort:	Bahnhofstraße 48-56 Bahnhofstraße 51	
Zeit:	16.00 Uhr bis 17.00 Uhr	
Datum:	5. Mai 1995	
Wetter:	warm, wolkenloser Himmel	
Besonderheiten:	Sonderverkäufe	
Länge der Straßenfronten 1a-Lage:	800 m	
Kemper's Kaufkraftpotential 1995: normierte Kaufkraftkennziffer x normierte Passantenzählung 100 = Durchschnitt der 84 Städte	**102,2**	32
Mietpreis 1a-Lage 1995 pro m²: Quelle: Kemper's Index	DM/m² 150,-- bei Neuvermietung	
Kemper's Ertragskennziffer 1995: Index des Kemper's Kaufkraftpotentials : Mietindex 100 = Durchschnitt der 84 Städte	**118,8**	19

Ansässige Einzelhandelsbetriebe 1a-Lage

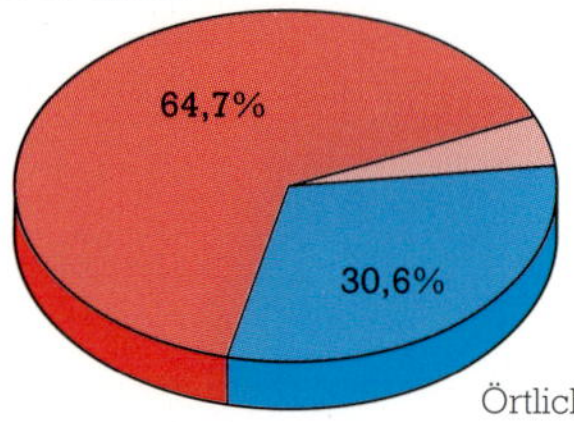

Branchenmix 1a-Lage

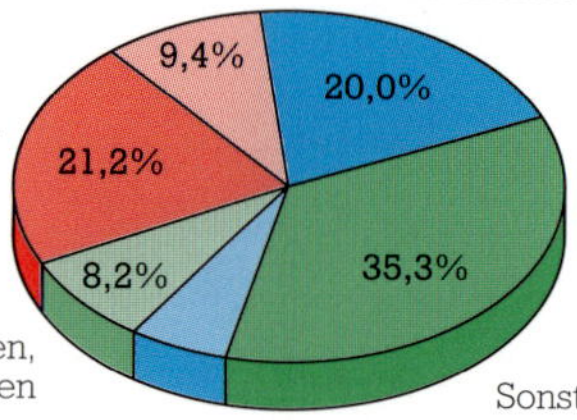

Weitere Makrodaten siehe KEMPER'S INDEX

Gelsenkirchen

1a-Lage: Bahnhofstraße

Filialisierungsgrad: 64,7 %
Besonderheiten: lange und breite Fußgängerzone, großflächige Bebauung

Bahnhofstraße
Länge 1a-Lage: 520 m

Linke Straßenseite

Mc Donald's, Systemgastron.	83
Bijou Catrin, Modeschmuck	81
Delphi Palast, Sex-Show-Center	81
Holland Fisch	81
H & M, young fashion	79

Sellhorststraße

Deichmann, Schuhe	77
Bären Apotheke	75
Allerlei	75
WMF, Haushaltswaren/Porz.	73
Der Tabakladen Herden	71
Nordsee, Systemgastronomie	71

Johannesstraße

Dieler Textilkaufhaus	69
NUR Touristik, Reisebüro	67
Richard, Schirme & Taschen	67

Augustastraße

WEKA, Westfalen-Kaufhaus mit Hill + Uni Polster	55-65
Gold-Brexel	53
Schlecker, Drogeriemarkt	53
Mode Boutique Fragola, DOB	53
City Fleisch	51
Eis Salon	51
City Back	51
Präsidium, young fashion	49

Beskenstraße

Sinn, Bekleidungshaus	39
André, Schuhe	37
Mühlensiepen, Tabak/Spirit.	35
Café Big Mampf	35
Hussel, Süßwaren	33
Optik Pokorn	33
Tchibo, Kaffee	31
Manfield, Schuhe	31

Arminstraße

Schlatholt, Schuhe	25
Fuchs, Drogeriemarkt	23
Haus der Dame, DOB	21
Alte Apotheke	19
Juwelier Garbes	19
Pro Foto	19
Umbau	17
Runners Point, Sportartikel	15
Boutique EB	15
Teppichhaus Jeggle	13

Gildenstraße

Neumarkt

Rechte Straßenseite

	Olymp & Hades, young fashion
78-84	Boecker, Bekleidungshaus
74-76	Stadtbäckerei Gatenbröcker
74-76	Kamphaus Porzellan
74-76	Fielmann, Optik
74-76	Leather Store, Lederwaren
70-72	Woolworth, Kleinkaufhaus
68	Eduscho, Kaffee
68	Böhmer, Schuhhaus
66	Gold Kraemer
66	Yaska, Parfümerie
62	Köcher Puten
62	Max + Moritz Apotheke
62	Holland Blumen-Markt
	Sanders & Sanders, young fashion
58-60	C & A, Bekleidungshaus

Kolpingstraße

	Pizza Hut, Systemgastronomie
48-56	Kaufhof, Warenhaus mit Yves Rocher, Kosmetik
46	Werk-Stadt Boutique
42-44	Kaufhalle, Kleinkaufhaus

Grasreinerstraße

	Apotheke am Preuteplatz
	Body Soul
36	Café/Bäckerei Gatenbröcker
36	Deichmann, Schuhe
36	Biba, DOB
32-34	DM, Drogeriemarkt
30	Krauter, Leder
30	Apollo, Optik
28	Ridderskamp + Hahn, Stadtfleischerei
28	Gatenbröcker, Bäckerei
26	Douglas, Parfümerie

Klosterstraße

24	Tabakwaren
22	Bijou Brigitte, Modeschmuck
22	Blumen Risse
22	Roland, Schuhe
20	Eduscho, Kaffee
20	Stadtparfümerie Pieper
18	Hunkemöller, Unterwäsche
18	Radio Richter
16	Oeben + Thoben, HAKA
14	M & S, DOB
14	Schnell Foto
12	Juwelier Wiehmeyer
12	Eiscafé da Lorenzo
10	Blumenhaus Rauschendorf
10	Jean Pascale, young fashion
8	Tack, Schuhe
6	Casserole, Metzgerei/Imbiß
6	Coast, Schuhe
6	Gatenbröcker, Bäckerei

Gera

		Rangordnung der 84 Städte
Einwohner:	128.230	59
Besucheraufkommen 1994:	192.636 Übernachtungen	53
Kaufkraftkennziffer 1995 je Einwohner:	76,3	84
Umsatzkennziffer 1995 je Einwohner:	109,1	55
Anteil Textil (gesamte 1a-Lage): nach Anzahl der Betriebe	18,0 %	78
Anteil Schuhe (gesamte 1a-Lage): nach Anzahl der Betriebe	4,0 %	80
Filialisierungsgrad (gesamte 1a-Lage): nach Anzahl der Betriebe	38,0 %	82
Passantenzählung:	**1.412**	62
Standort:	Sorge 12	
Zeit:	16.00 Uhr bis 17.00 Uhr	
Datum:	5. Mai 1995	
Wetter:	warm	
Besonderheiten:	keine	
Länge der Straßenfronten 1a-Lage:	470 m	
Kemper's Kaufkraftpotential 1995: normierte Kaufkraftkennziffer x normierte Passantenzählung 100 = Durchschnitt der 84 Städte	**47,5**	71
Mietpreis 1a-Lage 1995 pro m²: Quelle: Kemper's Index	DM/m² 120,-- bei Neuvermietung	
Kemper's Ertragskennziffer 1995: Index des Kemper's Kaufkraft-potentials : Mietindex 100 = Durchschnitt der 84 Städte	**69,0**	68

Ansässige Einzelhandelsbetriebe 1a-Lage

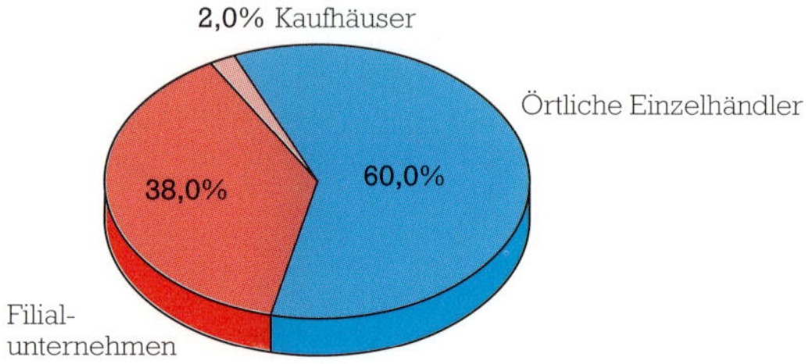

Branchenmix 1a-Lage

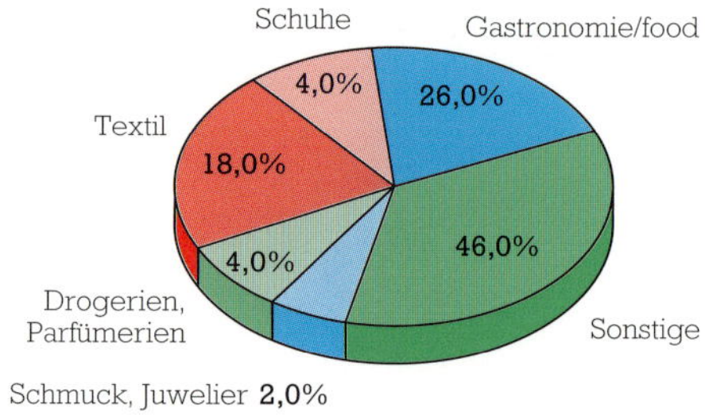

Weitere Makrodaten siehe KEMPER'S INDEX

Gera

1a-Lage: Sorge

Filialisierungsgrad: 38,0 %
Besonderheiten: kurze und prägnante Fußgängerzone, kleinflächiger und regionaler Einzelhandel, alte Bausubstanz

Sorge
Länge der 1a-Lage: 260 m

Leipziger Straße | Steinweg

Geschäft	Nr.
Eiscafé Köcher	35
Pralinett, Süßwaren	33
Eduscho, Kaffee	33
Checkers, young fashion	31
Mc Paper, Schreibwaren	29
Horten, Warenhaus	23-27
Orsay, young fashion	21
Restaurant Royal	19
Fielmann, Optik	19

Humboldtstraße

Geschäft	Nr.
Tchibo, Kaffee	17
Kühn's Vitamin-Quelle	17
Koch, Sportswear	15
Fress Gasse	13
Leiser, Schuhe	11
Benetton, young fashion	9

Amthordurchgang

Geschäft	Nr.
Hempel's, Gastronomie	9
Joker, Kleinkaufhaus	7
WMF, Haushaltswaren/Porzellan	5
Buchhandlung an der Sorge	3
Frisör Aida	1

Nr.	Geschäft
54	Salamander, Schuhe
54	HS Bank
52	Broadway, young fashion
50	Seidel's Tagescafé
48	Le Flacon, Parfümerie
46	Blume 2000
44	Lederwaren
42	Happy's fast food shop
42	Augenoptik Herfurth
40	Eiscafé
38	Mode Korn, DOB
36	Christ, Juwelier
34	Stadtbäckerei
32	Cityman, HAKA
30	Fleischerei Holbauer
28	Presseshop PSG
26	Wagner, Büroausstattung
24	NUR, Reisebüro
22	Leder Dressel
20	Bauer, Parfümerie
18	Brillen Wunderlich
16	Wurst und Schinken Ponnath
14	Humboldt Apotheke
12	Pimkie, young fashion

Passage zum Markt

Nr.	Geschäft
8	Interim
8	Fotogeschäft
6	Spezialitäten Kruckau
4	City Modesalon
2	Elstertaler Putenspezialitäten
2	Blumeneck

Schloßstraße | Johannisstraße

Göttingen

		Rangordnung der 84 Städte
Einwohner:	128.299	58
Besucheraufkommen 1994:	242.330 Übernachtungen	45
Kaufkraftkennziffer 1995 je Einwohner:	100,2	54
Umsatzkennziffer 1995 je Einwohner:	113,3	50
Anteil Textil (gesamte 1a-Lage): nach Anzahl der Betriebe	27,0 %	55
Anteil Schuhe (gesamte 1a-Lage): nach Anzahl der Betriebe	9,5 %	34
Filialisierungsgrad (gesamte 1a-Lage): nach Anzahl der Betriebe	54,0 %	61
Passantenzählung:	**2.516**	25
Standort:	Weender Straße 21	
Zeit:	16.00 Uhr bis 17.00 Uhr	
Datum:	5. Mai 1995	
Wetter:	warm, wolkenloser Himmel	
Besonderheiten:	keine	
Länge der Straßenfronten 1a-Lage:	590 m	
Kemper's Kaufkraftpotential 1995: normierte Kaufkraftkennziffer x normierte Passantenzählung 100 = Durchschnitt der 84 Städte	**111,2**	23
Mietpreis 1a-Lage 1995 pro m²: Quelle: Kemper's Index	DM/m² 160,-- bei Neuvermietung	
Kemper's Ertragskennziffer 1995: Index des Kemper's Kaufkraft-potentials : Mietindex 100 = Durchschnitt der 84 Städte	**121,2**	17

Ansässige Einzelhandelsbetriebe 1a-Lage

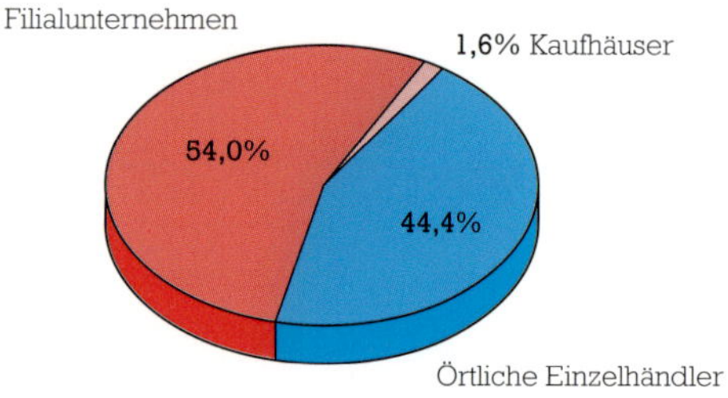

Branchenmix 1a-Lage

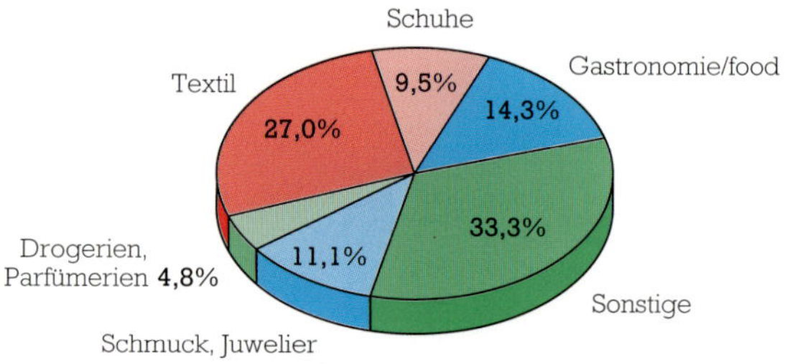

Weitere Makrodaten siehe KEMPER'S INDEX

Göttingen

1a-Lage: Weender Straße, Kornmarkt

Filialisierungsgrad: 54,0 %
Besonderheiten:
relativ breite und lange Fußgängerzone, kleinflächige Bebauung

Kornmarkt

Länge der 1a-Lage: 375 m

Weender Straße

Lange Geismarstraße

Christ, Juwelier	2
Most, Süßwaren	4
City Schuh	4
Deichmann, Schuhe	6
Betten Heller	8
Idea-Dorgerie	10
Lecker Bäcker	12
Karstadt, Sporthaus	

Rote Straße

Stadtsparkasse	
Arko Kaffee/Süße Lebensart	20
Ruscher, Braut- + Abendmode	20
Fischer, DOB	22
Eduscho, Kaffee	24
Thiele, Feinbäckerei	26
Schlüter, DOB	28
Rats-Apotheke	30

Barfüßerstraße

New Yorker, young fashion	32
Wrede Koffer	34
Uhren Weiß, Juwelier	36
Douglas, Parfümerie	36
Sisley, young fashion	38
Templin, HAKA	40
Hussel, Süßwaren	40
Leder Meid	42
Pressehaus Tonollo	44
Meinelt, DOB	46
Mahrt & Hoerning, Krankenhausbedarf/Optik	48
Nordsee, Systemgastronomie	50
Jeans Fritz, young fashion	52
Umbau	52

Theaterstraße

Bijou Brigitte, Modeschmuck	54
NUR, Reisebüro	54
Douglas, Parfümerie	56
Calvör, Akademische Buchhandlung	58

St. Jakobi Kirche

Jacobikirchhof

Groner Straße

1	André, Schuhe
3	Gold Eins
3	Kohlstedt, Farben & Hobby
5	Marco, Modeschuhe
7	Montanus Aktuell, Bücher/Zeitschriften
9	Görtz 17, Schuhe

Kornmarkt-Passage

9	Enjoy, Boots, Clothing & Accessoires
	Red / Green, DOB/HAKA

Markt

Altes Rathaus

	Accessoires/Modeschmuck
11	Umbau
11-13	Kreissparkasse
13	Marktstübchen
15-17	Umbau
19	C & A, Bekleidungshaus
21	Schügl, Uhren
21	Orsay, young fashion
23	Schuh Nahme
23	Meinelt am Markt
25	Bäckerei Cron & Lanz
27	Sport Müller
29	Wulf, Fleischwaren
31	Benetton, young fashion

Prinzenstraße

33	Deuerlische Buchhandlung
35	Umbau
37	Hartwig, Uhren
39	Mc Paper, Schreibwaren
41	Heine, Schul- und Bürobedarf
43	Ruch, Feinbäckerei
45	Runners Point, Sportartikel
47	Möller's Schlemmer Service
47	Tiffany, Geschenke
49	Pfeiffen Bötticher
49	Photo Porst

Mühlenstraße

Hagen

		Rangordnung der 84 Städte
Einwohner:	214.877	38
Besucheraufkommen 1994:	120.531 Übernachtungen	70
Kaufkraftkennziffer 1995 je Einwohner:	104,5	48
Umsatzkennziffer 1995 je Einwohner:	117,3	46
Anteil Textil (gesamte 1a-Lage): nach Anzahl der Betriebe	30,7 %	37
Anteil Schuhe (gesamte 1a-Lage): nach Anzahl der Betriebe	6,7 %	57
Filialisierungsgrad (gesamte 1a-Lage): nach Anzahl der Betriebe	76,0 %	8
Passantenzählung:	**1.233**	67
Standort:	Elberfelder Straße 31	
Zeit:	16.00 Uhr bis 17.00 Uhr	
Datum:	5. Mai 1995	
Wetter:	warm, wolkenloser Himmel	
Besonderheiten:	keine	
Länge der Straßenfronten 1a-Lage:	830 m	
Kemper's Kaufkraftpotential 1995: normierte Kaufkraftkennziffer x normierte Passantenzählung 100 = Durchschnitt der 84 Städte	**56,9**	68
Mietpreis 1a-Lage 1995 pro m²: Quelle: Kemper's Index	DM/m² 140,-- bei Neuvermietung	
Kemper's Ertragskennziffer 1995: Index des Kemper's Kaufkraft-potentials : Mietindex 100 = Durchschnitt der 84 Städte	**70,8**	67

Ansässige Einzelhandelsbetriebe 1a-Lage

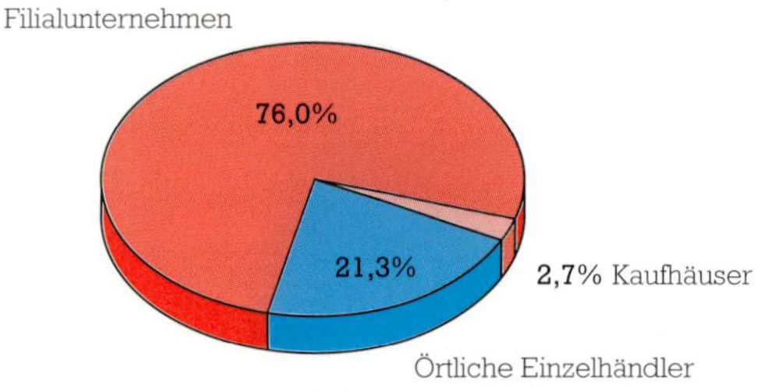

Branchenmix 1a-Lage

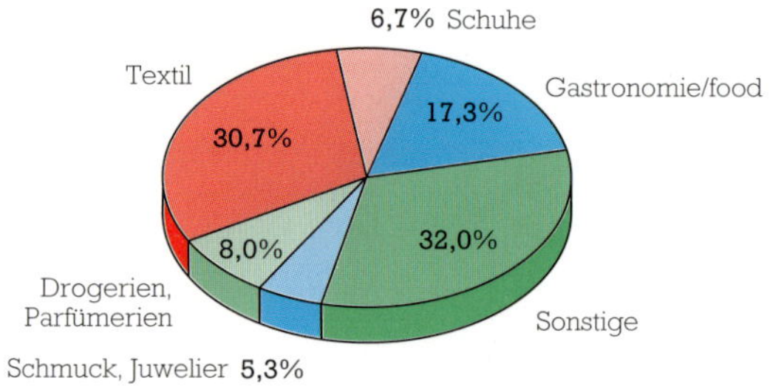

Weitere Makrodaten siehe KEMPER'S INDEX

Hagen

1a-Lage: Elberfelder Straße

Filialisierungsgrad: 76,0 %
Besonderheiten:
lange und breite Fußgängerzone

Elberfelder Straße
Länge der 1a-Lage: 630 m

Mittelstraße

von Drathen, DOB	2
Kochlöffel, Systemgastronomie	2
Engbers, young fashion	4
Bonita, DOB	4
Stadtparfümerie Pieper	4

Rathaus-Passage

Liberty Woman, DOB	6
Most, Süßwaren	6
Nordsee, Systemgastronomie	8
Käse-Paradies	8
Hussel, Süßwaren	10
Foot Locker, Sportartikel	10
Langhardt, Lederwaren	12
Rififi	14
Yves Rocher, Kosmetik	14
Biba, DOB	14

Kampstraße

Schlemmermeyer, Feinkost	18
Krawatten Brüne	18
Tabak Heyer	18
Dresdner Bank	20
Brillenland Bahn	22
Café Dreisbach	22
Porzellan Grafe & Enste	22
Atlas, Reisebüro	22

Hohenzollernstraße

Schlatholt Schuhe	28
Orsay, young fashion	30
Teppich Specht	30
Wolff 1782, DOB	32
Schuhhaus Breddermann	32
Sanders & Sanders, Blumen	34
Volme Apotheke	34
Raffenbeul, Bäckerei	34a
Werdin, young fashion	34a
Breddermann, Top Shop	36
C & A, Bekleidungshaus	38

Adolf-Nassau-Platz

Karl-Marx-Straße

Marienstraße

1	Jersey Ilany, DOB
1	Gold Kraemer
1	Runners Point, Sportartikel
3	P & C, Bekleidungshaus
9	Kaufhalle, Kleinkaufhaus
11	Optik Raffenbeul
11	Schmidt, Juwelier
13	Urban, Kleinkaufhaus
13	André, Schuhe

Goldbergstraße

15-17	Douglas, Parfümerie
15-17	Weiss, Juwelier
19	Tchibo, Kaffee
19	Märkische Backstube
21	El Paso Jeans Shop
21	Tabak Krawinkel

Kampstraße

23-25	Kaufhof, Warenhaus
27	Douglas, Parfümerie
27	Keudel, HAKA
29	Bijou Brigitte, Modeschmuck
29	Roland, Schuhe
29	Pinguin Apotheke
31	Markthalle
31	Montanus Aktuell, Bücher/Zeitschriften

Spinngasse

35	Mühlensiepen, Tabak/Spirit.
35	Stadtparfümerie Pieper
35	Eduscho, Kaffee
37	Madeleine, DOB
37	Milan, HAKA
37a	ABC Schuhe
39	Scherfig, HAKA
41	Jeans & Clothes, young fashion
41	Casserole, Metzgerei
43	Jeans Fritz, young fashion
43	Lederwaren Ebkemeier
45	Confiserie Feller
45	Drospa, Drogeriemarkt
47	Metzen, Kleinkaufhaus
49	Spiel & Freizeit Helmert
51	Bäckerei Kamp
51	Apotheke am Stadttheater
53	Boecker, Bekleidungshaus
55	Anson's, HAKA

Halle an der Saale

		Rangordnung der 84 Städte
Einwohner:	295.372	21
Besucheraufkommen 1994:	248.251 Übernachtungen	43
Kaufkraftkennziffer 1995 je Einwohner:	78,9	77
Umsatzkennziffer 1995 je Einwohner:	79,0	83
Anteil Textil (gesamte 1a-Lage): nach Anzahl der Betriebe	20,6 %	74
Anteil Schuhe (gesamte 1a-Lage): nach Anzahl der Betriebe	5,9 %	65
Filialisierungsgrad (gesamte 1a-Lage): nach Anzahl der Betriebe	61,8 %	38
Passantenzählung:	**2.835**	17
Standort:	Leipziger Straße 5 Leipziger Straße 100	
Zeit:	16.00 Uhr bis 17.00 Uhr	
Datum:	5. Mai 1995	
Wetter:	warm, wolkenloser Himmel	
Besonderheiten:	Straßenverkäufe Parfumproben	
Länge der Straßenfronten 1a-Lage:	520 m	
Kemper's Kaufkraftpotential 1995: normierte Kaufkraftkennziffer x normierte Passantenzählung 100 = Durchschnitt der 84 Städte	**98,7**	37
Mietpreis 1a-Lage 1995 pro m²: Quelle: Kemper's Index	DM/m² 170,-- bei Neuvermietung	
Kemper's Ertragskennziffer 1995: Index des Kemper's Kaufkraft-potentials : Mietindex 100 = Durchschnitt der 84 Städte	**101,2**	41

Ansässige Einzelhandelsbetriebe 1a-Lage

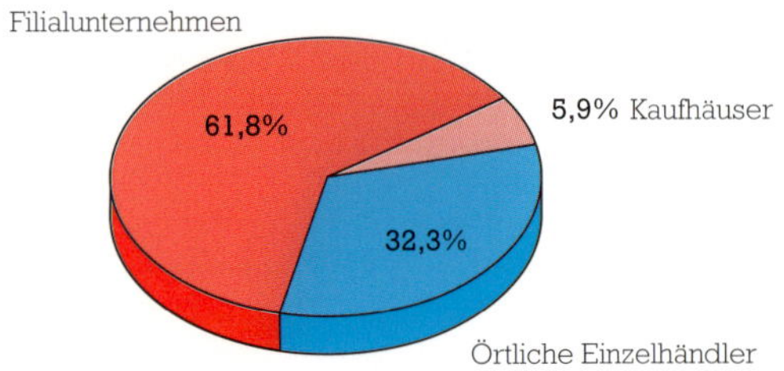

Branchenmix 1a-Lage

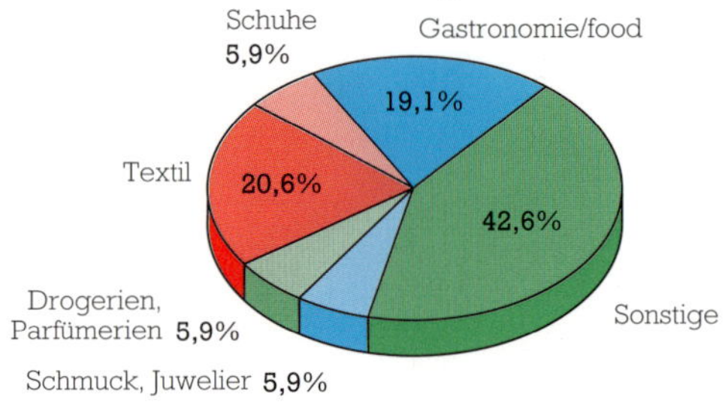

Weitere Makrodaten siehe KEMPER'S INDEX

Halle an der Saale

1a-Lage: Leipziger Straße

Filialisierungsgrad: 61,8 %
Besonderheiten: vom Markt ansteigende Straße, alte und neue Bausubstanz, guter Filialistenbesatz, konsumig

Leipziger Straße
Länge der 1a-Lage: 400 m

Marktplatz

Marienkirche

Linke Straßenseite

Commerzbank	9-11

Schülershof

Hertie, Warenhaus	3-7

Schmeerstraße

Apollo, Optik	1
Eiscafé Rialto	1

Große Märkerstraße

Horten, Warenhaus	105-106
Tchibo, Kaffee	105
Der Stadtbäcker	104
Malva Juweliere	103
Küchen Strauß	102
Textil Goßmann, DOB	101

Kleine Märkerstraße

Parfümerie Aurel	
Dresdner Bank	100
Bonita, DOB	100
Fielmann, Optik	99
interim	98
Eram-Schuhe	97

Ulrich-Kirche

Kleine Brauhausstraße

Umbau	95-96
Blumen	95-96
Woolworth, Kleinkaufhaus	94
Der Schuh	94
M & S, DOB	93
Lederland	93
DM, Drogeriemarkt	93
C & A, Bekleidungshaus	89-92

Große Brauhausstraße

Grünberg, Kindermode	86
Hallesches Schmuckkästchen	86
Michael Seuthe, Juwelier	86
Annelie, Parfümerie	86
Burger King, Systemgastronomie	86

Waisenhausring

Rechte Straßenseite

	Babette, DOB

Kühler Brunnen

15	Umbau
16	Alles für den Garten
17	Umbau
18	Umbau

Kleinschmiedenstraße

23	Deutsche Bank
23	Kaufhof, Warenhaus mit Saturn, HIFI/Video Hans Sachs, Schuster/Schlüssel
23-24	Rialto, Ristorante

Rathausstraße

1-2	Rathaus

Gustav-Anlauf-Straße

3	Leiser, Schuhe
4	T-Shirts, young fashion
4	Most, Süßwaren
5	Görtz, Schuhe
6	Rossmann, Drogerie
6	Gondrom, Bücher/Zeitschriften
7	WMF, Haushaltswaren/Porzell.
8	Pimkie, young fashion
9	Miederwaren
10	Photo Porst
11	Hallenser Fruchthandel
11	Lecker Bäcker

Kleiner Sandberg

12	Café Konditorei Fritze
12	Telekom
13	Expert-Telenova, Hifi
14	Fleischer Moritzburg
15	Jeans Fritz, young fashion

Großer Sandberg

16	Orsay, young fashion
17	Deutsche Bank
18	Umbau
19	Otto Ilgenstein, Optik
20	Nordsee, Systemgastronomie
21	Fielmann, Optik
22	Hypobank
23	Venezia, Eiscafé
24	Halloren Apotheke
25	Goldpalast
26	Marico Mode
26	E.G.O. Jeans, young fashion
26	Ditsch, Brezelbäckerei
26	Zigarren Eck

Hanse-Ring

Hamburg

		Rangordnung der 84 Städte
Einwohner:	1.702.887	2
Besucheraufkommen 1994:	4.115.100 Übernachtungen	2
Kaufkraftkennziffer 1995 je Einwohner:	113,5	19
Umsatzkennziffer 1995 je Einwohner:	137,1	30
Anteil Textil (gesamte 1a-Lage): nach Anzahl der Betriebe	39,9 %	5
Anteil Schuhe (gesamte 1a-Lage): nach Anzahl der Betriebe	6,6 %	58
Filialisierungsgrad (gesamte 1a-Lage): nach Anzahl der Betriebe	50,3 %	65
Passantenzählung:	**2.985**	15
Standort:	Spitaler Straße 8 Spitaler Straße 5	
Zeit:	16.00 Uhr bis 17.00 Uhr	
Datum:	5. Mai 1995	
Wetter:	warm, wolkenloser Himmel	
Besonderheiten:	Straßenmusik ab 16.25 Uhr	
Länge der Straßenfronten 1a-Lage:	1.300 m	
Kemper's Kaufkraftpotential 1995: normierte Kaufkraftkennziffer x normierte Passantenzählung 100 = Durchschnitt der 84 Städte	**149,5**	15
Mietpreis 1a-Lage 1995 pro m²: Quelle: Kemper's Index	DM/m² 330,-- bei Neuvermietung	
Kemper's Ertragskennziffer 1995: Index des Kemper's Kaufkraft-potentials : Mietindex 100 = Durchschnitt der 84 Städte	**79,0**	60

Ansässige Einzelhandelsbetriebe 1a-Lage

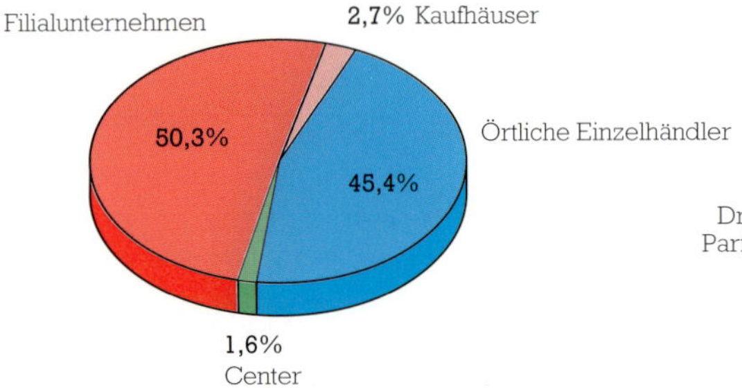

Branchenmix 1a-Lage

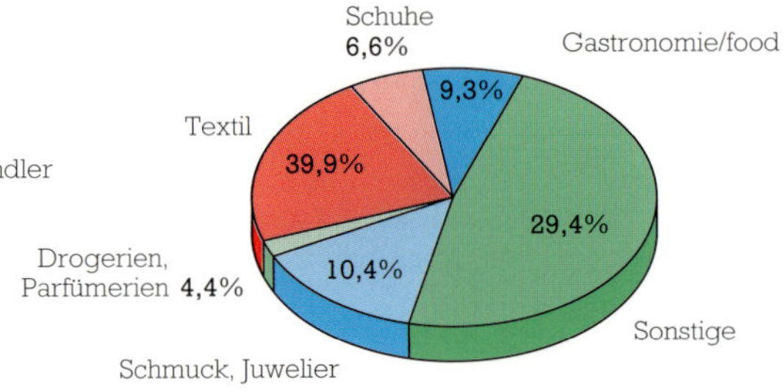

Weitere Makrodaten siehe KEMPER'S INDEX

Hamburg

1a-Lage: Spitalerstraße

Filialisierungsgrad: 61,1 %
Besonderheiten: relativ schmale und kurze Fußgängerzone, konsumig

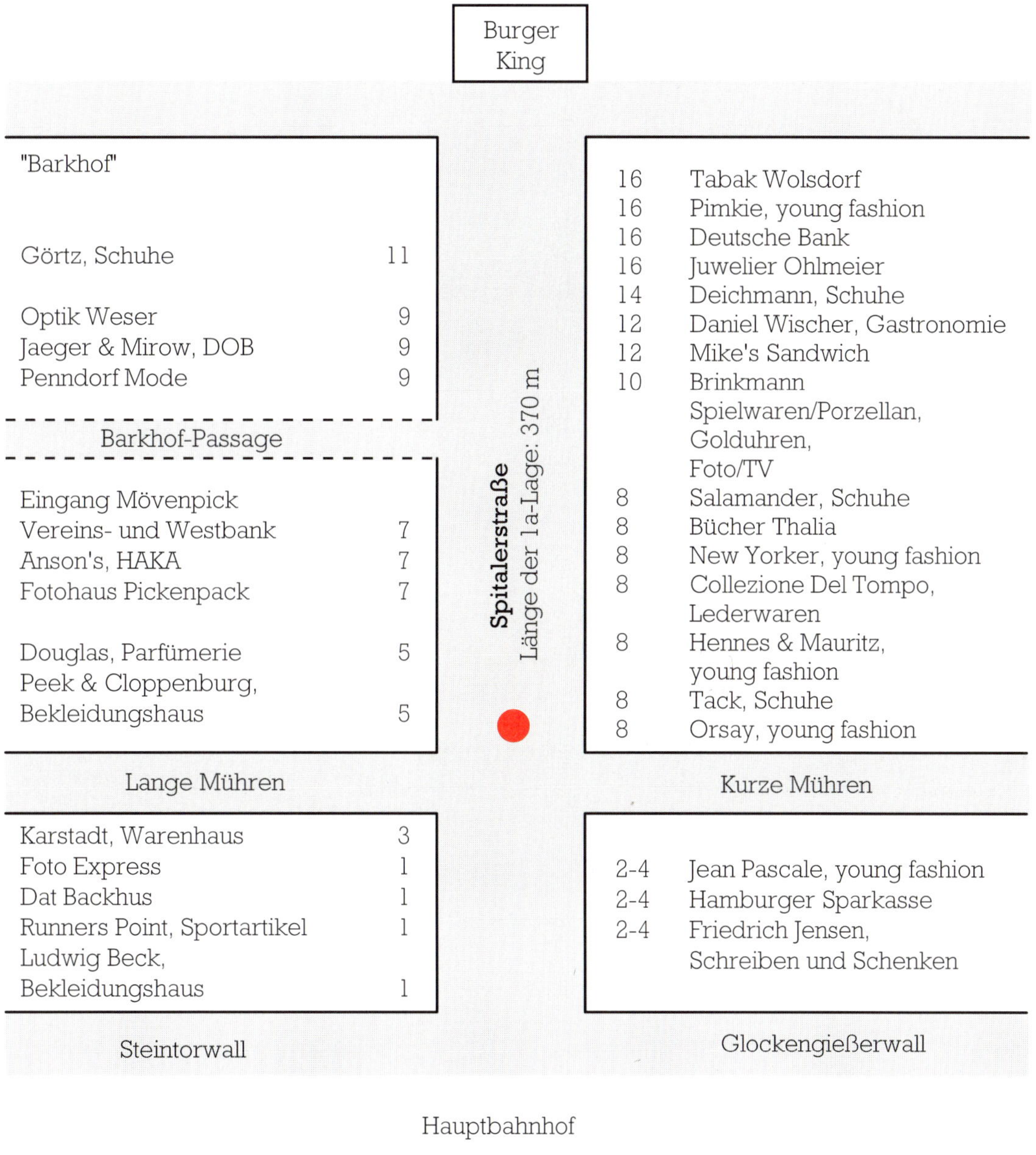

Hamburg

1a-Lage: Mönckebergstraße

Filialisierungsgrad: 68,2 %
Besonderheiten: breite Fahrstraße, großflächige Bebauung

Mönckebergstraße
Länge der 1a-Lage: 650 m

Westseite

Steintorwall

Karstadt, Sport und Freizeit	

Lange Mühren

Peek & Cloppenburg, Bekleidungshaus	6
Douglas, Parfümerie	8
Anson's, HAKA	8
Möwenpick, Systemgastronomie	8

Barkhof-Passage

Pendorf Mode	10
Jaeger & Mirow, Wäsche	12
Arko, Kaffee	12
Franco Francesco	
Lederwaren Görtz	12

Barkhof

Colours Boutique	
"Nur Hier" Brot	22
Schallplatten am Mönckebergplatz	
HEW Kundenzentrum	26

Spitalerstraße – Burger King

Wempe, Juwelier	28
Zero, young fashion	30
Brüggemann & Barkmann	32
Christ, Juwelier	32

Gerhard-Hauptmann-Platz

Karstadt, Warenhaus	16

Boecker, Bekleidungshaus	18
Douglas, Dessous	18
Uhren Weiss, Juwelier	18
Sport Scheck	

Dyckhoff, Bekleidungshaus	
Parfümerie Hubel	

Rathausmarkt

Ostseite

Steintorwall

	Horten, Warenhaus

Lange Mühren

3	Kaufhof, Warenhaus
	Dat Backhus
5	Hamburger Sparkasse
5	Hamburger Abendblatt
5	Orsay, young fashion
5	Gold Kraemer
7	Uhren Weiss, Juwelier
7	Marcussen Rockspezialist
7	Post
7	Klockmann, Lederwaren
7	Douglas, Parfümerie
7	Frank Meyer-Schuchardt, Mode
7	Montanus Aktuell, Bücher/Zeitschriften
7	Citreck Schuhe
9	C & A, Bekleidungshaus

Barkhof

11	Schuhe Eilsner
11	Bank Kreiss AG
11	Eduscho, Kaffee
11	Foto/Hifi Wiesenhauern
11	Thevs & Co, Geschenke
11	Benetton, young fashion
13	Hennes & Mauritz, young fash.
13	WMF, Haushaltswaren
	Commerzbank

Gerhard-Hauptmann-Platz

15-17	Modehaus Eichmeyer
17	Braun, HAKA
17	Ruhnke, Optik
17	Bijou Brigitte, Modeschmuck

Passage Kino

19	Foot Locker, Sportartikel
19	Hanse Bäcker + Tchibo Kaffee
19	Most, Süßwaren
19	Yves Rocher, Kosmetik
19	Benetton, young fashion

Kreuslerstraße

Hamburg

1a-Lage: Jungfernstieg

Filialisierungsgrad: 56,4 %
Besonderheiten: Fahrstraße,
nur eine Seite als 1a-Lage,
hochwertiger Branchenbesatz

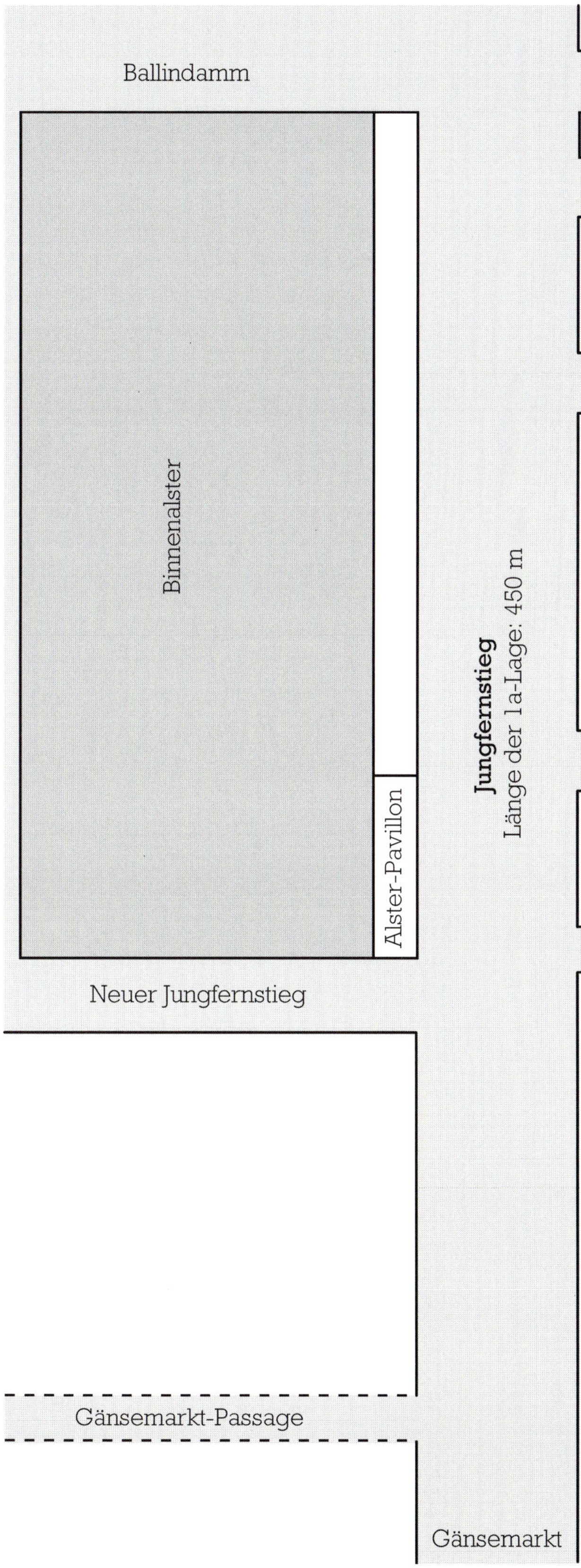

4 Wormland, HAKA

Reesendamm

Alster

Alsterarkaden

7 Haus des Ostens
7 Görtz, Schuhe
8 Apotheke
8 Wempe, Juwelier

Neuer Wall

Burberry's, HAKA
11-12 Beutin, DOB
11-12 Brahmfeld & Gutruf, Juwelier
14 Salamander, Schuhe
16 Alsterhaus (Hertie)
16 WOM, World of Music
22-25 Dresdner Bank
Donny-Leder in Vogue
Robbe & Berking, Silber
Christ, Juwelier

Große Bleichen

26-30 Mey & Edlich, DOB/HAKA
26 Juwelier Hintze
26 Lindor, Damenwäsche
26 Stefanel, young fashion

Jungfernstieg-Passage

Hamburger Hof-Passage
26 Linea
26 Optiker Salmen
34 Klockmann, Lederwaren
34 Schürmann's Austernkeller
34 Cartier, Juwelier
38-40 Prange, Schuhe
38 Filmtheater Streit's
38 Ciro, Perlen
38 Ursula Aust, DOB
38 Zwilling, Messer
40 Prange Duo, Schuhe
41-42 Beauty Point + Walkenhorst
41 Selbach, HAKA
41 Linette
43 Alligator, Lederwaren
44 Langhagen & Harnisch
44 Douglas, Parfümerie
45 Stegmanns
46 Meyer's, young fashion

Hamburg

1a-Lage: Neuer Wall

Filialisierungsgrad: 76,1 %
Besonderheiten: Fahrstraße, hochwertiger Branchenbesatz

Neuer Wall
Länge der 1a-Lage: 300 m

Jungfernstieg

Burberry's, HAKA	
Gold-Pfeil, Lederwaren	2-4
Louis Féraud, DOB	2-4
Rodier Paris, DOB	8
Fogal, Strümpfe	8
Hoffmann, Damenwäsche	10
Beutin am Jungfernstieg	10
Görtz, Schuhe/Lederwaren	10
Franco Franzesco, Lederwaren	10
Jaeger & Mirow, Kiko	18
Pringle of Scotland, Krawatten	18
Jaeger & Mirow, DOB	20
Tchibo, Kaffee	22
Bijou Brigitte, Modeschmuck	22
Rosenthal Studiohaus, Porzellan	22

Poststraße

Handschuh Schaffner	24
Juwelier Roesner	26-28
Weitz Porzellan	
Lohmann Hamburg, DOB	30
Optik Campbell	30
Escada, DOB	32
Churrasco, Systemgastron.	34
Lenius, HAKA	36
Eduard Kettner, HAKA	38
Steen, exkl. DOB	40
Odin, Schmuck	42
Ewige Lampe	42

Neuenwallfleet

Jungfernstieg

1	Wempe, Juwelier
3	Douglas, Parfümerie
5	Boos, Schuhe
7	Kinderparadies
9	Abbruch
11	Ladage & Oelke, HAKA
13	Felix Jud Bücher

Mellin-Passage

13	Georg Jensen, Schmuck
15	Mont Blanc, Schreibwaren
15	Roeckl, Handschuhe
17	Jérome Leplat, Accessoires
17	Lady Ilany, DOB
19	Umbau

Schleusenbrücke

25	Möhring Textil
31-35	Unger Pelze
37	Behrens
39	Laura Ashley, DOB
39	LiviaVergallo, Lederwaren
41	Laurél, DOB
41	Umbau
41	Gorda Gregot, Abendmoden

Neuenwallfleet

Hamm

		Rangordnung der 84 Städte
Einwohner:	182.390	43
Besucheraufkommen 1994:	114.104 Übernachtungen	72
Kaufkraftkennziffer 1995 je Einwohner:	90,2	71
Umsatzkennziffer 1995 je Einwohner:	94,4	69
Anteil Textil (gesamte 1a-Lage): nach Anzahl der Betriebe	30,4 %	39
Anteil Schuhe (gesamte 1a-Lage): nach Anzahl der Betriebe	10,9 %	23
Filialisierungsgrad (gesamte 1a-Lage): nach Anzahl der Betriebe	71,7 %	14
Passantenzählung:	**809**	76
Standort:	Weststraße 40	
Zeit:	16.00 Uhr bis 17.00 Uhr	
Datum:	5. Mai 1995	
Wetter:	warm, wolkenloser Himmel	
Besonderheiten:	keine	
Länge der Straßenfronten 1a-Lage:	400 m	
Kemper's Kaufkraftpotential 1995: normierte Kaufkraftkennziffer x normierte Passantenzählung 100 = Durchschnitt der 84 Städte	**32,2**	77
Mietpreis 1a-Lage 1995 pro m²: Quelle: Kemper's Index	DM/m² 90,-- bei Neuvermietung	
Kemper's Ertragskennziffer 1995: Index des Kemper's Kaufkraft-potentials : Mietindex 100 = Durchschnitt der 84 Städte	**62,3**	72

Ansässige Einzelhandelsbetriebe 1a-Lage

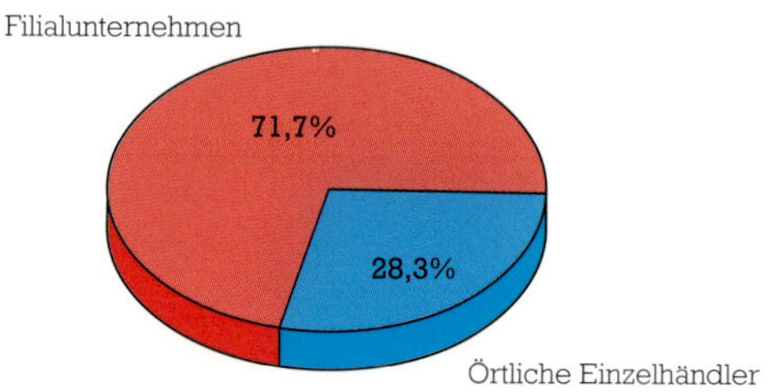

Branchenmix 1a-Lage

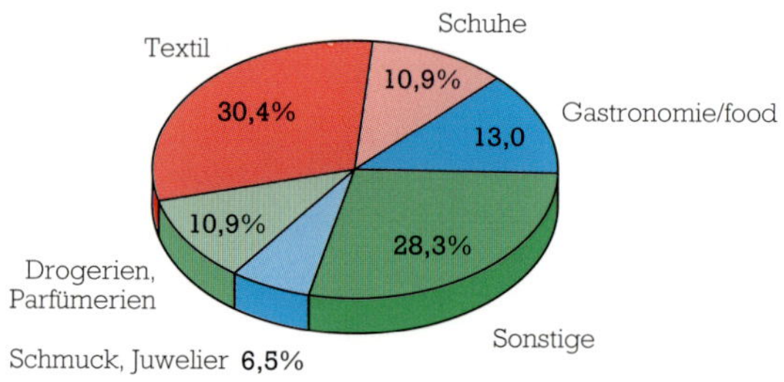

Weitere Makrodaten siehe KEMPER'S INDEX

Hamm

1a-Lage: Weststraße

Filialisierungsgrad: 71,7 %
Besonderheiten:
ehemalige Ost-West-Verbindung,
kleinflächige Bebauung

Weststraße
Länge der 1a-Lage: 210 m

Nordstraße | Sternstraße

Einhorn Apotheke	22
Susi Süßwaren	24
Fleischerei Rotzoll	24
Otto F. Dabelow, Bücher	26
Vanity, DOB	28
Confetti Jeans Wear, young fashion	30
Idea - Die Grüne Drogerie	30
Bäckerei Klems, Stehcafé	32
Mühlensiepen, Tabak/Spirituosen	34
Liberty Woman, DOB	34
Tack, Schuhe	36
Wunderland Company	36
West Side, young fashion	36
Bäcker Köppelmann	36

23	Moden Hüter, Bekleidungshaus
25	Laufmaschen
25	Grüter + Schimpf, HAKA
27	Bonita, DOB
27	Roland, Herrenschuhe
29	Langhardt, Lederwaren
31	Miederwaren Toni Hoppe
33-35	Görtz, Schuhe
37	Juwelier Michael
37a	Eduscho, Kaffee

Rödinghauserstraße | Rödinghauserstraße

McDonald's, Systemgastronomie	38-40
Schlecker, Drogeriemarkt	38-40
André, Schuhe	38-40
Stadtparfümerie Pieper	40
Ihr Platz, Drogeriemarkt	42
Quelle Technorama	44
Jeans Fritz, young fashion	46
Nordsee, Systemgastronomie	46
Fielmann, Optik	48
Engbers, young fashion	50
Esprit, young fashion	52

39	Christ, Juwelier
39	Krane, Optik
39	Telekom
41	M & S Moden, DOB
43	Douglas, Parfümerie
43	Foot Locker, Sportartikel
45	Rubin, Modeschmuck
45	Schuh Park
47	Rauchen + Lesen
49	Dellwig Lederwaren
	Grabitz, DOB/HAK

Ritterstraße | Martin-Luther-Straße

Hannover

		Rangordnung der 84 Städte
Einwohner:	524.823	12
Besucheraufkommen 1994:	1.035.709 Übernachtungen	13
Kaufkraftkennziffer 1995 je Einwohner:	110,3	29
Umsatzkennziffer 1995 je Einwohner:	155,3	16
Anteil Textil (gesamte 1a-Lage): nach Anzahl der Betriebe	37,8 %	8
Anteil Schuhe (gesamte 1a-Lage): nach Anzahl der Betriebe	8,1 %	49
Filialisierungsgrad (gesamte 1a-Lage): nach Anzahl der Betriebe	60,8 %	41
Passantenzählung:	**3.680**	9
Standort:	Georgstraße 24-26 Georgstraße 31-33	
Zeit:	16.00 Uhr bis 17.00 Uhr	
Datum:	5. Mai 1995	
Wetter:	warm, wolkenloser Himmel	
Besonderheiten:	vor U-Bahn-Station	
Länge der Straßenfronten 1a-Lage:	730 m	
Kemper's Kaufkraftpotential 1995: normierte Kaufkraftkennziffer x normierte Passantenzählung 100 = Durchschnitt der 84 Städte	**179,1**	10
Mietpreis 1a-Lage 1995 pro m²: Quelle: Kemper's Index	DM/m² 270,-- bei Neuvermietung	
Kemper's Ertragskennziffer 1995: Index des Kemper's Kaufkraft-potentials : Mietindex 100 = Durchschnitt der 84 Städte	**115,6**	22

Ansässige Einzelhandelsbetriebe 1a-Lage

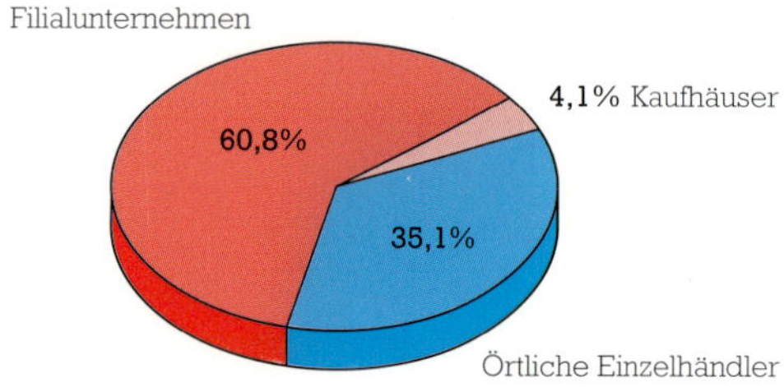

Branchenmix 1a-Lage

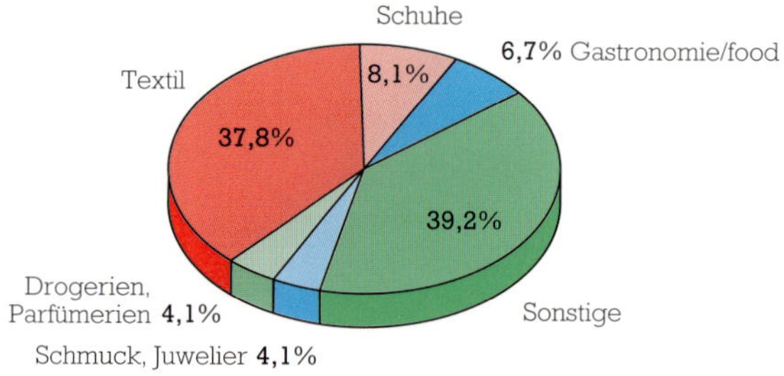

Weitere Makrodaten siehe KEMPER'S INDEX

Hannover

1a-Lage: Georgstraße

Filialisierungsgrad: 75,8 %
Besonderheiten:
Kaufhausmeile, konsumig

Oper

Mövenpick

Georgstraße
Länge 1a-Lage: 230 m

Bahnhofstraße

Hennes & Mauritz, young fashion	31-33
Uhren Weiss, Juwelier	31-33
Douglas, Parfümerie	31-33

Große Packhofstraße

Gisy, Junge Schuhmode	29
Wempe, Juwelier	27
Karstadt, Warenhaus	23-25

Schillerstraße

Steak House, Gastronomie	
NUR, Reisebüro	21
Göbelhoff	
C & A, Bekleidungshaus	

Kanalstraße

Ständehausstraße

Stichroth, Juwelier
Peek & Cloppenburg, Bekleidungshaus

Karmarschstraße

	Charé
24-26	Optik Schmidt
24-26	Boecker, Bekleidungshaus

Große Packhofstraße

22	Benetton, young fashion
22	Otto Boenicke, Tabak/Gesch.
22	Tchibo, Kaffee
22	Apollo, Optik
20	Deichmann, Schuhe
20	Pimkie, young fashion
20	Runners Point, Sportartikel
18	Neckermann, Technisches Kaufhaus
16	Europa-Apotheke
16	Ursula Aust, DOB
16	Douglas, Parfümerie

Kleine Packhofstraße

14	Woolworth, Kleinkaufhaus
12	Photo Porst
12	Jeans Fritz, young fashion
10	Technisches Kaufhaus Brinkmann
8	Horstmann & Sander, Textil
8a	Vereins- und Westbank
8a	Optik Reinecke

Schmiedestraße

Hannover

1a-Lage: Bahnhofstraße

Filialisierungsgrad: 38,9 %
Besonderheiten: Verbindung Hauptbahnhof und Kröpcke, kurze 1a-Lage

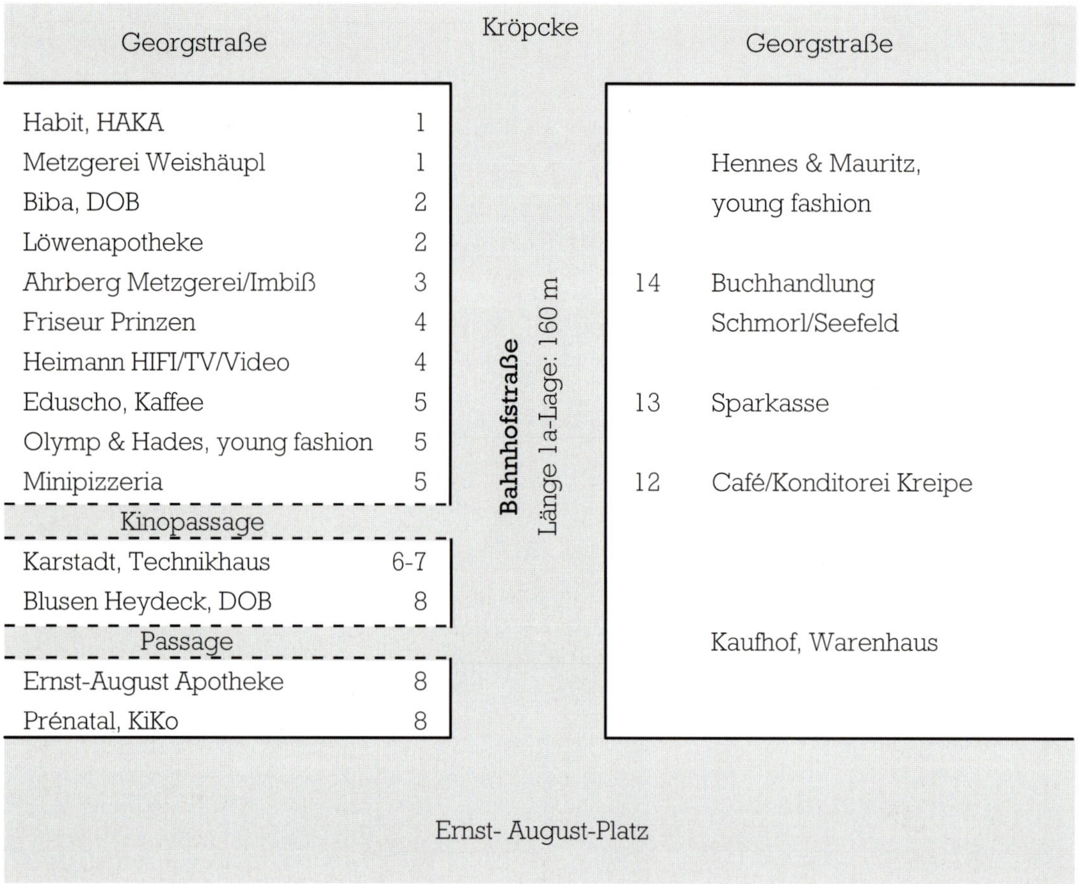

Hannover

1a-Lage: Große Packhofstraße

Filialisierungsgrad: 69,6 %
Besonderheiten:
extrem schmale Fußgängerzone

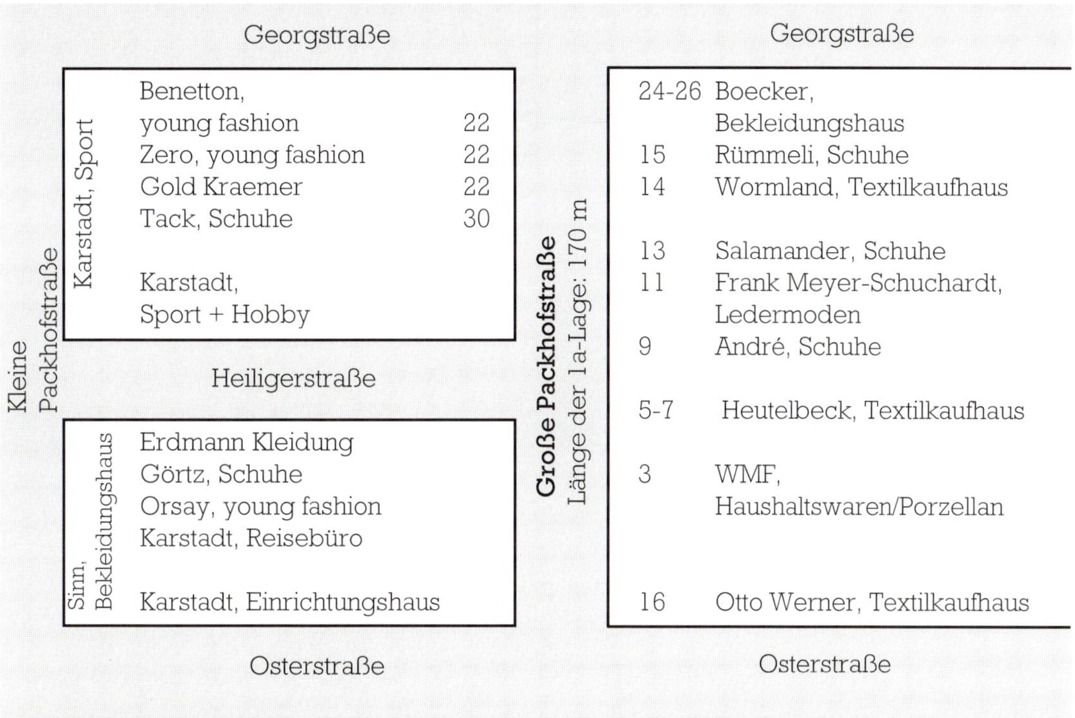

Hannover

1a-Lage: Karmarschstraße

Filialisierungsgrad: 69,6 %
Besonderheiten:
einseitig (westlich) frequentiert

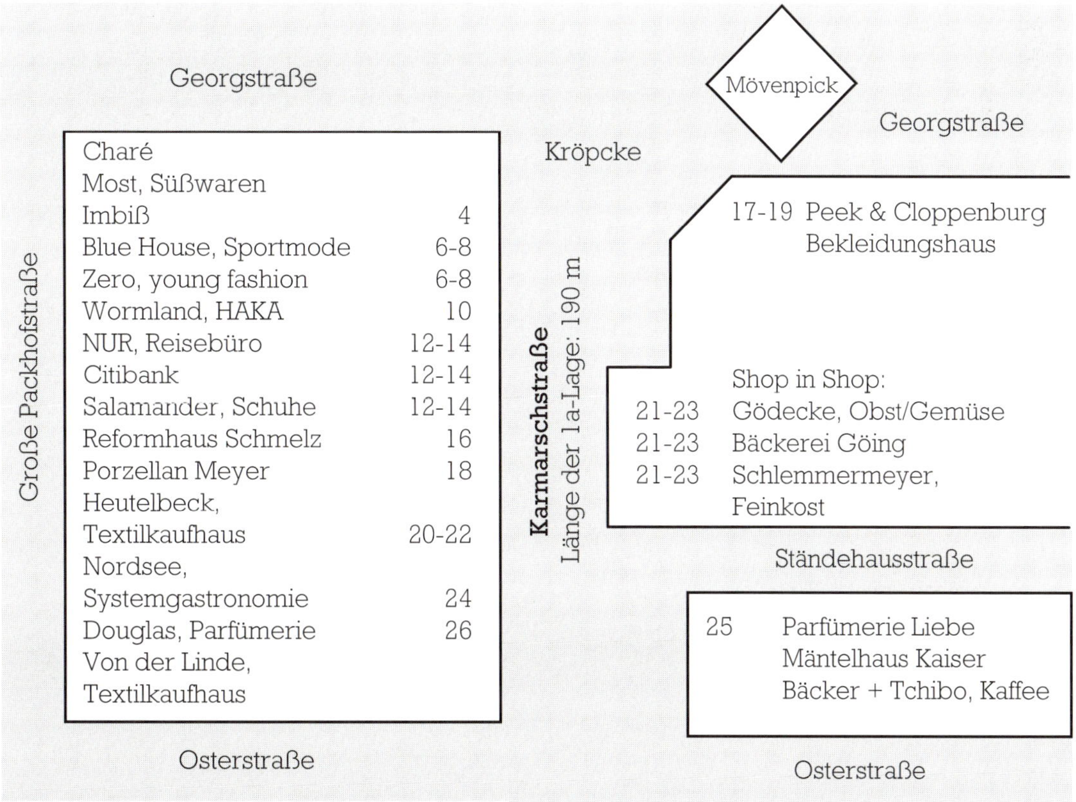

Heidelberg

		Rangordnung der 84 Städte
Einwohner:	139.429	53
Besucheraufkommen 1994:	809.430 Übernachtungen	17
Kaufkraftkennziffer 1995 je Einwohner:	108,8	36
Umsatzkennziffer 1995 je Einwohner:	152,9	20
Anteil Textil (gesamte 1a-Lage): nach Anzahl der Betriebe	31,3 %	33
Anteil Schuhe (gesamte 1a-Lage): nach Anzahl der Betriebe	9,9 %	31
Filialisierungsgrad (gesamte 1a-Lage): nach Anzahl der Betriebe	58,1 %	50
Passantenzählung:	**2.792**	19
Standort:	Hauptstraße 18	
Zeit:	16.00 Uhr bis 17.00 Uhr	
Datum:	5. Mai 1995	
Wetter:	warm, wolkenloser Himmel	
Besonderheiten:	keine	
Länge der Straßenfronten 1a-Lage:	1.230 m	
Kemper's Kaufkraftpotential 1995: normierte Kaufkraftkennziffer x normierte Passantenzählung 100 = Durchschnitt der 84 Städte	**134,0**	17
Mietpreis 1a-Lage 1995 pro m²: Quelle: Kemper's Index	DM/m² 210,-- bei Neuvermietung	
Kemper's Ertragskennziffer 1995: Index des Kemper's Kaufkraft-potentials : Mietindex 100 = Durchschnitt der 84 Städte	**111,3**	25

Ansässige Einzelhandelsbetriebe 1a-Lage

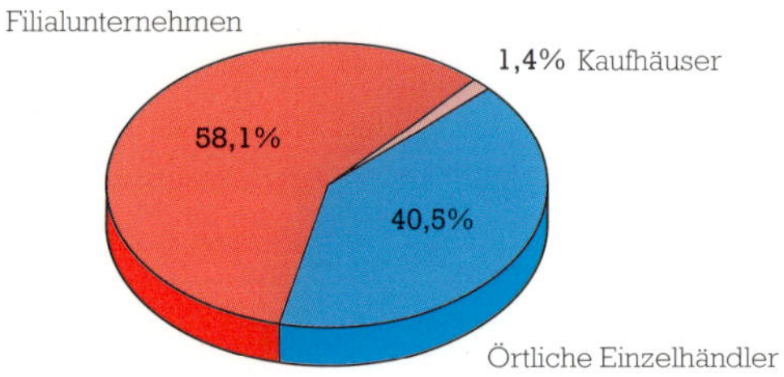

Branchenmix 1a-Lage

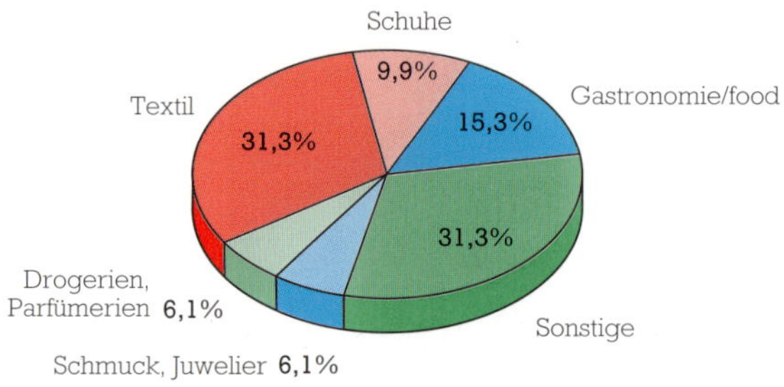

Weitere Makrodaten siehe KEMPER'S INDEX

Heidelberg

1a-Lage: Hauptstraße

Filialisierungsgrad: 58,1 %
Besonderheiten: lange 1a-Lage, historisch gewachsen, kleinflächige Bebauung

Hauptstraße
Länge der 1a-Lage: 1.230 m

Schiffgasse

Pizza Hut, Systemgastronomie	111
Stefansbäck	109
Hollenbach Schuhe	107
Restaurant "M-Panade"	105
Goldladen, Schmuck/Uhren	103
Koffer Schmitt, Lederwaren	101
Siggi Due	99
Kurpfälzisches Museum	97
Marc O'Polo, young fashion	95
Futterkrippe	93
Lady, DOB	91
Springfield, HAKA	89

Bauamtsgasse

Sport Bredl	85-87
Betty Barcley, DOB	83
Wiener Feinbäckerei	83
Biba, DOB	81
Knörr & Räuber, HAKA	79
Sport Bredl	79
Battery Jeans, young fashion	79

Bienenstraße

Schmidt & Reuter	77
Hotel Gaststätte Perkeo	75
Café Sieben	75
Heine Jeans, young fashion	75

Karpfengasse

Tischer, Porzellan	73
Photo Porst	73
Fielmann, Optik	71
C & A, Bekleidungshaus	67-69
Douglas, Parfümerie	65

Ziegelgasse

New Yorker, young fashion	63
Foot Locker, Sportartikel	63
Runners Point, Sportartikel	61
Ibiza Jeans, young fashion	61
Fritz Schuhe	59
Quelle / Apollo, Optik	57
Telefonladen	55
Restaurant Delphi	
Hotel Karlsburg mit Victoria Café/Konditorei	53
Universität Heidelberg	47-51

Brunnengasse

Bally, Schuhe	45
Schlecker, Drogeriemarkt	45
Kraus Textil	39-43
Hennes & Mauritz, young fashion	37
Indon./Pakistan. Gaststätte	37
Schmitt's Modeboutique	35
Leone, Schuhe	35
Bofinger	33
Schlemmermeyer, Feinkost	31
Janssen Spirituosen	29
Frontpage, young fashion	27
Galerie Vogel	25
Berzel Exquisit Schuhe	25
Umbau	23
Juwelier Rieth	21
Nanz	17
WMF, Haushaltswaren	15

Fahrtgasse

Body Shop, Kosmetik	11-13
Kaufhalle, Kleinkaufhaus	11-13

Eingang "Darmstädter Hof-Centrum"

Eduscho, Kaffee	1
Juwelier Menrath	1
Haus der Brille	1
Dyckhoff, Bekleidungshaus	1

Sofienstraße

Theaterstraße

106	Welker Kunsthaus
106	Tabak Bieler
104	Müller, Drogeriemarkt
102	Jersey Josephine, DOB
102	Body Shop, Kosmetik
100	Benetton 012, Kiko
100	Bijou Catrin, Modeschmuck
98	Benetton, young fashion
96	Sport Mayer, Schuhe

Friedrichstraße

94	Confiserie Schafheutle
92	Gartencafé - Tearoom
92	Fink, Schuhe

Karl-Ludwigs-Straße

90	Bredl
88	Kammer Kinos
88	Leder Meid
86	Jean Pascale,young fashion
86	Musikhaus Hochstein
84	Mc Paper, Schreibwaren
84	Tischer Porzellan
82	Cavaletta Sportswear
80	Schloß Apotheke
78	Helga Winter, DOB/HAKA
78	Gerhard Pfeiffer, Schmuck
76-78	Parfümerie Drogerie Werner

Märzgasse

74	Atlas Reisen, Reisebüro/Modeschmuck
72	Buchhandlung Köster
70	Andrea Anders, DOB
68	Gebr. Wissler, Geschenkartikel
64-66	Biba, DOB
64-66	Hussel, Süßwaren
64-66	NUR Touristik, Reisebüro
62	André, Schuhe
60	Jeans Palast, young fashion
60	Nudelmacher, Systemgastronomie
58	Deichmann, Schuhe
56	Faulhaber, Juwelier
54	Pfaff Optik
50	Elektro Müller
48	Hut Heidel

Akademiestraße

46	H + G Bank
44	Zero, young fashion
44	André, Schuhe
42	Gätschenberger Aussteuer
42	Kinocenter
42	Montanus Aktuell, Bücher/Zeitschr.
40	Nordsee, Systemgastronomie
40	Borsani, Leder Mode
38	Tchibo, Kaffee
36	Hallhuber, young fashion
34	Benetton, young fashion
26-32	Kaufhof, Warenhaus
24	Backstube Heberer
22	Pimkie, DOB
20	Hirsch-Apotheke
20	Nordsee, Systemgastronomie
18	Der Teeladen
18	Orsay, young fashion

Neugasse

16	Uhren Weiss, Juwelier
16	Roland, Schuhe
10-14	O.K. Foto Labor Shop / Kokosnuss
10-14	Benetton, young fashion
8	Bücher Wolff
6	Most, Süßwaren
6	O. Gätschenberger, HAKA
4	Sportiv Männermode
2	Eram Schuhe / Douglas, Parfümerie

St.-Anna-Gasse

2	Christine Moden
2	Hof-Apotheke

Sofienstraße

Heilbronn

		Rangordnung der 84 Städte
Einwohner:	122.396	65
Besucheraufkommen 1994:	163.288 Übernachtungen	57
Kaufkraftkennziffer 1995 je Einwohner:	108,3	38
Umsatzkennziffer 1995 je Einwohner:	162,3	9
Anteil Textil (gesamte 1a-Lage): nach Anzahl der Betriebe	25,0 %	61
Anteil Schuhe (gesamte 1a-Lage): nach Anzahl der Betriebe	12,5 %	10
Filialisierungsgrad (gesamte 1a-Lage): nach Anzahl der Betriebe	62,5 %	35
Passantenzählung:	**2.231**	34
Standort:	Fleinerstraße 26	
Zeit:	16.00 Uhr bis 17.00 Uhr	
Datum:	5. Mai 1995	
Wetter:	warm, wolkenloser Himmel	
Besonderheiten:	keine	
Länge der Straßenfronten 1a-Lage:	400 m	
Kemper's Kaufkraftpotential 1995: normierte Kaufkraftkennziffer x normierte Passantenzählung 100 = Durchschnitt der 84 Städte	**106,6**	30
Mietpreis 1a-Lage 1995 pro m²: Quelle: Kemper's Index	DM/m² 200,-- bei Neuvermietung	
Kemper's Ertragskennziffer 1995: Index des Kemper's Kaufkraft-potentials : Mietindex 100 = Durchschnitt der 84 Städte	**92,9**	50

Ansässige Einzelhandelsbetriebe 1a-Lage

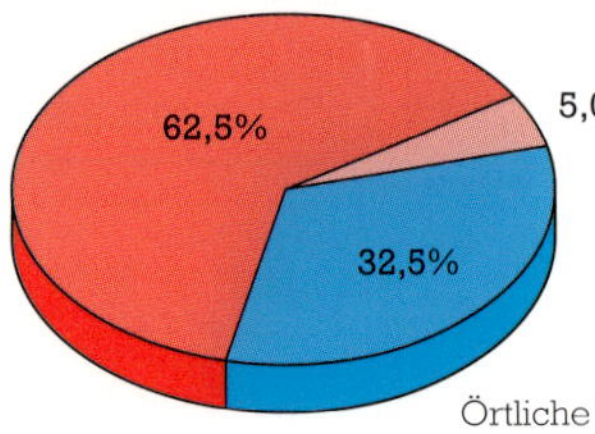

Branchenmix 1a-Lage

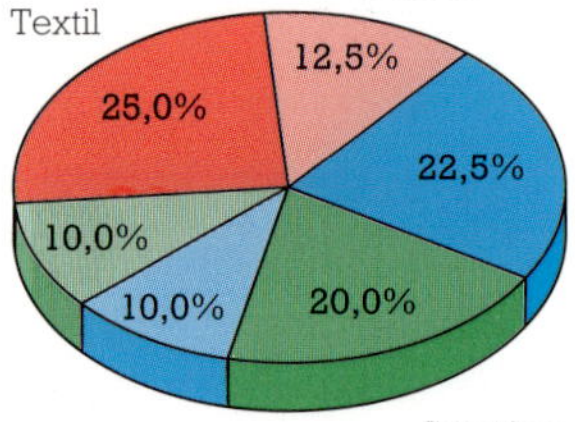

Weitere Makrodaten siehe KEMPER'S INDEX

Heilbronn

1a-Lage: Fleiner Straße

Filialisierungsgrad: 62,5 %
Besonderheiten:
kleinflächige Bebauung

Fleiner Straße
Länge der 1a-Lage: 230 m

Kilianplatz

Linke Seite	Nr.
Kirchbrunnenstraße	
Boutique le clown	45
Krauß MC, DOB	41
Bäckeria	39
Las Vegas, young fashion	39
Jersey Ilany, DOB	37
Yves Rocher, Kosmetik	37
Juwelier Stolz	33
Eichgasse	
Brenner-Schilling, Spielwaren	31
Tchibo, Kaffee	29
Stefansbäck	29
Tack, Schuhe	25
Böhmer, Schuhe	23
Central Apotheke	21
La Belle	21
Romantika Eiscafé	19
Luithle, Juwelier	19
Pimkie, young fashion	17
Deutschhofstraße	
Horten, Warenhaus	15
Parfümerie International	
Große Bahngasse	
Douglas, Parfümerie	7
Juwelier Alba	7
Benetton, young fashion	7
Mayer, Schuhe	3
Götzenturmstraße	
Tele Comet, Elektro/TV/Video	2
Rollwagstraße	

Nr.	Rechte Seite
	NUR, Reisebüro
	Eram, Schuhe
	Kilianstraße
	Photo Porst
32	Beilharz, Uhren/Schmuck
30	Madison, DOB
28	Telekom
26	Kaiser's, Lebensmittel
	Biedermanngasse
24	WMF, Haushaltswaren/ Porzellan
22	Douglas, Parfümerie
20	Kaufmann, Schuhe
18	Nordsee, Systemgastronomie
16	Orsay, young fashion
14	Hussel, Süßwaren
12	Eduscho, Kaffee
10	Schuh Chic
6	Modehaus Palm
4	Kolb, Bäckerei
4	Christ, Juwelier
	Am Wollhaus
	Kaufhof, Warenhaus
	Rollwagstraße

Herne

		Rangordnung der 84 Städte
Einwohner:	180.539	44
Besucheraufkommen 1994:	35.235 Übernachtungen	83
Kaufkraftkennziffer 1995 je Einwohner:	92,4	68
Umsatzkennziffer 1995 je Einwohner:	83,0	80
Anteil Textil (gesamte 1a-Lage): nach Anzahl der Betriebe	28,6 %	48
Anteil Schuhe (gesamte 1a-Lage): nach Anzahl der Betriebe	7,1 %	55
Filialisierungsgrad (gesamte 1a-Lage): nach Anzahl der Betriebe	60,0 %	44
Passantenzählung:	**1.985**	44
Standort:	Bahnhofstraße 41	
Zeit:	16.00 Uhr bis 17.00 Uhr	
Datum:	5. Mai 1995	
Wetter:	warm, wolkenloser Himmel	
Besonderheiten:	Aktionen, Straßenfeste	
Länge der Straßenfronten 1a-Lage:	890 m	
Kemper's Kaufkraftpotential 1995: normierte Kaufkraftkennziffer x normierte Passantenzählung 100 = Durchschnitt der 84 Städte	**80,9**	51
Mietpreis 1a-Lage 1995 pro m²: Quelle: Kemper's Index	DM/m² 80,-- bei Neuvermietung	
Kemper's Ertragskennziffer 1995: Index des Kemper's Kaufkraft-potentials : Mietindex 100 = Durchschnitt der 84 Städte	**176,3**	6

Ansässige Einzelhandelsbetriebe 1a-Lage

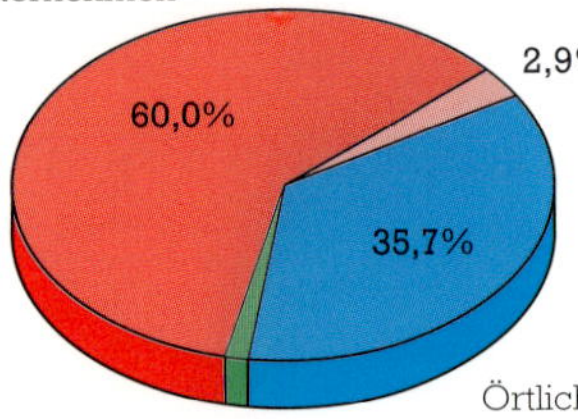

Branchenmix 1a-Lage

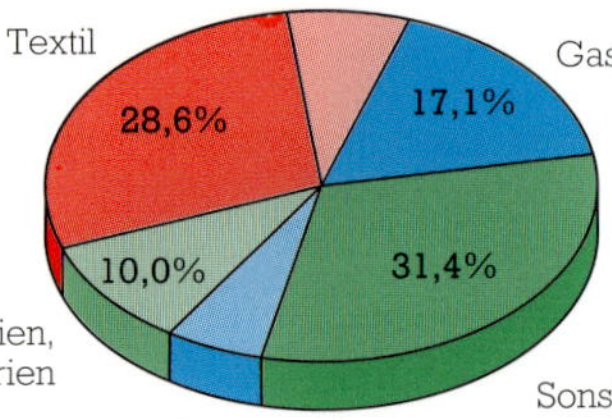

Weitere Makrodaten siehe KEMPER'S INDEX

Herne

1a-Lage: Bahnhofstraße

Filialisierungsgrad: 60,0 %
Besonderheiten: lange Fußgängerzone, kleinflächige Bebauung

Bahnhofstraße
Länge der 1a-Lage: 650 m

Karstadt, Warenhaus	65-71
Jeans Fritz, young fashion	
Tchibo, Kaffee	
Ninas Bildermarkt	
Ihr Platz, Drogerie	
Eingang Stadtgalerie	
Brinker, Bäckerei	
Stadtwerke	
Pieper, Parfümerie	
Robert-Brauner-Platz	
Hettlage & Fischer, Bekleidungshaus	51
Eduscho, Kaffee	49
Big Steel, young fashion	49
Nordsee, Systemgastronomie	49
Sparkasse	49
Shoe Fashion, Schuhe	47
Uhren Weiss, Juwelier	47
Neustraße	
Benetton, young fashion	45
Allegro, DOB	45
Shirts World	45
Photo Porst	43
Bäckerei Sponheuer	43
Gold + Silber	41
Kräuterbonbon Müller	41
Passage mit: Top Trends, Haus der Schallplatte	
Orsay, young fashion	41
Alte Apotheke	39
Sinn, Bekleidungshaus	37
Fleischerei W. Marx	35
Douglas, Parfümerie	33
Leo's Jeans, young fashion	31
Behrensstraße	
Dieler, Textilhaus	27-29
Un-Sinn, Geschenkartikel	25
Power CD, Musikladen	25
Kornbäckerei Brötchen	23

72	Wurst König
72	Schuh & Schlüssel
72	H + R Kornbäcker
72	Jeans Center, young fashion
70	Komm + Kauf, interim
70	Deichmann, Schuhe
68	NUR Touristik, Reisebüro
68	Foto Markt
68	Hörgeräte Vogel
66	Christ, Juwelier
	Stadtwerke Informationszentrum
64	BfG, Bank
	Viktor-Reuter-Straße
62	Spirituosen Meimberg
62	Boutique Katja, DOB
60	Wurst Maxe
60	Cantus Mode, young fashion
60	Blume 2000
58	Fuchs, Drogeriemarkt
58	Casserole, Systemgastronomie
56	Runners Point, Sportartikel
	Heinrichstraße
54	Springer, Schuhe
52	Parfümerie Esters
52	Mühlensiepen, Tabak/Spirituosen
50	Esprit, young fashion
50	Atlas Reisen, Reisebüro
50	Vogue, young fashion
50	Esra, Kindermoden
50	Bunne, Briefmarken
	Schäferstraße
48	Mertens Brillen
46	Sport Cassebaum
44	Schlenkhoff Uhren/Schmuck
42	Merkur, Reisebüro
42	E. Sander, Bücher/Geschenke
40	Sofortreinigung
40	Umbau
38	Schlatholt, Schuhe
36	Pieper, Parfümerie
34	Kodi Markt, Kleinkaufhaus
34	Telefonladen

Hildesheim

		Rangordnung der 84 Städte
Einwohner:	106.450	78
Besucheraufkommen 1994:	121.734 Übernachtungen	69
Kaufkraftkennziffer 1995 je Einwohner:	105,0	45
Umsatzkennziffer 1995 je Einwohner:	104,9	60
Anteil Textil (gesamte 1a-Lage): nach Anzahl der Betriebe	25,3 %	60
Anteil Schuhe (gesamte 1a-Lage): nach Anzahl der Betriebe	7,2 %	54
Filialisierungsgrad (gesamte 1a-Lage):	56,6 % nach Anzahl der Betriebe	55
Passantenzählung: Standort: Zeit: Datum: Wetter:	**4.025** Hoher Weg 48 16.00 Uhr bis 17.00 Uhr 5. Mai 1995 warm, wolkenloser Himmel	7
Besonderheiten:	keine	
Länge der Straßenfronten 1a-Lage:	560 m	
Kemper's Kaufkraftpotential 1995: normierte Kaufkraftkennziffer x normierte Passantenzählung 100 = Durchschnitt der 84 Städte	**186,5**	9
Mietpreis 1a-Lage 1995 pro m²: Quelle: Kemper's Index	DM/m² 150,-- bei Neuvermietung	
Kemper's Ertragskennziffer 1995: Index des Kemper's Kaufkraft- potentials : Mietindex 100 = Durchschnitt der 84 Städte	**216,7**	2

Ansässige Einzelhandelsbetriebe 1a-Lage

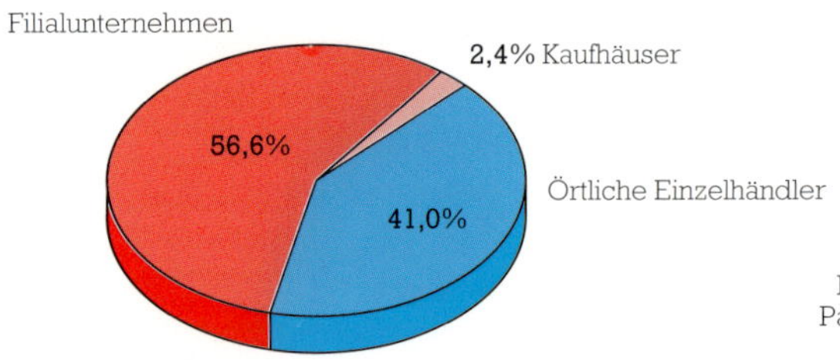

Branchenmix 1a-Lage

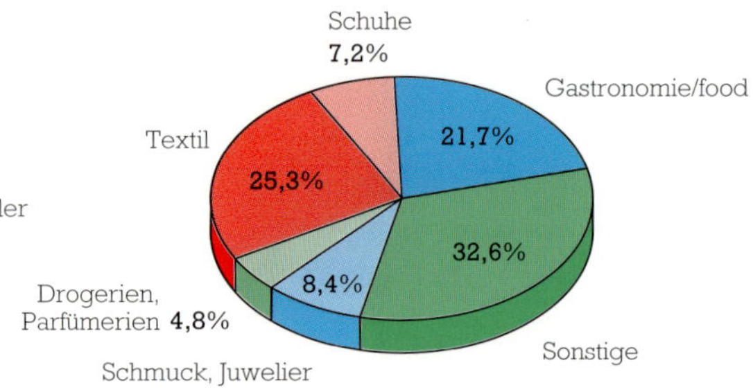

Weitere Makrodaten siehe KEMPER'S INDEX

Hildesheim

1a-Lage: Hoher Weg, Almsstraße

Filialisierungsgrad: 56,6 %
Besonderheiten:
leicht abfallende Fußgängerzone

Almsstraße

Hoher Weg
Länge der 1a-Lage: 480 m

Westseite

Arnekenstraße

Kochlöffel, Systemgastronomie	26
Hellbergs Wurstlädchen	26
Stadtsparkasse	24
Tchibo, Kaffee	23
Quick, Schuhe	23
Uno Moda, young fashion	22
Gold Eins	21
Jeans Fritz, young fashion	21
Roland, Schuhe	20
Weiss, Juwelier	19
Douglas, Parfümerie	19
Waffen Schafhausen	17
Wäsche Bartling	16
Hako, Hifi/Video/TV	15
Feinkost Simon	15
Hansen, HAKA	14
Brameier, Modeschmuck	13
Quelle Technorama	11-12
Ihr Platz, Drogeriemarkt	11-12
Landschlächterei Koithahn's	10

Eingang City-Passage

Kondla Moden	9
Bäckerei Schmidt	8
Metzger Helmke	8
Most, Süßwaren	6
Engel, Schuhe	
Brockmann, Modestudio	5
Churrasco, Systemgastronomie	5
Eduscho, Kaffee	5
Pizzeria Roma	4
Andreas Apotheke	3
Mode Park	1-2
Umbau	1-2

Kurzer Hagen

Buchhandlung Bernward	37
Woolworth, Kleinkaufhaus	36
Koffer Koch	35
Neckermann	34
Goldschmiede Reinhold	33
Reformhaus Schmelz	33

Passage

P & C, Bekleidungshaus	29-31
Nordsee, Systemgastronomie	28
Westphal Taschen	27
Märtens, Juwelier	26
WMF, Haushaltswaren/Porzellan	25
Kleinschmidt, Optik	24
Hussel, Süßwaren	23
Flora Apotheke	22
Hosen & Jeans, young fashion	21
Arko-City-Café	20
Brillen Shop	20
Günther, DOB	19
Photo Porst	18
Café Engelke	16a

Schuhstraße

Ostseite

Wallstraße

34	Foot Locker, Sportartikel
	Steineckes Heidebrot
35	Hosen-Center
36	Culinara
36	Oetty's Modeshop
37	Sonnen-Apotheke
38-39	Jeans Fritz, young fashion
38-39	Klages, Fleischerei
40	Roland, Buchhandlung
40	Beste, Café/Konditorei

Hinter dem Schilde

41	Horten, Warenhaus

Jakobistraße

Jakobikirche

Jakobikirchgasse

48	Orsay, young fashion
49	Virks, Uhren/Schmuck
49	Schildheuer, Taschen/ Schirme
50	Erdmann, Bekleidung

Marktstraße

1	Foto Storm
1a	Douglas, Parfümerie
1a	Bartling, Strickmd./Wäsche
3	Christ, Juwelier

Rathausstraße

4	Rats-Apotheke
4	Parfümerie Aurel
5	Görtz, Schuhe
	Bartels, Schuhe
8	Adamski, HAKA
	Factory, young fashion
	Die Gerstenbergsche
9-10	Buchhandlung
	Kreissparkasse
11	Mac Fash, young fashion
12	Deichmann, Schuhe
13	Kressmann, Textilkaufhaus
15	Lindemann, Lampen/Porzell.
16	Deutsche Bank

Schuhstraße

Ingolstadt

		Rangordnung der 84 Städte
Einwohner:	109.666	74
Besucheraufkommen 1994:	213.234 Übernachtungen	49
Kaufkraftkennziffer 1995 je Einwohner:	109,5	33
Umsatzkennziffer 1995 je Einwohner:	154,5	17
Anteil Textil (gesamte 1a-Lage): nach Anzahl der Betriebe	39,0 %	6
Anteil Schuhe (gesamte 1a-Lage): nach Anzahl der Betriebe	7,3 %	53
Filialisierungsgrad (gesamte 1a-Lage): nach Anzahl der Betriebe	63,4 %	31
Passantenzählung:	**1.997**	43
Standort:	Ludwigstraße 8	
Zeit:	16.00 Uhr bis 17.00 Uhr	
Datum:	5. Mai 1995	
Wetter:	warm, wolkenloser Himmel	
Besonderheiten:	Stadtführung	
Länge der Straßenfronten 1a-Lage:	630 m	
Kemper's Kaufkraftpotential 1995: normierte Kaufkraftkennziffer x normierte Passantenzählung 100 = Durchschnitt der 84 Städte	**96,5**	40
Mietpreis 1a-Lage 1995 pro m²: Quelle: Kemper's Index	DM/m² 170,-- bei Neuvermietung	
Kemper's Ertragskennziffer 1995: Index des Kemper's Kaufkraft-potentials : Mietindex 100 = Durchschnitt der 84 Städte	**98,9**	45

Ansässige Einzelhandelsbetriebe 1a-Lage

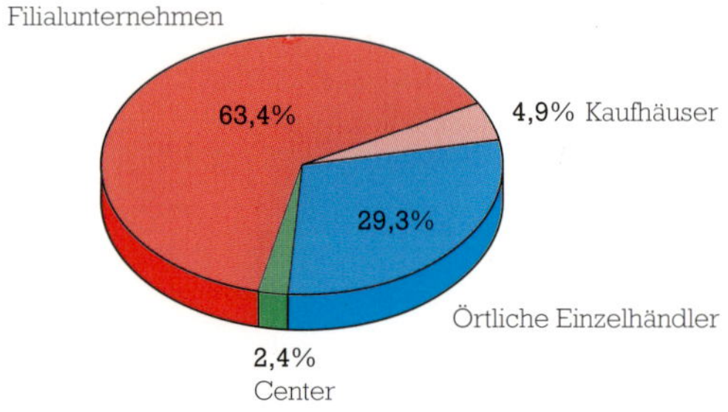

Branchenmix 1a-Lage

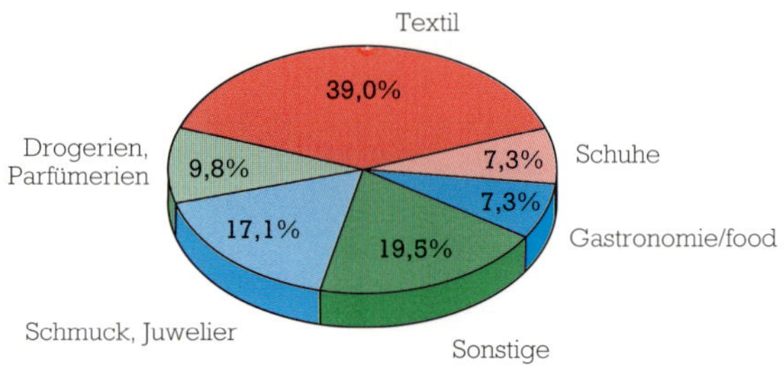

Weitere Makrodaten siehe KEMPER'S INDEX

Ingolstadt

1a-Lage: Ludwigstraße

Filialisierungsgrad: 63,4 %
Besonderheiten: breite Fußgängerzone, historische Fassaden

Luwigstraße
Länge der 1a-Lage: 380 m

Linke Straßenseite

Moritzstraße

Xaver Mayr, Bekleidung	4

Pfarrgasse

Bayerische Vereinsbank	6
Reindl Schuhe	8
Hettinger Juwelier	10

Passage

Adler Apotheke	10
Hettlage, Bekleidungshaus	12-14
Riebel, Sportwaren	16
Pfaff, Nähmaschinen	

Mauthstraße

Christ, Juwelier	
Tengelmann, Lebensmittel	18
Optik Waldemair	20
Elfinger, Juwelier	20
Eduscho, Kaffee	22
Drogerie Müller	22

Reitschulgasse

Deutsche Bank	24
Bijou Brigitte, Modeschmuck	26
Mister & Lady Jeans, young fashion	26
Knapp, Juwelier	28
Carlson Bekleidung	30

Hallstraße

Rechte Straßenseite

Am Stein

1	Peter Ertl, Bekleidung
1	Drunter + Drüber, Textilien
3	Fuchs, Drogeriemarkt
5	Salamander, Schuhe
7	Orsay, young fashion
7	Pelze Dubowy
9	Gericke, Spielwaren
9	NUR, Reisebüro
11	Commerzbank
13	Frontpage, young fashion
13	Gold Palast, Schmuck
	De Fanti, Eiscafé
	Pimkie, young fashion

Schmalzingerstraße

15	Woolworth, Kleinkaufhaus
17	Bavaria Drogerie
17	Juwelier Polsner
19	Wöhrl, Bekleidungshaus

Ziegelbräugasse

	Douglas, Parfümerie
21	Geier, DOB
23	Citibank
25	Wagner, Bekleidung
27-29	Sutor, Schuhe

Georg-Oberhäuser-Straße

29	Horten Galeria
35	C & A, Bekleidungshaus

Jena

		Rangordnung der 84 Städte
Einwohner:	103.456	82
Besucheraufkommen 1994:	215.229 Übernachtungen	48
Kaufkraftkennziffer 1995 je Einwohner:	77,2	81
Umsatzkennziffer 1995 je Einwohner:	85,6	78
Anteil Textil (gesamte 1a-Lage): nach Anzahl der Betriebe	17,2 %	79
Anteil Schuhe (gesamte 1a-Lage): nach Anzahl der Betriebe	5,7 %	67
Filialisierungsgrad (gesamte 1a-Lage): nach Anzahl der Betriebe	45,7 %	76
Passantenzählung:	**654**	79
Standort:	Unterm Markt 6	
Zeit:	16.00 Uhr bis 17.00 Uhr	
Datum:	5. Mai 1995	
Wetter:	warm, wolkenloser Himmel	
Besonderheiten:	Eröffnung des Frühlingsfestes	
Länge der Straßenfronten 1a-Lage:	340 m	
Kemper's Kaufkraftpotential 1995: normierte Kaufkraftkennziffer x normierte Passantenzählung 100 = Durchschnitt der 84 Städte	**22,3**	81
Mietpreis 1a-Lage 1995 pro m²: Quelle: Kemper's Index	DM/m² 100,-- bei Neuvermietung	
Kemper's Ertragskennziffer 1995: Index des Kemper's Kaufkraftpotentials : Mietindex 100 = Durchschnitt der 84 Städte	**38,8**	80

Ansässige Einzelhandelsbetriebe 1a-Lage

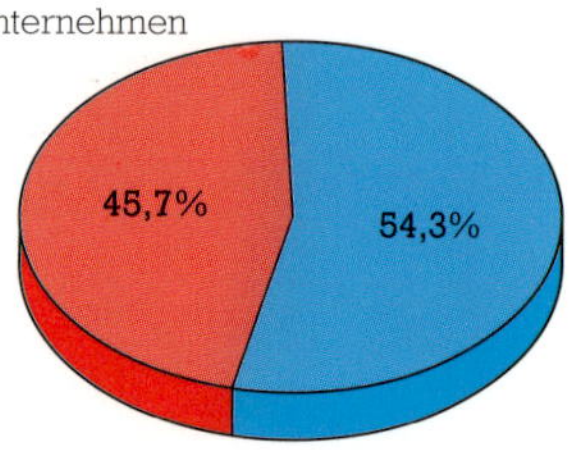

Branchenmix 1a-Lage

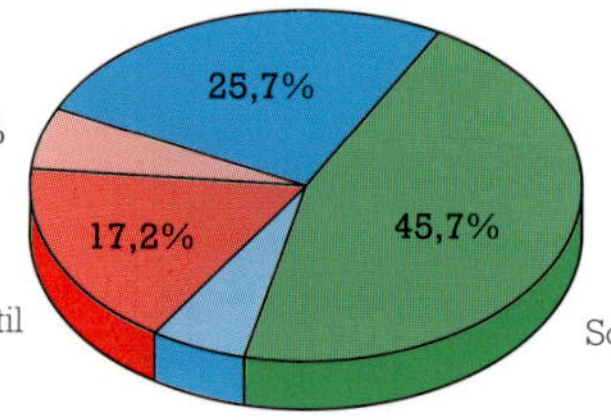

Weitere Makrodaten siehe KEMPER'S INDEX

Jena

1a-Lage: Unterm Markt, Oberlauengasse

Filialisierungsgrad: 45,7 %
Besonderheiten: enge Fußgängerzone, Sanierungsgebiet, kleinflächiger und regionaler Einzelhandel

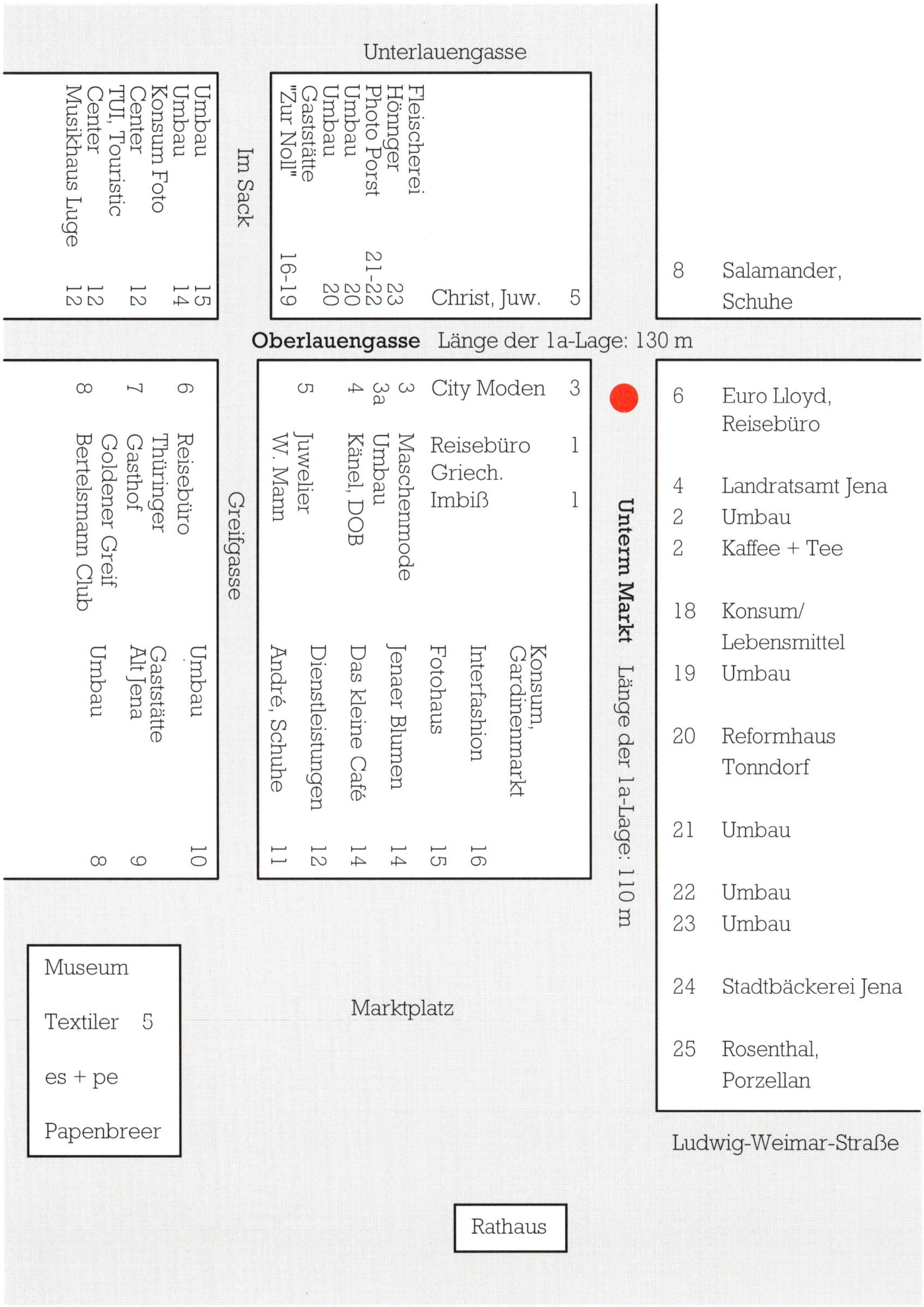

Kaiserslautern

		Rangordnung der 84 Städte
Einwohner:	102.370	84
Besucheraufkommen 1994:	143.864 Übernachtungen	62
Kaufkraftkennziffer 1995 je Einwohner:	107,3	41
Umsatzkennziffer 1995 je Einwohner:	161,3	10
Anteil Textil (gesamte 1a-Lage): nach Anzahl der Betriebe	24,5 %	65
Anteil Schuhe (gesamte 1a-Lage): nach Anzahl der Betriebe	10,2 %	29
Filialisierungsgrad (gesamte 1a-Lage): nach Anzahl der Betriebe	63,3 %	32
Passantenzählung:	**1.671**	54
Standort:	Fackelstraße 3	
Zeit:	16.00 Uhr bis 17.00 Uhr	
Datum:	5. Mai 1995	
Wetter:	warm, wolkenloser Himmel	
Besonderheiten:	keine	
Länge der Straßenfronten 1a-Lage:	360 m	
Kemper's Kaufkraftpotential 1995: normierte Kaufkraftkennziffer x normierte Passantenzählung 100 = Durchschnitt der 84 Städte	**79,1**	52
Mietpreis 1a-Lage 1995 pro m²: Quelle: Kemper's Index	DM/m² 160,-- bei Neuvermietung	
Kemper's Ertragskennziffer 1995: Index des Kemper's Kaufkraft-potentials : Mietindex 100 = Durchschnitt der 84 Städte	**86,2**	53

Ansässige Einzelhandelsbetriebe 1a-Lage

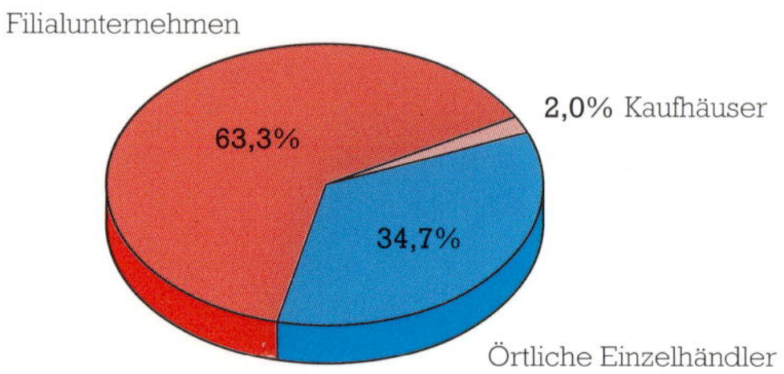

Branchenmix 1a-Lage

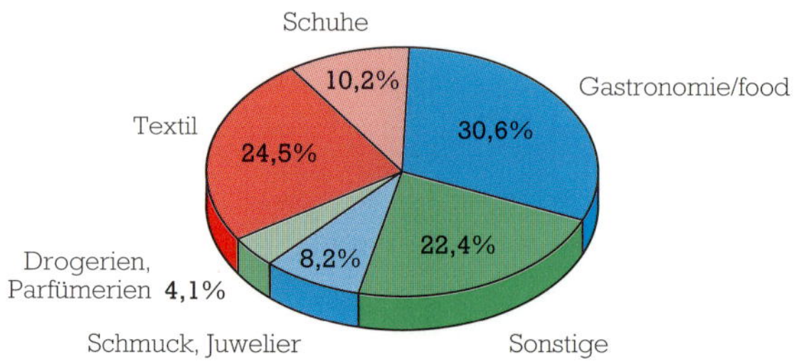

Weitere Makrodaten siehe KEMPER'S INDEX

Kaiserslautern

1a-Lage: Fackelstraße

Filialisierungsgrad: 63,3 %

Fackelstraße
Länge der 1a-Lage: 180 m

Marktstraße

Daubermann, Mode und Leder	
Zero, young fashion	2
Gold Frank	4
Ernesto, young fashion	4
Foot Locker, Sportartikel	8
Douglas, Parfümerie	10
Eram, Schuhe	12-14
NUR, Reisebüro	12-14
Benetton, young fashion	12-14
Christ, Juwelier	12-14
Bijou Brigitte, Modeschmuck	12-14
Roland, Schuhe	16
Apollo, Optik	18
Gold Assmann	20
Hersa-Moden	22
1-2-3, DOB	24
André, Schuhe	24

Am Altenhof

Orsay, young fashion	26
UNO	28
Jung, Alles für's Büro	30
Montanus aktuell, Bücher/Zeitschriften	32
Biba, DOB	32
Eduscho, Kaffee	34
Wolf, Schuhe	34

Kerststraße

1	Hertie, Warenhaus u.a. mit: Eduscho, Kaffee Bäder, Metzger, Blumen, Obst
3	Photo Porst
3	Bonita, DOB
5	Brezel-Bäcker
5	Hussel, Süßwaren
5	Sanitätshaus Motz
7	Nudelmacher, Systemgastronomie
7	Nordsee, Systemgastronomie
9	Tchibo, Kaffee
9	Salamander, Schuhe
11	Interim
13	DM, Drogeriemarkt
13	Früchte Schäfter
15	Bäckerei Brehme
15	Metzgerei Ofiara
17	Stop Fashion
19-21	Fielmann, Optik
	Schwanen-Apotheke
23	City-Bankhaus Klein
23	Java Café
23	Metzgerei Speyerer

Löwenstraße

Karlsruhe

		Rangordnung der 84 Städte
Einwohner:	277.998	24
Besucheraufkommen 1994:	514.238 Übernachtungen	24
Kaufkraftkennziffer 1995 je Einwohner:	111,5	25
Umsatzkennziffer 1995 je Einwohner:	169,1	6
Anteil Textil (gesamte 1a-Lage): nach Anzahl der Betriebe	24,7 %	64
Anteil Schuhe (gesamte 1a-Lage): nach Anzahl der Betriebe	14,3 %	3
Filialisierungsgrad (gesamte 1a-Lage): nach Anzahl der Betriebe	54,5 %	59
Passantenzählung:	**3.477**	12
Standort:	Kaiserstraße 187 Kaiserstraße 112	
Zeit:	16.00 Uhr bis 17.00 Uhr	
Datum:	5. Mai 1995	
Wetter:	warm, wolkenloser Himmel	
Besonderheiten:	keine	
Länge der Straßenfronten 1a-Lage:	740 m	
Kemper's Kaufkraftpotential 1995: normierte Kaufkraftkennziffer x normierte Passantenzählung 100 = Durchschnitt der 84 Städte	**171,1**	11
Mietpreis 1a-Lage 1995 pro m²: Quelle: Kemper's Index	DM/m² 230,-- bei Neuvermietung	
Kemper's Ertragskennziffer 1995: Index des Kemper's Kaufkraft- potentials : Mietindex 100 = Durchschnitt der 84 Städte	**129,7**	12

Ansässige Einzelhandelsbetriebe 1a-Lage

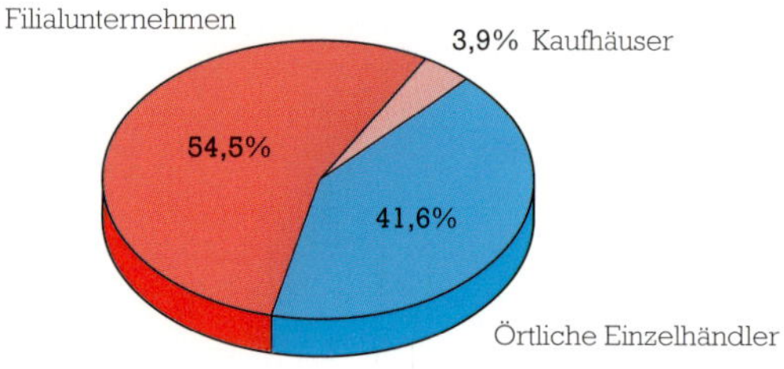

Branchenmix 1a-Lage

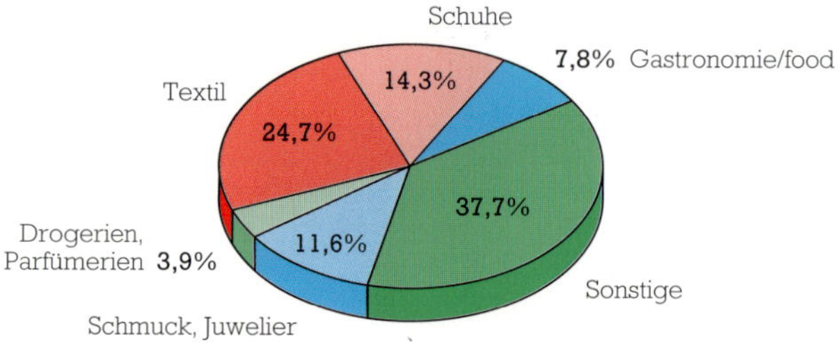

Weitere Makrodaten siehe KEMPER'S INDEX

Karlsruhe

1a-Lage: Kaiserstraße

Filialisierungsgrad: 54,5 %
Besonderheiten: Fahrstraße, großflächige Bebauung

Kaiserstraße
Länge der 1a-Lage: 480 m

Karl-Friedrich-Straße

Schuh Schneider	76
Zigarren Kohm	76
Juwelier Stephan	78
Friseur Fam	78
Internationale Apotheke	80
Eis Cortina	80a
Biba, DOB	80
Rolf Burkhard	82
Waltz, Schuh	82
Schlemmermeyer, Feinkost	82
Eckerle, HAKA	82a

Lammstraße

Peek & Cloppenburg, Bekleidungshaus	
Photo Porst	84
Deichmann, Schuhe	86
Siedlecki, Foto/Kino	88
Brameier, Modeschmuck	88
Deutsche Bank	

Ritterstraße

Hertie, Warenhaus	92-96
Runners Point, Sportartikel	98
Uhren Knapp	100
City Apotheke	102
Orient Teppiche Paul Schulz	
Villeroy + Boch	

Herrenstraße

Laura Ashley, DOB	104
Goldpfeil, Juwelier	104
Nicolas Scholz, junge HAKA	104
X-Large, young fashion	106
Pimkie, young fashion	108
Pizzeria	110
Zapata, young fashion	110
Brillen Knobloch	112
Zentral-Apotheke	112
NUR Touristik, Reisebüro	114
Juwelier Dieterle	114
Hut Nagel	116
Marion Schuhe	116
Hiller, HAKA	118
Mayer, Schuhe + Sport	120
Braun'sche Universitätsbuchhandlung	120
Herrenmoden Hiller	122

Waldstraße

Marktplatz

141	Restaurant/Confiserie Feller
141	Optik Bassmann
143	Moden Frey
145	Kosmetiksalon Borel
145	Juwelier Johann Kölmel
143	Offenbacher Ledermoden
	Hammer + Duttenhofer

Lammstraße

159	Karstadt, Warenhaus

Ritterstraße

161	Schuhhaus Danger
163	Gold Neumann
163	Store 163, young fashion
165	Juwelier Bertsch
165	Jean Pascale, young fashion
167	Hammer & Helbling, Hausr.
169	Douglas, Parfümerie
169-171	Salamander, Schuhe
173	Geschenkhaus Wohlschlegel
175	Musik Schlaile
177	Apollo, Optik
179	Jock, Juwelier
179a	Dielmann, Schuhe

Herrenstraße

181	Bally, Schuhe
183	Tchibo, Kaffee
185	Braunt Boutique
185	Roland, Schuhe
187	Photo Basar
187	Orsay, young fashion
189	André, Schuhe
191-193	Spatz Modeboutique
191	Douglas, Parfümerie
193	Betten Oertel
195-197	Woolworth, Kleinkaufhaus
195-197	Stadtbäckerei Neff
199	Buch Kaiser
199	Zero, young fashion
199	WMF, Haushaltswaren/ Porzellan
	Waltz, City-Schuhe

Waldstraße

Kassel

		Rangordnung der 84 Städte
Einwohner:	202.158	39
Besucheraufkommen 1994:	448.454 Übernachtungen	28
Kaufkraftkennziffer 1995 je Einwohner:	104,7	47
Umsatzkennziffer 1995 je Einwohner:	158,8	14
Anteil Textil (gesamte 1a-Lage): nach Anzahl der Betriebe	36,8 %	14
Anteil Schuhe (gesamte 1a-Lage): nach Anzahl der Betriebe	8,8 %	41
Filialisierungsgrad (gesamte 1a-Lage): nach Anzahl der Betriebe	56,1 %	59
Passantenzählung:	**1.940**	46
Standort:	Obere Königstraße 29	
Zeit:	16.00 Uhr bis 17.00 Uhr	
Datum:	5. Mai 1995	
Wetter:	warm, wolkenloser Himmel	
Besonderheiten:	keine	
Länge der Straßenfronten 1a-Lage:	460 m	
Kemper's Kaufkraftpotential 1995: normierte Kaufkraftkennziffer x normierte Passantenzählung 100 = Durchschnitt der 84 Städte	**89,6**	47
Mietpreis 1a-Lage 1995 pro m²: Quelle: Kemper's Index	DM/m² 200,-- bei Neuvermietung	
Kemper's Ertragskennziffer 1995: Index des Kemper's Kaufkraft- potentials : Mietindex 100 = Durchschnitt der 84 Städte	**78,1**	61

Ansässige Einzelhandelsbetriebe 1a-Lage

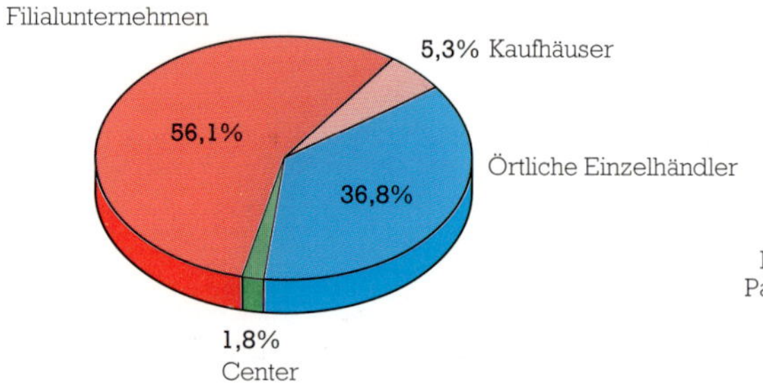

Branchenmix 1a-Lage

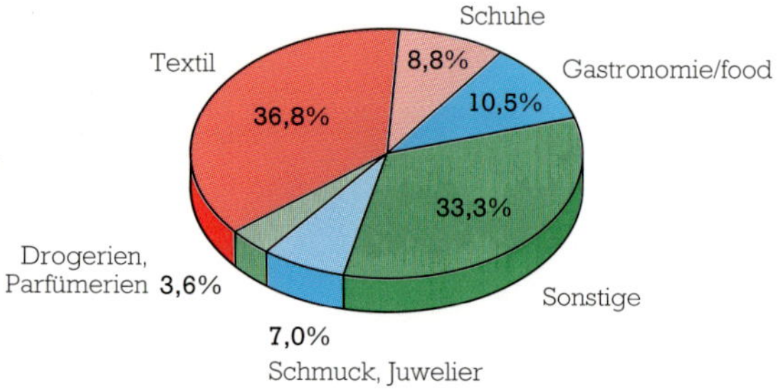

Weitere Makrodaten siehe KEMPER'S INDEX

Kassel

1a-Lage: Obere Königsstraße

Filialisierungsgrad: 56,1 %
Besonderheiten: sehr breit,
Straßenbahn mittig, Kaufhausmeile

Rathaus

Wilhelmsstraße

Leder Meid	10
Madra Schallplatten	12
Tendenza DOB	12
André, Schuhe	14
Schuhe Mengeroth	18
Pfannkuch, Regen-Mode	20
Heinsius & Sander Aussteuer	20
Orsay, young fashion	22
Grünenwald Bekleidung	22
Christ, Juwelier	22
Douglas, Parfümerie	24
Tchibo, Kaffee	26
Jersey Ilany, DOB	26
Hessen-Stube	28
Zigarren Schlunk	28
Marc's Chasalla, HAKA	28

Friedrichsplatz

Leffers, Bekleidungshaus	30
Bäckerei Viehmeier	30
WMF, Haushaltswaren/Porzellan	30
Royal Kino Passage	30
Der Herr, Bekleidung	30
Salamander, Schuhe	30
Voepel Bekleidung	32-34

Obere Königsstraße
Länge der 1a-Lage: 650 m

Wilhelmsstraße

23	Buchhandlung Freyschmidt
23	Douglas, Dessous
25	New Yorker, young fashion
27	Schuh Schäfer
29	Kaufhof, Warenhaus

Opernplatz

C & A
Bekleidungshaus

35	Hettlage, Bekleidungshaus
39	Königsgalerie
41	Café / Tee Hooss
41	A. Kühn, Juwelier
41	Nordsee, Systemgastronomie

Treppenstraße

43	Kaufhalle, Kleinkaufhaus
45	Nordsee, Systemgastronomie
45	Jeans Etage, young fashion
45	Montanus Aktuell, Bücher/Zeitschriften
45	Douglas, Parfümerie
47	Deichmann, Schuhe
47	Hermann Schmidt, Juwelier
47a	Betten Voepel
49	Strumpfhaus Wolff
49	Gold/Juwelen Range
51	Voepel, Herrenhaus
51	Lotto/Toto
53	Kino Kaskade-Bambi
	Most, Süßwaren

Königsplatz

Kiel

		Rangordnung der 84 Städte
Einwohner:	248.931	32
Besucheraufkommen 1994:	407.906 Übernachtungen	30
Kaufkraftkennziffer 1995 je Einwohner:	100,5	53
Umsatzkennziffer 1995 je Einwohner:	158,4	15
Anteil Textil (gesamte 1a-Lage): nach Anzahl der Betriebe	37,4 %	11
Anteil Schuhe (gesamte 1a-Lage): nach Anzahl der Betriebe	5,3 %	71
Filialisierungsgrad (gesamte 1a-Lage): nach Anzahl der Betriebe	64,0 %	28
Passantenzählung:	**2.492**	26
Standort:	Holstenstraße 51	
Zeit:	16.00 Uhr bis 17.00 Uhr	
Datum:	5. Mai 1995	
Wetter:	warm, wolkenloser Himmel	
Besonderheiten:	keine	
Länge der Straßenfronten 1a-Lage:	690 m	
Kemper's Kaufkraftpotential 1995: normierte Kaufkraftkennziffer x normierte Passantenzählung 100 = Durchschnitt der 84 Städte	**110,5**	25
Mietpreis 1a-Lage 1995 pro m²: Quelle: Kemper's Index	DM/m² 190,-- bei Neuvermietung	
Kemper's Ertragskennziffer 1995: Index des Kemper's Kaufkraft-potentials : Mietindex 100 = Durchschnitt der 84 Städte	**101,4**	40

Ansässige Einzelhandelsbetriebe 1a-Lage

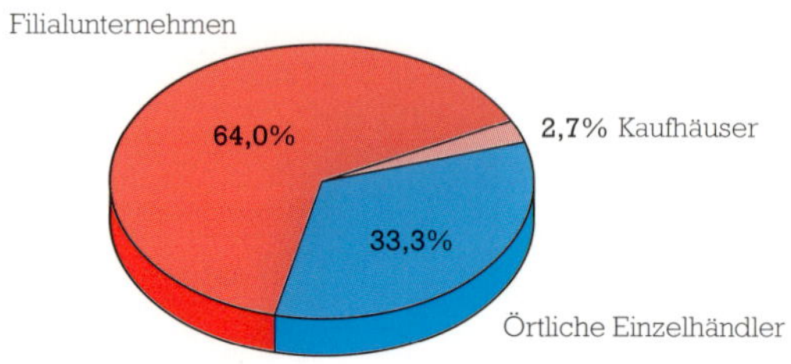

Branchenmix 1a-Lage

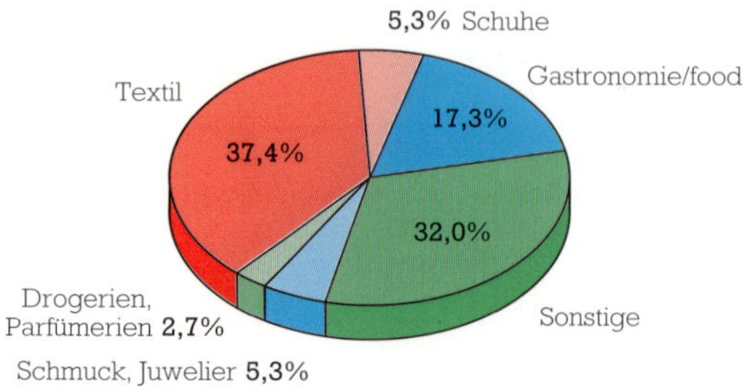

Weitere Makrodaten siehe KEMPER'S INDEX

Kiel

1a-Lage: Holstenstraße

Filialisierungsgrad: 64,0 %
Besonderheiten: Verlängerung der 1a-Lage durch Sophienhof

Holstenstraße
Länge der 1a-Lage: 450 m

Westseite (gerade Hausnummern)

Alter Markt

Reformhaus Hintz	
Rümmeli, Schuhe + Sport	2-12
Juwelier Weiss	
Co-op, Lebensmittel	14-16
Appelrath & Cüpper, Bekleidungshaus	18-20
Jeans & Blazer, young fashion	22
Eduscho, Kaffee	22
Orsay, young fashion	24
Douglas, Parfümerie	26

Faulstraße

Anson's, HAKA	28-32
Hettlage & Lampe, Bekleidungshaus	

Passage

Werdin, young fashion	
Bijou Brigitte, Modeschmuck	34
Thomsen, Tabakwaren	

Holstenbrücke

Ferdinand Meislahn, Textilkaufhaus	38-40
Nordsee, Systemgastronomie	42-44
Alte Rathausapotheke	42-44
Arko, Süßwaren	46-50
Dechau, Leder	52-54
Marc O'Polo, young fashion	52-54
News, young fashion	52-54
Rugenberger Bäckerei	56-58
W. Pfannkuch & Sohn, Goldschmiede	56-58
Commerzbank	62-64

Asmus-Bremer-Platz

Blohm, Mode für Männer	70-72
Kaiser's, Lebensmittel	74
Giesecke, Spielwaren	76
Schöps, Mode	78
Lipsius & Tischer, Buchhandlung	80
Modehaus Willer	80
Hohwü, Delikatessen	80
Jersey Ilany, DOB	
Arko, Kaffee	
Fahrenkrog, Reisebüro	84
Toscani, Eiscafé	86
Jung, Herrenausstatter	88-90
WMF, Haushaltswaren	88-90

Schevenbrücke

Ostseite (ungerade Hausnummern)

Alter Markt

1-11	Karstadt, Warenhaus
13-15	New Yorker, young fashion
13-15	Benetton, young fashion
13-15	Salamander, Schuhe
17	Hartung, Textilkaufhaus
19-27	Fielmann, Optik
19-27	J. Lange, Stadtbäckerei
19-27	Det Danske Kokken, Eis
19-27	Papierladen
19-27	Wöllner, DOB
19-27	Olymp & Hades, young fash.

Berliner Platz

37	Woolworth, Kleinkaufhaus
39	Benetton, young fashion
41	Pimkie, young fashion
43	Ruhnke, Augenoptik
43	Most, Süßwaren
45	Mahlberg, Juwelier
47	Boos, Schuhe
49	Johannsen, Kosmetik/Parf.
51	Zero, young fashion
53	Tchibo, Kaffee
53	Steiskal, Bäckerei
53	Otto Boenicke, Tabak/Gesch.

Hafenstraße

55-57	Karstadt, Sporthaus
59	Deichmann, Schuhe
61	Bonita, DOB
63	Foto Prien
63	New Yorker, young fashion
65	Karl Reese, Bürobedarf
67	NUR, Reisebüro
67	Spreckelsen, Intern. Mode
69-71	Happe Uhren
73	Aeskulap Apotheke
75	Sehestedter Backstube
77	Leemhuis, Lederwaren
79	Schuheck
79	Knudsen, Sporthaus

Schevenbrücke

Einkaufszentrum Sophienhof

Koblenz

		Rangordnung der 84 Städte
Einwohner:	109.807	73
Besucheraufkommen 1994:	397.818 Übernachtungen	33
Kaufkraftkennziffer 1995 je Einwohner:	113,1	20
Umsatzkennziffer 1995 je Einwohner:	196,7	2
Anteil Textil (gesamte 1a-Lage): nach Anzahl der Betriebe	27,7 %	53
Anteil Schuhe (gesamte 1a-Lage): nach Anzahl der Betriebe	14,9 %	2
Filialisierungsgrad (gesamte 1a-Lage): nach Anzahl der Betriebe	57,4 %	53
Passantenzählung:	**2.021**	41
Standort:	Löhrstraße 64	
Zeit:	16.00 Uhr bis 17.00 Uhr	
Datum:	5. Mai 1995	
Wetter:	warm, wolkenloser Himmel	
Besonderheiten:	keine	
Länge der Straßenfronten 1a-Lage:	200 m	
Kemper's Kaufkraftpotential 1995: normierte Kaufkraftkennziffer x normierte Passantenzählung 100 = Durchschnitt der 84 Städte	**100,8**	34
Mietpreis 1a-Lage 1995 pro m²: Quelle: Kemper's Index	DM/m² 190,-- bei Neuvermietung	
Kemper's Ertragskennziffer 1995: Index des Kemper's Kaufkraft-potentials : Mietindex 100 = Durchschnitt der 84 Städte	**92,5**	51

Ansässige Einzelhandelsbetriebe 1a-Lage

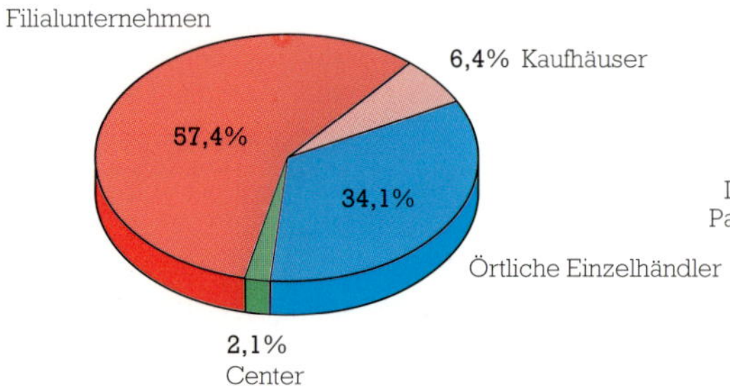

Branchenmix 1a-Lage

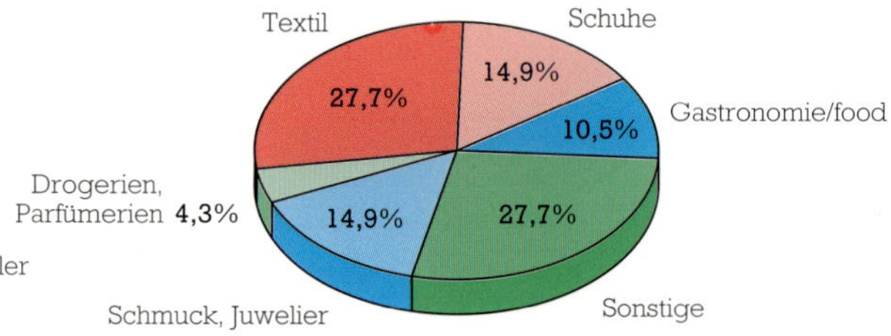

Weitere Makrodaten siehe KEMPER'S INDEX

Koblenz

1a-Lage: Löhrstraße

Filialisierungsgrad: 57,4 %
Besonderheiten: kurze 1a-Lage, gute Anpassung an ECE-Center

Löhrstraße
Länge 1a-Lage: 260 m

Linke Straßenseite

Am Wöllershof

Kaufhalle, Kleinkaufhaus	28-30
Keuser, Juwelier	32
Modega, Boutique	34
Flam, Boutique	38
Pollack, DOB	40
Eduscho, Kaffee	42-44
Lahr, Schuhmarkt	46
Hemmen, Bäckerei	50
Cockpit-Mode	52
Zero, young fashion	54a
Tchibo, Kaffee	54b
La Bamba, Jeans-Mode	54c
Strang Mode	56
WMF Riess, Haushaltswaren/Porzellan	58
Kirschhoffer + Körber, Juwelier	60
Wittges, DOB/HAKA	62
Bijou Collection, Modeschmuck	
André, Schuhe	64
Orsay, young fashion	64
Christ, Juwelier	
Der Lederspezialist	

Passage zum Löhr-Center

Deutsche Bank	66
Görres-Apotheke	66b
Apollo, Optik	66a
Roland, Schuhe	66
Pohland, HAKA	68
Optus, DOB	70
Krepele, Parfümerie	72
Hennes & Mauritz, young fashion	
Zoom, Foto	

Löhrrondell

Rechte Straßenseite

Pfuhlgasse

	Umbau
23	Woolworth, Kleinkaufhaus

Barbaragäßchen

31	Wingen's Eis
33	Augenoptik Weinkauf + Sohn
35	Nordsee, Systemgastronomie
41	Langhardt, Lederwaren
43	Salamander, Schuhe

Altlöhrtor

45	Gold Kraemer
47-49	Hörning
53	Schuhhaus Lahr
53	Studio L

Kleinschmittgäßchen

71	Juwelier Sauer
73	Deichmann, Schuhe
77	Wiener Feinbäckerei
77-85	Kaufhof, Warenhaus
87	S2, Gold-Silber
	Monopol-Modeschuhe

Schloßstraße

Köln

		Rangordnung der 84 Städte
Einwohner:	962.517	4
Besucheraufkommen 1994:	2.421.343 Übernachtungen	4
Kaufkraftkennziffer 1995 je Einwohner:	115,8	14
Umsatzkennziffer 1995 je Einwohner:	129,6	39
Anteil Textil (gesamte 1a-Lage): nach Anzahl der Betriebe	37,3 %	12
Anteil Schuhe (gesamte 1a-Lage): nach Anzahl der Betriebe	12,4 %	13
Filialisierungsgrad (gesamte 1a-Lage): nach Anzahl der Betriebe	88,1 %	1
Passantenzählung:	**4.355**	4
Standort:	Schildergasse 77-79 Schildergasse 84a	
Zeit:	16.00 Uhr bis 17.00 Uhr	
Datum:	5. Mai 1995	
Wetter:	warm, wolkenloser Himmel	
Besonderheiten:	keine	
Länge der Straßenfronten 1a-Lage:	1.370 m	
Kemper's Kaufkraftpotential 1995: normierte Kaufkraftkennziffer x normierte Passantenzählung 100 = Durchschnitt der 84 Städte	**222,5**	4
Mietpreis 1a-Lage 1995 pro m²: Quelle: Kemper's Index	DM/m² 350,-- bei Neuvermietung	
Kemper's Ertragskennziffer 1995: Index des Kemper's Kaufkraft-potentials : Mietindex 100 = Durchschnitt der 84 Städte	**110,8**	28

Ansässige Einzelhandelsbetriebe 1a-Lage

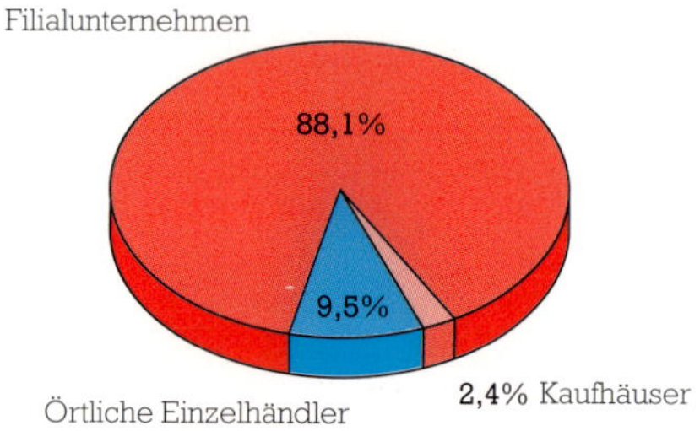

Branchenmix 1a-Lage

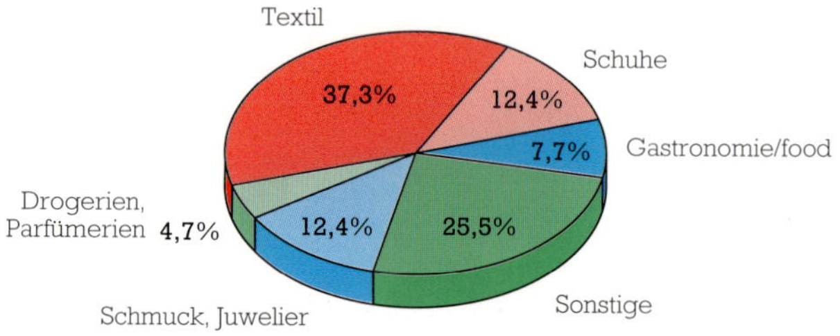

Weitere Makrodaten siehe KEMPER'S INDEX

Köln

1a-Lage: Schildergasse

Filialisierungsgrad: 96,6 %
Besonderheiten: Verbindung Hohe Straße und Neumarkt, sehr breit, großflächige Bebaung

Schildergasse
Länge der 1a-Lage: 700 m

Linke Straßenseite

Hohe Straße

Köln's, young fashion	2-4
Pfaff, Nähmaschinen	8-12
Daniels Blue	8-12
Stefanel, young fashion	14-16
Boecker, Bekleidungshaus	18-22
Waffel-Bäckerei	
Holstein & Düren, Porz.	24-30
H & M, young fashion	32-34

Ludwigstraße

Dyckhoff, Bekleidungshaus	38-42

Perlengäßchen

Juwelier Berghoff	44
Spielwaren Feldhaus	46-48
Zechbauer, HAKA	50
Böhmer, Schuhe	52
Galerie Trikolor	54
Langhardt, Lederwaren	56-58

Herzogstraße

C & A, Bekleidungshaus	60-70
Kämpgen, Schuhe	72
Raphael, Schuhe	74-76
Haita, Wäsche/Dessous	74-76
Wehmeyer, Bekleidungshaus	74-76
Heinz Simon Optiker	78-82
Bata, Schuhe	84
Foot Locker, Sportartikel	84a
Pro Mod, young fashion	84a

Kreuzgasse

Leder Adolf Nierhaus	86-88
Kämpgen, Schuhe	90
Stausberg, Metzgerei	92
Kaufhalle, Kleinkaufhaus	94-96
Kino Center	98
H & M, young fashion	98
Photo Porst	100
Gold Strube	102
Pizzeria Bella Italia	104
WMF, Porzellan/Haushaltsw.	106-108
Nordsee, Systemgastron.	110
Apollo, Optik	112
Quelle Technorama, Elektroartikel	114-118

Krebsgasse

Kämpgen, Schuhe	120

Rechte Straßenseite

Hohe Straße

1	Douglas, Parfümerie
	Kaufhaus Hansen

Gürzenich-Straße

	Kaufhof, Warenhaus

An St.Agatha

37	Ludwig Beck
39	Wehmeyer, Bekleidungshs.
41	Pimkie, young fashion
47	Böhmer, Schuhe
49	Pohland, HAKA
51	Wormland, HAKA
55	Jeans Palast
55a	Deichmann, Schuhe

Antoniter Kirche

61	Douglas, Parfümerie
65	Caesar's Auktionshaus

Antonsgasse

69	Goldkopf-Parfümerie
69	Goldkopf-Apotheke
69	Juwelier Linn
75	Jeans Palast, young fashion
77-79	Orsay, young fashion
81	Roland, Schuhe
83	Pizza Hut, Systemgastronomie
85-87	Juliane van Hees, DOB
89	Telekom
91	Gold Kraemer
93-101	Dyckhoff, Bekleidungshaus
101a	Tchibo, Kaffee
103	Café Riese
105	T. J. Ernst, Textil
105a	Vera Varelli
107	Sportbox Moden, Mode und Tracht
107	Weiss, Juwelier
111	Nordicsport
113-117	Robert Ley, HAKA

Neumarkt

Köln

1a-Lage: Hohe Straße

Filialisierungsgrad: 93,9 %
Besonderheiten: enge 1a-Lage, konsumig, kleinflächige Bebauung

Domkloster

2	4
Cartier, Juwelier	Dom-Hotel
Deutsche Bank	Hermès,
Louis Vuitton,	Haute Couturier
Haute Couturier	Gold Jansen
Douglas, Parfümerie	
8	Brameier, Modeschmuck
6	Kristall Passage
4	Bäckerei/Kaffeestube Merzenich
2	Ernst
2	Villeroy & Boch, Haushaltswaren/Porzellan

Wallrafplatz

3	1
Photo Porst	Briefmarken Henker
	Steffany Zigarren
	Hof Apotheke

Coast, young fashion	145
Haus der Geschenke	143
MCM, Lederwaren	141
Peter Voosen, Schuhe	139
Stahlwaren Matheisen	137
Steinbruch Textil	137
Tack, Schuhe	135
Stefanel, young fashion	133
Swatch, Uhren	133
Kaufhalle, Kleinkaufhaus	121-131

Am Hof

168-164	Esprit, young fashion	Stollwerck Haus
168-164	Only, young fashion	
168-164	Laura Ashley, DOB	
160	René-ferdin, Schuhe	
158	Beate Uhse, Sexshop	
156	Pariscop, young fashion	
154-152	H & M, young fashion	
154-152	Benetton, young fashion	
150-148	Manfield, Schuhe	
150-148	Dr. Bataille, Parfümerie	
146-144	Fantasy, young fashion	
142	Gold Kraemer	
140-138	Orsay, young fashion	

Minoritenstraße

BfG, Bank	117-119
Promod, young fashion	115b
Mey & Edlich, DOB/HAKA	115-115a
Bayerische Grillstube	113
Woolworth, Kleinkaufhaus	113
Douglas, Parfümerie	
Tjaereborg, Reisebüro	111
M & S Mode, DOB	111
Kettner, Trachtenmode	109
Jeans Treff, young fashion	105-107
Uhren Potschka	105-107
Bata, Schuhe	103
Eram, Schuhe	101a
Bally, Schuhe	101
Modehaus Görtz	93-99
Juwelier Karthaus & Koch	
J.H.Becker, Exkl. Bestecke	89-91

Große Budengasse

136	Raphael, Exquisite Schuhe
134d	Jersey Ilany, DOB
134c	Juwelier R & C Müller
134b	Burger King, Systemgastr.
134a	Body Shop, Kosmetik
134	WMF, Haushaltswaren
132	Leatherstore
	Kino Center
130	Bijou Brigitte, Modeschmuck
128	Gold Strube
126-124	Wormland, HAKA

Brückenstraße

Benetton, young fashion	85-87
Gold Schäfer	83
Kämpgen, Schuhhaus	81
Langhardt, Lederwaren	77-79
Cöln-Carrè, young fashion	73-75
Salamander, Schuhe	69-71

Salomonsgasse

120-122	Pizza-Hut, Systemgastron.
118	Sunny, young fashion
116	Yves Rocher, Kosmetik
114	Hölscher, Juwelier
112	Foot Locker, Sportartikel
110	Mac & Maggie, young fash.
108	Biba, DOB
104-106	André, Schuhe
100-102	Hallhuber, young fashion
98	Coast, young fashion
96	Juwelier Offezier
96	Binhold Gemälde

Perlenpfuhl

Juwelier Weiss	67
"Köln's", young fashion	65

Schildergasse

Obenmarspforten

94	Christ, Juwelier
94	Tie Rack, Krawatten
92	Herbert Stock, HAKA
90	Deichmann, Schuhe
88	Chewan, young fashion
84-86	International Sports
84-86	Mc Donald's, Systemgastron.
82-68	Nordsee, Systemgastronom.
	Zero, young fashion
	Gold + Silber
	JC. Jeans
	Gold Schäfer
	Mayer'sche Buchhandlung
82-68	Daniels Moden

Hohe Straße — Länge der 1a-Lage: 380 m

Krefeld

		Rangordnung der 84 Städte
Einwohner:	249.565	31
Besucheraufkommen 1994:	207.879 Übernachtungen	51
Kaufkraftkennziffer 1995 je Einwohner:	107,5	40
Umsatzkennziffer 1995 je Einwohner:	113,0	52
Anteil Textil (gesamte 1a-Lage): nach Anzahl der Betriebe	40,7 %	3
Anteil Schuhe (gesamte 1a-Lage): nach Anzahl der Betriebe	8,7 %	44
Filialisierungsgrad (gesamte 1a-Lage): nach Anzahl der Betriebe	73,3 %	11
Passantenzählung:	**2.309**	30
Standort:	Hochstraße 73	
Zeit:	16.00 Uhr bis 17.00 Uhr	
Datum:	5. Mai 1995	
Wetter:	warm, wolkenloser Himmel	
Besonderheiten:	AOK-Gesundheitstest in ca. 200 m Entfernung	
Länge der Straßenfronten 1a-Lage:	800 m	
Kemper's Kaufkraftpotential 1995: normierte Kaufkraftkennziffer x normierte Passantenzählung 100 = Durchschnitt der 84 Städte	**109,5**	26
Mietpreis 1a-Lage 1995 pro m²: Quelle: Kemper's Index	DM/m² 155,-- bei Neuvermietung	
Kemper's Ertragskennziffer 1995: Index des Kemper's Kaufkraft-potentials : Mietindex 100 = Durchschnitt der 84 Städte	**123,2**	15

Ansässige Einzelhandelsbetriebe 1a-Lage

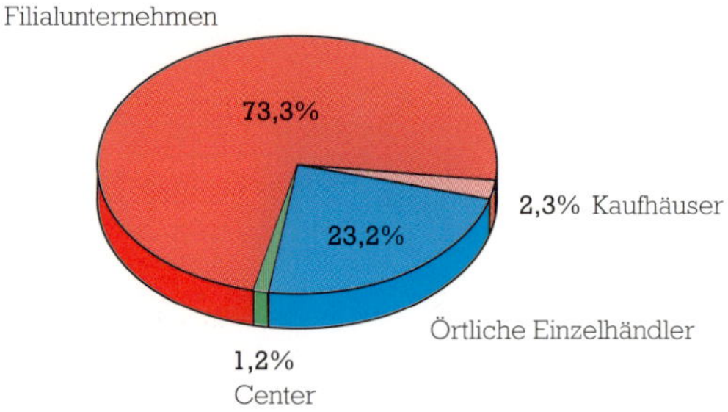

Branchenmix 1a-Lage

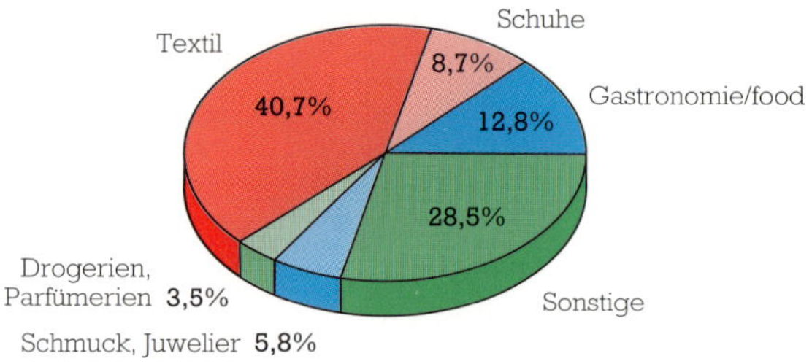

Weitere Makrodaten siehe KEMPER'S INDEX

Krefeld

1a-Lage: Hochstraße

Filialisierungsgrad: 73,3 %
Besonderheiten: teils enge, teils breite 1a-Lage, konsumig

Hochstraße – Länge der 1a-Lage: 500 m

Stephanstraße – Dreikönigenstraße

Linke Seite	Nr.
Eiscafé Wundertüte	29
Palm, Schuhe	31
Esposito, young fashion	33
NUR Touristik, Reisebüro	33
Jeunesse Moden	35
Stoff Müller	37
Simon Herrenmode	37
Pfaff, Nähmaschinen	39
Apollo, Optik	41
Umbau	41
Karstadt Sport	47

Nr.	Rechte Seite
30	Boutique Monic, DOB
30	Otto Boenicke, Tabak/Geschenke
32	City Foto
32	Hina Moden
34	NKD Mini-Preis (Interim)
34	Antiquitäten
36	Villeroy & Boch, Porzellan
38	Pellino, Ledermoden
40	Berufsbekleidung
42	Liberty Woman, DOB
42	Silversite
44	Fielmann, Optik
46	Anvil stores
48	O lala Geschenke
48	M & S Mode, DOB

Dreikönigenstraße – Neumarkt – Marktstraße

Linke Seite	Nr.
Bäckerei Verhey	49
Jersey Ilany, DOB	51
Kaufhalle, Kleinkaufhaus	51-55
Kaufhof, Warenhaus	

Nr.	Rechte Seite
50	Commerzbank
52	Greven Bücher
54	Etam 1 2 3
56	Werdin, young fashion
58	Adler-Apotheke
58	Vanity, young fashion
60	Deichmann, Schuhe
	Spielothek
2	Spinnrad
4	Pay Less, Schuhe
6	WMF, Porzellan

Neumarkt

Marktstraße – Ev. Kirchstraße

Linke Seite	Nr.
U Punkt Scholz, young fashion	61
Casserole, Systemgastronomie	51
E-Werk, young fashion	65
Andrea Anders, DOB	67
Bijou Brigitte, Modeschmuck	69
Stipi Blumen	71
Orsay, young fashion	73
Roland, Schuhe	77
That's me, young fashion	79
Ytos, young fashion	81
Nordsee, Systemgastronomie	83

Nr.	Rechte Seite
62	Schwalmtaler Backhaus
66	Lederwaren Lemm
	Quartelnstraße
68	Boecker, Bekleidungshaus

Ev. Kirchstraße – Angerhausenstraße / Schwanenmarkt

Linke Seite	Nr.
Tchibo, Kaffee	85
DM, Drogeriemarkt	87
Sinn, Bekleidungshaus	89-93
Douglas, Parfümerie	95
Sinn, Bekleidungshaus	97
Juwelier Christ	99
Esprit, young fashion	101

Nr.	Rechte Seite
84	Jeanshaus, young fashion
84	Bäckerei Rosellen
86	Co Co Moden
86	Buchhandlung Uhrig
88	Kammen, Juwelier
	Boecker, Bekleidungshaus

Angerhausenstraße / Schwanenmarkt – Rheinstraße

Linke Seite	Nr.
Biba, DOB	103
Schlemmermeyer, Feinkost	105
Benetton, young fashion	107
Jeans Fritz, young fashion	111
Langhardt, Lederwaren	113
Tack, Schuhe	115-117
Schuhhaus Kuckes	119-121
Görtz, Schuhe	123-125
Pohland, HAKA	127

Nr.	Rechte Seite
96	Mode Greve
102	Schirme Schnitzler
104	Rasierer Klapp / Umbau
108	Schwalmtaler Backhaus
110	Luego
112	Umbau / Eduscho, Kaffee
114	H & M, young fashion
	Poststraße
124	Parfümerie Herschner
126	Most, Süßwaren
128	Gold Kraemer, Uhren/Schmuck
130	Grüterich, Schuhe

Rheinstraße

Leipzig

		Rangordnung der 84 Städte
Einwohner:	490.851	14
Besucheraufkommen 1994:	867.284 Übernachtungen	15
Kaufkraftkennziffer 1995 je Einwohner:	83,3	73
Umsatzkennziffer 1995 je Einwohner:	80,8	82
Anteil Textil (gesamte 1a-Lage): nach Anzahl der Betriebe	18,7 %	77
Anteil Schuhe (gesamte 1a-Lage): nach Anzahl der Betriebe	12,5 %	10
Filialisierungsgrad (gesamte 1a-Lage): nach Anzahl der Betriebe	78,1 %	6
Passantenzählung:	**1.925**	48
Standort:	Peterstraße 22 Peterstraße 15	
Zeit:	16.00 Uhr bis 17.00 Uhr	
Datum:	5. Mai 1995	
Wetter:	warm, wolkenloser Himmel	
Besonderheiten:	keine	
Länge der Straßenfronten 1a-Lage:	500 m	
Kemper's Kaufkraftpotential 1995: normierte Kaufkraftkennziffer x normierte Passantenzählung 100 = Durchschnitt der 84 Städte	**70,7**	58
Mietpreis 1a-Lage 1995 pro m²: Quelle: Kemper's Index	DM/m² 210,-- bei Neuvermietung	
Kemper's Ertragskennziffer 1995: Index des Kemper's Kaufkraft-potentials : Mietindex 100 = Durchschnitt der 84 Städte	**58,7**	76

Ansässige Einzelhandelsbetriebe 1a-Lage

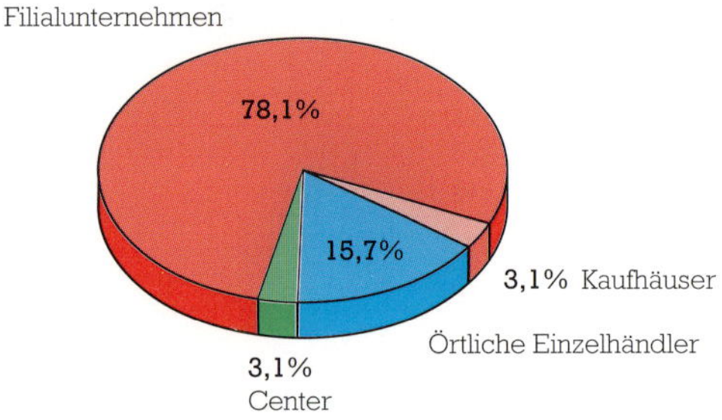

Branchenmix 1a-Lage

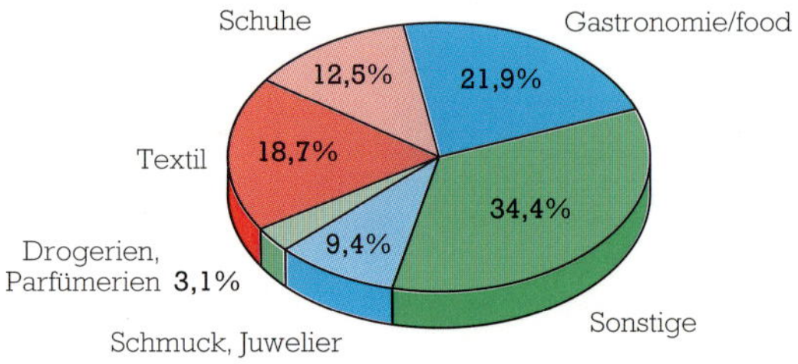

Weitere Makrodaten siehe KEMPER'S INDEX

Leipzig

1a-Lage: Petersstraße

Filialisierungsgrad: 78,1 %
Besonderheiten: stark frequentierte Fußgängerzone, konsumig, Messehäuser + Einkaufspassagen, guter Kauf- und Warenhausbesatz

Petersstraße
Länge der 1a-Lage: 360 m

Linke Straßenseite

Schillerstraße

Landeszentralbank	43
Arko, Kaffee	43

Peters Kirchhof

Wiener Café	39-41
Zero, young fashion	39-41
Nordsee, Systemgastronomie	39-41
Fashion Point	39-41
Karstadt, Warenhaus mit Karstadt-Bücher Karstadt-Optik	25-37

Preußergäßchen

Messehof mit: P & C, Bekleidungshaus	15

Messehof-Passage

Brillant, Juwelier	15
Juwelier Weiss	15

Mädler-Passage

Douglas, Parfümerie
Blume 2000
Nordsee, Systemgastronomie
Nudelmacher, Systemgastronomie
Zwiebelchen, Café
Bijou Brigitte, Modeschmuck
Apollo Optik
Deutsche Bank

Grimmaische Straße

Rechte Straßenseite

Markgrafenstraße

C & A, Bekleidungshaus

Schloßgasse

48	Umbau
46	Backhäusle

32-34	Görtz, Schuhe
30	André, Schuhe
28	Jean-Paul-Haus
28	Breuninger, Bekleidungshaus
26	Schletter/Concentralhaus
26	Textilien, Interim

Sporergasse

24	Deichmann, Schuhe
22	Orsay, young fashion
20	Petershof mit: Tchibo, Kaffee; Capitol, Kino; Kohlert, Tabak; Woman, DOB
18	Pimkie, young fashion
16	Salamander, Schuhe

Thomasgasse

Leverkusen

		Rangordnung der 84 Städte
Einwohner:	161.761	49
Besucheraufkommen 1994:	118.696 Übernachtungen	71
Kaufkraftkennziffer 1995 je Einwohner:	118	11
Umsatzkennziffer 1995 je Einwohner:	106,3	57
Anteil Textil (gesamte 1a-Lage): nach Anzahl der Betriebe	34 %	21
Anteil Schuhe (gesamte 1a-Lage): nach Anzahl der Betriebe	6,4 %	60
Filialisierungsgrad (gesamte 1a-Lage): nach Anzahl der Betriebe	47 %	74
Passantenzählung:	**1.836**	49
Standort:	Wiesdorfer Platz 19	
Zeit:	16.00 Uhr bis 17.00 Uhr	
Datum:	5. Mai 1995	
Wetter:	warm, wolkenloser Himmel	
Besonderheiten:	keine	
Länge der Straßenfronten 1a-Lage:	400 m	
Kemper's Kaufkraftpotential 1995: normierte Kaufkraftkennziffer x normierte Passantenzählung 100 = Durchschnitt der 84 Städte	**95,6**	41
Mietpreis 1a-Lage 1995 pro m²: Quelle: Kemper's Index	DM/m² 80,-- bei Neuvermietung	
Kemper's Ertragskennziffer 1995: Index des Kemper's Kaufkraft-potentials : Mietindex 100 = Durchschnitt der 84 Städte	**208,3**	3

Ansässige Einzelhandelsbetriebe 1a-Lage

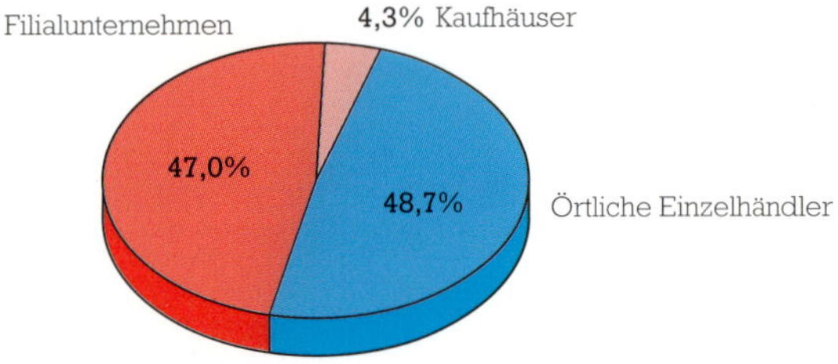

Branchenmix 1a-Lage

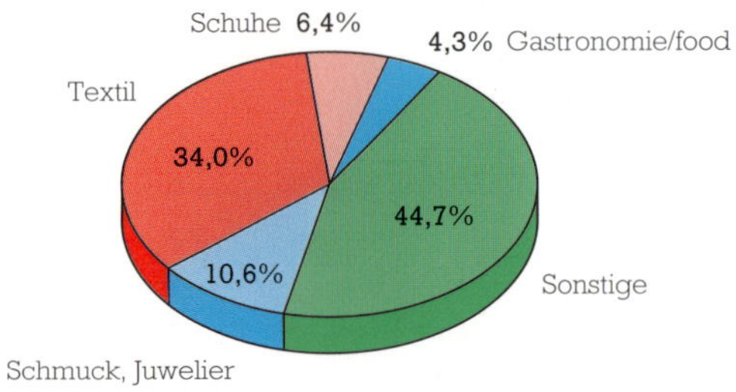

Weitere Makrodaten siehe KEMPER'S INDEX

Leverkusen

Filialisierungsgrad: 47,0 %

1a-Lage: Wiesdorfer Platz

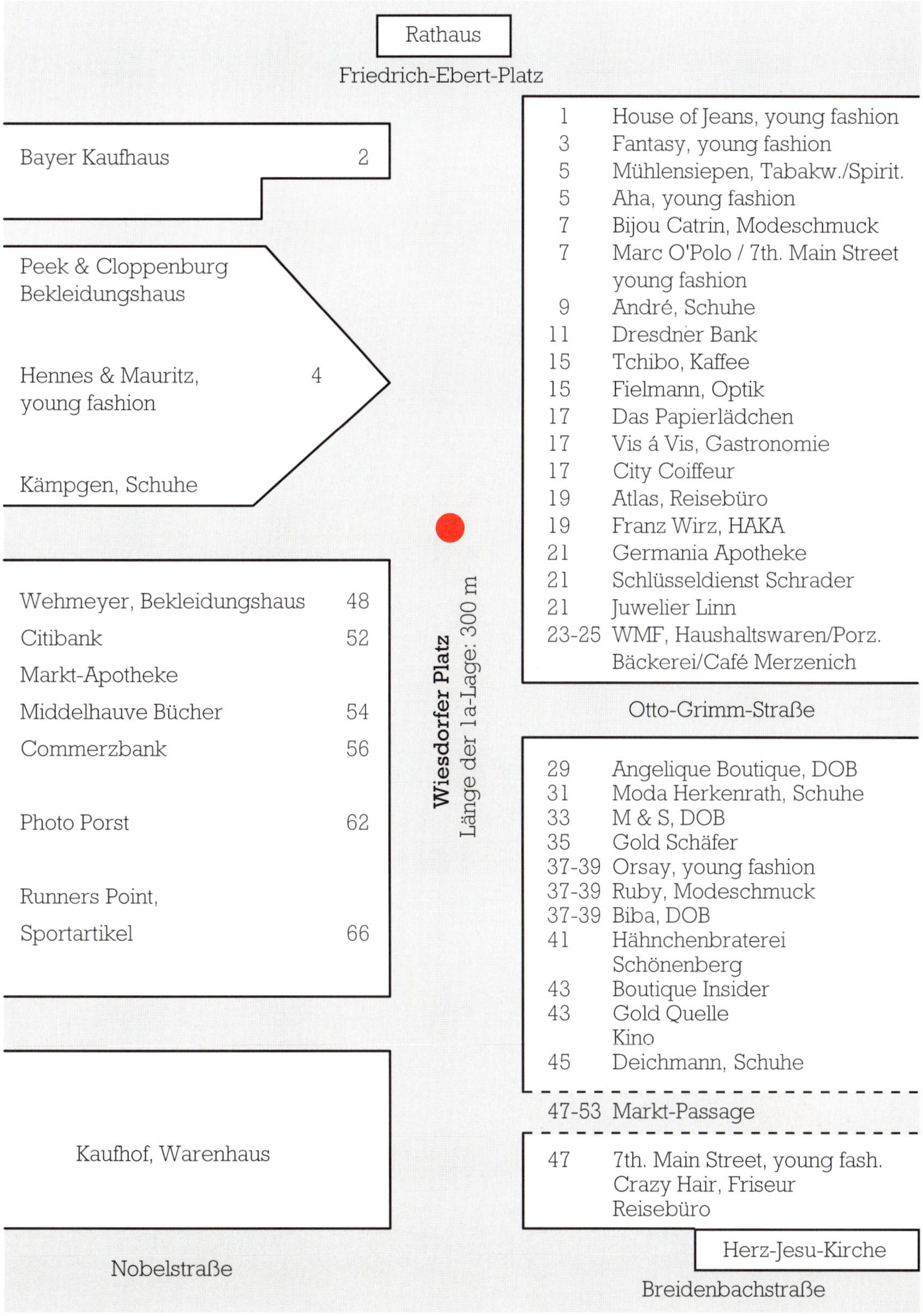
Rathaus
Friedrich-Ebert-Platz
Bayer Kaufhaus 2
Peek & Cloppenburg Bekleidungshaus
Hennes & Mauritz, young fashion 4
Kämpgen, Schuhe
Wehmeyer, Bekleidungshaus 48
Citibank 52
Markt-Apotheke
Middelhauve Bücher 54
Commerzbank 56
Photo Porst 62
Runners Point, Sportartikel 66
Kaufhof, Warenhaus
Nobelstraße
Wiesdorfer Platz
Länge der 1a-Lage: 300 m
1 House of Jeans, young fashion
3 Fantasy, young fashion
5 Mühlensiepen, Tabakw./Spirit.
5 Aha, young fashion
7 Bijou Catrin, Modeschmuck
7 Marc O'Polo / 7th. Main Street young fashion
9 André, Schuhe
11 Dresdner Bank
15 Tchibo, Kaffee
15 Fielmann, Optik
17 Das Papierlädchen
17 Vis á Vis, Gastronomie
17 City Coiffeur
19 Atlas, Reisebüro
19 Franz Wirz, HAKA
21 Germania Apotheke
21 Schlüsseldienst Schrader
21 Juwelier Linn
23-25 WMF, Haushaltswaren/Porz.
Bäckerei/Café Merzenich
Otto-Grimm-Straße
29 Angelique Boutique, DOB
31 Moda Herkenrath, Schuhe
33 M & S, DOB
35 Gold Schäfer
37-39 Orsay, young fashion
37-39 Ruby, Modeschmuck
37-39 Biba, DOB
41 Hähnchenbraterei Schönenberg
43 Boutique Insider
43 Gold Quelle
Kino
45 Deichmann, Schuhe
47-53 Markt-Passage
47 7th. Main Street, young fash.
Crazy Hair, Friseur
Reisebüro
Herz-Jesu-Kirche
Breidenbachstraße

Ludwigshafen

		Rangordnung der 84 Städte
Einwohner:	168.130	46
Besucheraufkommen 1994:	183.431 Übernachtungen	54
Kaufkraftkennziffer 1995 je Einwohner:	109,6	32
Umsatzkennziffer 1995 je Einwohner:	106,2	58
Anteil Textil (gesamte 1a-Lage): nach Anzahl der Betriebe	19,4 %	75
Anteil Schuhe (gesamte 1a-Lage): nach Anzahl der Betriebe	4,5 %	76
Filialisierungsgrad (gesamte 1a-Lage): nach Anzahl der Betriebe	41,8 %	79
Passantenzählung:	**1.382**	64
Standort:	Bismarckstraße 63	
Zeit:	16.00 Uhr bis 17.00 Uhr	
Datum:	5. Mai 1995	
Wetter:	warm, wolkenloser Himmel	
Besonderheiten:	Fußgängerampel	
Länge der Straßenfronten 1a-Lage:	630 m	
Kemper's Kaufkraftpotential 1995: normierte Kaufkraftkennziffer x normierte Passantenzählung 100 = Durchschnitt der 84 Städte	**66,8**	61
Mietpreis 1a-Lage 1995 pro m²: Quelle: Kemper's Index	DM/m² 100,-- bei Neuvermietung	
Kemper's Ertragskennziffer 1995: Index des Kemper's Kaufkraft-potentials : Mietindex 100 = Durchschnitt der 84 Städte	**116,5**	21

Ansässige Einzelhandelsbetriebe 1a-Lage

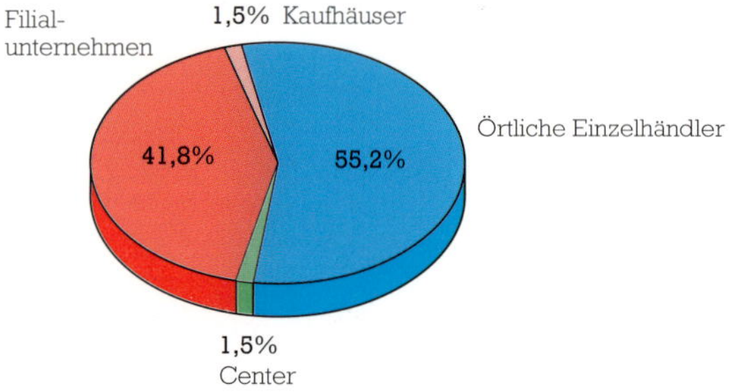

Branchenmix 1a-Lage

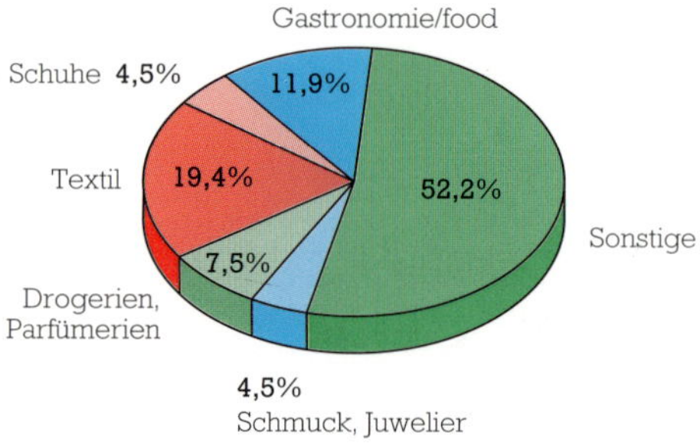

Weitere Makrodaten siehe KEMPER'S INDEX

Ludwigshafen

1a-Lage: Bismarckstraße

Filialisierungsgrad: 41,8 %
Besonderheiten: breite und lange Fußgängerzone, ECE-Center direkt angebunden

Bismarckstraße
Länge der 1a-Lage: 390 m

Linke Straßenseite

Ihr Platz, Drogerie	70
Yaska, Parfümerie	70
Passage	
Bürgerbräu, Gastronomie	74
Telekom	76
Bäckerei Ehrmann	76
Deichmann, Schuhe	78
Eiscafé Rizelli	84
Bilder Point (Foto Quelle)	84
Hallenbach Schuhe	86
Burger King, Systemgastronomie	88
Commerzbank	
Bahnhofstraße	
Papeterie Baldauf	90
Bismarck-Apotheke	92
Maurmann, Uhren/Schmuck	94
Interim	96
Buchhandlung Hofmann	98
Die Damenhose	100
Parfümland	
A O K	102
Renner, Zigarren	104
Betten Ertel	104
Friedel, HAKA	106
Spinnrad, Drogerie	106
Peach	106
Umbau	108
Bergboldpassage	
Neubau	112
NUR, Reisebüro	114
Parfümwelt	114
Energieberatung	116
Henkels Zwilling	118
TUI, Reisebüro	118
Spar- und Darlehenskasse	120
Umbau	122
Teutsch Technikland	124

Rechte Straßenseite

	Amtsstraße
53	Stadtbäckerei Bloemecke
53	Holland Blumenwinkel
55	Umbau
55	Photo Porst
57	OK Foto
57	Zeitschriften
57	Uhren/Schmuck Dathe
59	Jersey Ilany, DOB
59	Eduscho, Kaffee
61	Fruit of the loom, young fashion
61	Schuhreparaturen Holzinger
61	Singer, Nähmaschinen
61	Box, Geschenkartikel
63	Horten, Warenhaus
	Bahnhofstraße
71	Buch Kober
	Markthalle Bismarckzentrum
71	Indigo Jeans
	Fantastico
73	Pfaff Nähzentrum
73	Zigarren Hesser
75	Brillen Mayscheider
77	Tchibo, Kaffee
79	Die süße Quelle
79	Gundlach Uhren
81	Reisebüro Blum
81	Look Optik
81	Blumen Brokmeier
83	M & S Moden, DOB
	Schulstraße
	Grillstube + Metzgerei Wiesinger
85	Jeans & Classic Boutique
85	Rubin, Modeschmuck
87	Bonita, DOB
89	Abele, Optik
91	Cotton Line
	Post

Rathausplatz

Lübeck

		Rangordnung der 84 Städte
Einwohner:	217.269	36
Besucheraufkommen 1994:	822.498 Übernachtungen	16
Kaufkraftkennziffer 1995 je Einwohner:	99,4	59
Umsatzkennziffer 1995 je Einwohner:	139,7	27
Anteil Textil (gesamte 1a-Lage): nach Anzahl der Betriebe	22,0 %	70
Anteil Schuhe (gesamte 1a-Lage): nach Anzahl der Betriebe	6,0 %	64
Filialisierungsgrad (gesamte 1a-Lage): nach Anzahl der Betriebe	62,0 %	36
Passantenzählung:	**2.805**	18
Standort:	Breite Straße 73	
Zeit:	16.00 Uhr bis 17.00 Uhr	
Datum:	5. Mai 1995	
Wetter:	warm, wolkenloser Himmel	
Besonderheiten:	Stadt- und Straßenfest am Rathausmarkt	
Länge der Straßenfronten 1a-Lage:	620 m	
Kemper's Kaufkraftpotential 1995: normierte Kaufkraftkennziffer x normierte Passantenzählung 100 = Durchschnitt der 84 Städte	**123,0**	20
Mietpreis 1a-Lage 1995 pro m²: Quelle: Kemper's Index	DM/m² 175,-- bei Neuvermietung	
Kemper's Ertragskennziffer 1995: Index des Kemper's Kaufkraft-potentials : Mietindex 100 = Durchschnitt der 84 Städte	**122,6**	16

Ansässige Einzelhandelsbetriebe 1a-Lage

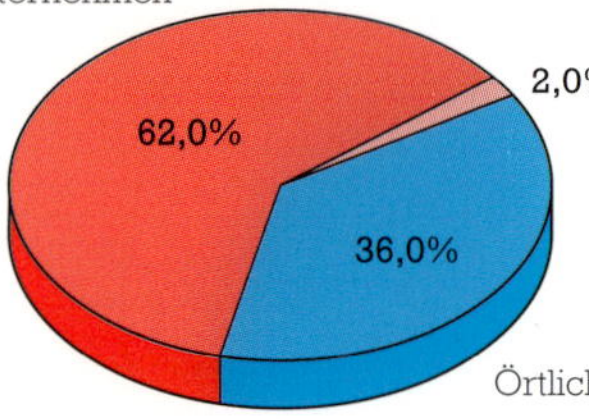

Branchenmix 1a-Lage

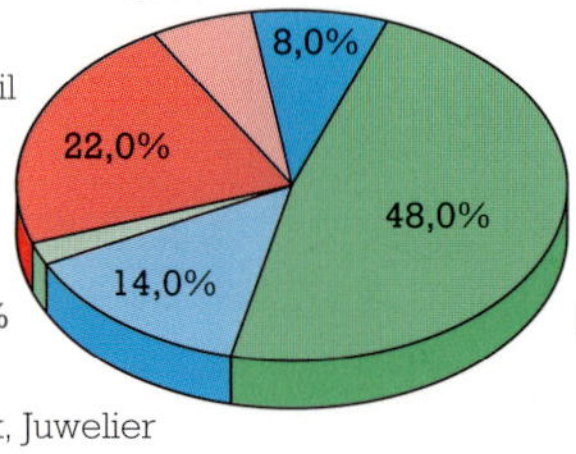

Weitere Makrodaten siehe KEMPER'S INDEX

Lübeck

1a-Lage: Breite Straße

Filialisierungsgrad: 62,0 %
Besonderheiten: kurze Fußgängerzone, Verbindung zwischen Kohlmarkt und Altstadt

Breite Straße
Länge 1a-Lage: 360 m

Beckergrube

Landesbank	36-40
Kewitz, Mode	42
Quelle Technorama, Elektroartikel	44-46
Mellmann, Geschenkartikel/Porzellan	48
Schuheck	48a
Deichmann, Schuhe	52
Commerzbank	54
Uhren Peschlow	56
E. von Lingelsheim, Bücher	56
Optik Biemann	56
Montanus, Bücher/Zeitschr.	58
Runners Point, Sportartikel	60
Gold Sack, Juwelier	60a

Mengstraße

Marienkirche

Marienkirchhof

Bürgerinformationszentrum der Stadt Lübeck

Rathaus

Markt

Apfelsinchen	66
Christ, Juwelier	66
Helling, Juwelier	68
Schlemmermeyer, Feinkost	68
Intersport Corner, Sportartikel	72

Kohlmarkt

Pfaffenstraße

25	Mc Donald's, Systemgastronomie
27	Hörgeräte Hermanns
27	Blumenhaus Hagge
29	Robert Musikhaus
31	Porzellan Berg
33	Umbau
35	Umbau
37	Meyer-Schuchardt, Lederkl.
37	Offenbacher Lederwaren
39-41	Woolworth, Kleinkaufhaus
45	Fielmann, Optik
	Holographie-Museum
47	Warter, Radio/Elktroartikel
51	Warter, Spielwaren
53	Warter, Bürotechnik
55	Photo Video Dose
55	Zaphir, Schmuck

Dr.-Julius-Leber-Straße

57-61	Neubau

Schrangen

63	Wolsdorff, Tabakwaren
65	Carl Buchwald, Juwelier
67-69	Anni Friede Mode
71	Adler-Apotheke

Fleischhauerstraße

73	Orsay, young fashion
75	Zero, young fashion
77	Umbau, demnächst Zero
79	Schallplatten-Pressezentrum
81	New Yorker, young fashion
81	Most, Süßwaren
83-87	Dresdner Bank

Hüxstraße

89	Niederegger, Café
91	Beutin Mode
93	Salamander, Schuhe
95-97	Douglas, Parfümerie
95-97	Juwelier Weiss
95-97	Replay Country Store, young fashion
	Haerder Mode

Wahmstraße

Magdeburg

		Rangordnung der 84 Städte
Einwohner:	271.416	25
Besucheraufkommen 1994:	261.250 Übernachtungen	41
Kaufkraftkennziffer 1995 je Einwohner:	79,8	76
Umsatzkennziffer 1995 je Einwohner:	81,0	81
Anteil Textil (gesamte 1a-Lage): nach Anzahl der Betriebe	16,2 %	82
Anteil Schuhe (gesamte 1a-Lage): nach Anzahl der Betriebe	12,9 %	8
Filialisierungsgrad (gesamte 1a-Lage): nach Anzahl der Betriebe	64,5 %	27
Passantenzählung:	**908**	74
Standort:	Breiter Weg 25-26 Breiter Weg 128	
Zeit:	16.00 Uhr bis 17.00 Uhr	
Datum:	5. Mai 1995	
Wetter:	warm, wolkenloser Himmel	
Besonderheiten:	keine	
Länge der Straßenfronten 1a-Lage:	790 m	
Kemper's Kaufkraftpotential 1995: normierte Kaufkraftkennziffer x normierte Passantenzählung 100 = Durchschnitt der 84 Städte	**32,0**	78
Mietpreis 1a-Lage 1995 pro m²: Quelle: Kemper's Index	DM/m² 120,-- bei Neuvermietung	
Kemper's Ertragskennziffer 1995: Index des Kemper's Kaufkraft-potentials : Mietindex 100 = Durchschnitt der 84 Städte	**46,4**	79

Ansässige Einzelhandelsbetriebe 1a-Lage

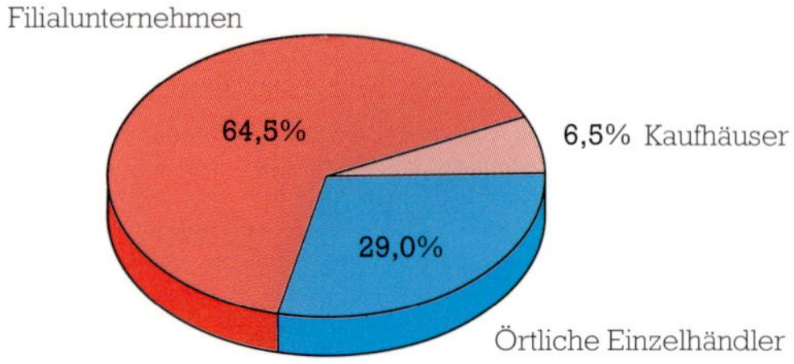

Branchenmix 1a-Lage

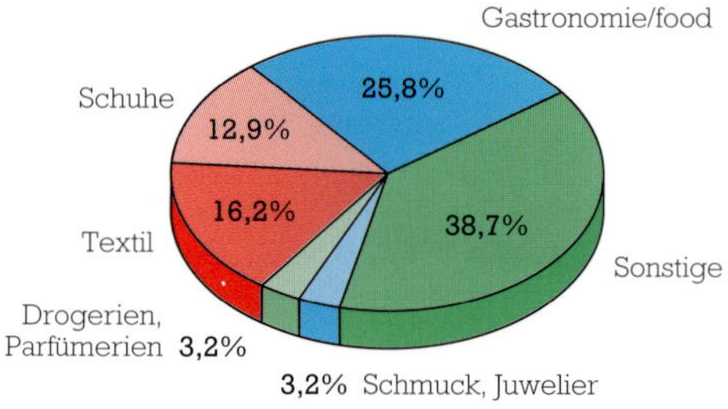

Weitere Makrodaten siehe KEMPER'S INDEX

Magdeburg

1a-Lage: Breiter Weg

Filialisierungsgrad: 64,5 %
Besonderheiten:
großflächige Bebauung

Am Krökentor

Men's Fashion	111-112
Bäckerei Teichgräber	113
Der Schuhcontainer	113
Aurel, Parfümerie	114
Christ, Juwelier	114
Der Stadtbäcker	114
Spar, Lebensmittel	115-117
Nordsee, Systemgastronomie	118
TUI, Reisebüro	119
Lady Fashion	120-121
Liberty Woman, DOB	122
Salamander, Schuhe	122
Jaeger-Mirow, Jagdmode	123-125
Schuhhof	123-125
Kaufcenter, Kleinkaufhaus	126

Julius-Bremer-Straße

Karstadt, Warenhaus	128
Bankhaus Löbbecke & Co.	128

Wilhelm-Pieck-Allee

Breiter Weg — Länge der 1a-Lage: 580 m

Große Steinernetischstraße

32-37	Hypobank
32-37	Leiser, Schuhe
32-37	NUR, Reisebüro
32-37	Papenbreer, HAKA
32-37	SML-Aktionsshop
31	Kultusministerium
30a	Universitätsbuchhandlung
27	Spar, Lebensmittel

Julius-Bremer-Straße

25-26	WMF, Haushaltswaren/Porzellan
25-26	Fleggaard-Elektro
23	Döner Kebap, Imbiß
21	Lesefieber, Buchhandlung
22	Magdeburger Blumen
21	Café Flair
20	WOM, Tonträger
20	Mc Donald's, Systemgastronomie

Wilhelm-Pieck-Allee

Mainz

		Rangordnung der 84 Städte
Einwohner:	185.487	42
Besucheraufkommen 1994:	600.212 Übernachtungen	22
Kaufkraftkennziffer 1995 je Einwohner:	124,6	5
Umsatzkennziffer 1995 je Einwohner:	138,5	28
Anteil Textil (gesamte 1a-Lage): nach Anzahl der Betriebe	36,3 %	15
Anteil Schuhe (gesamte 1a-Lage): nach Anzahl der Betriebe	5,5 %	70
Filialisierungsgrad (gesamte 1a-Lage): nach Anzahl der Betriebe	62,6 %	34
Passantenzählung:	**1.265**	66
Standort:	Am Brand 16	
Zeit:	16.00 Uhr bis 17.00 Uhr	
Datum:	5. Mai 1995	
Wetter:	warm, wolkenloser Himmel	
Besonderheiten:	keine	
Länge der Straßenfronten 1a-Lage:	900 m	
Kemper's Kaufkraftpotential 1995: normierte Kaufkraftkennziffer x normierte Passantenzählung 100 = Durchschnitt der 84 Städte	**69,5**	59
Mietpreis 1a-Lage 1995 pro m²: Quelle: Kemper's Index	DM/m² 185,-- bei Neuvermietung	
Kemper's Ertragskennziffer 1995: Index des Kemper's Kaufkraft- potentials : Mietindex 100 = Durchschnitt der 84 Städte	**65,5**	70

Ansässige Einzelhandelsbetriebe 1a-Lage

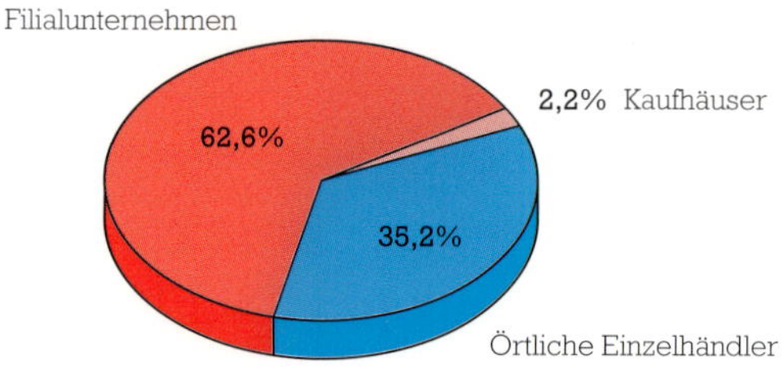

Branchenmix 1a-Lage

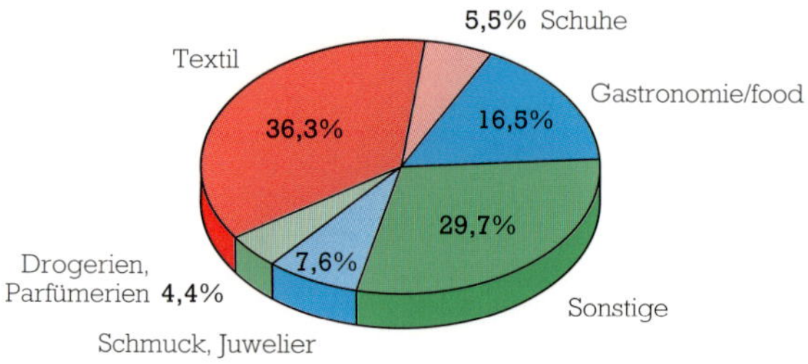

Weitere Makrodaten siehe KEMPER'S INDEX

Mainz

1a-Lage: Am Brand

Filialisierungsgrad: 66,7 %
Besonderheiten: Fußgängerzone
mit Centercharakter

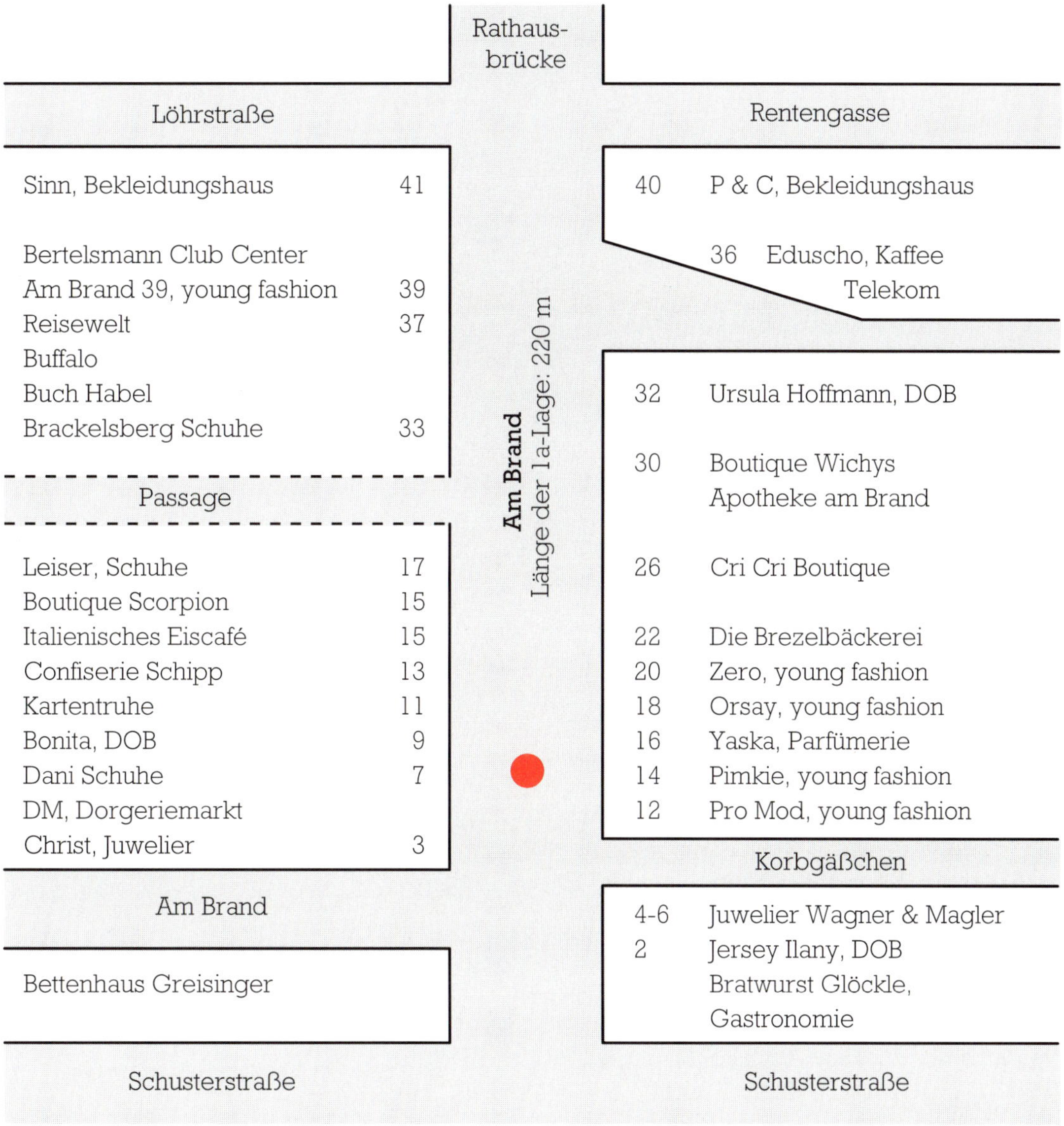

Mainz

1a-Lage: Schusterstraße

Filialisierungsgrad: 62,1 %
Besonderheiten: durch Fahrstraße von Stadthausstraße getrennt, schmal

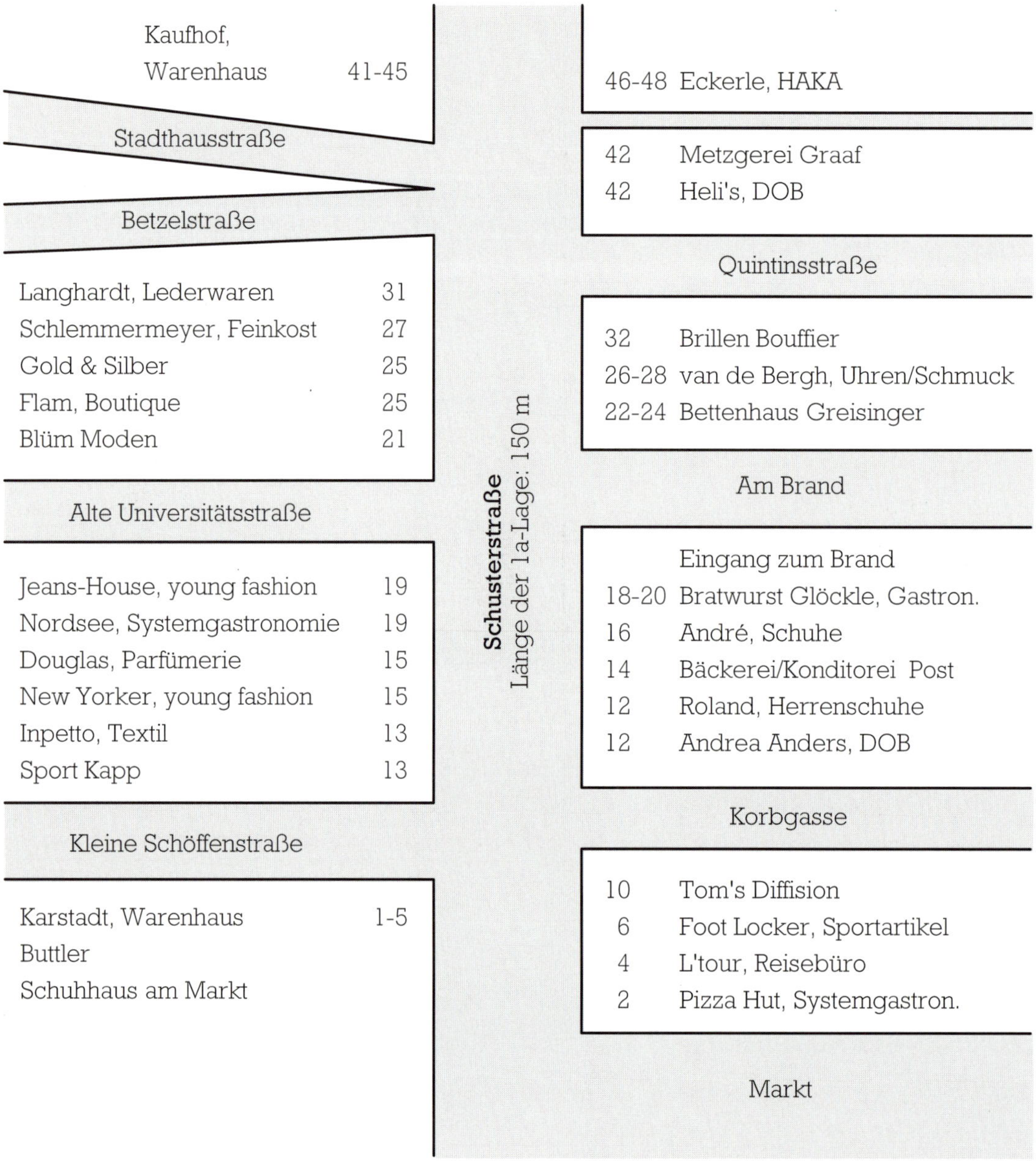

Mainz

1a-Lage: Stadthausstraße

Filialisierungsgrad: 65,5 %
Besonderheiten: durch Fahrstraße von Schusterstraße getrennt

Stadthausstraße
Länge der 1a-Lage: 290 m

Schusterstraße

- Parfümerie Fabiani
- Kaufhof, Warenhaus
- Shirt Shop
- Wiener Feinbäckerei

Stadionerhofstraße

Drogerie Ackermann	17
Brillen Volk	17
Apollo Optik	15
Biba, DOB	15
Umbau	13
Susi, Süßwaren	13
Fink, Sportartikel	
Stenner, Porz./Haushaltsw.	9
Bijou Brigitte, Modeschmuck	7
Trauringe Häusler	5
Atlas, Reisen	1
Scheherazade, Gastronomie	1b
Fielmann, Optik	

Emmeransstraße

- Leysieffer, Süßwaren
- Langhardt, Lederwaren

Alte Universitätsstraße

	Photohaus Besier
18-20	Benetton, young fashion
	Modos, young fashion
16	Tchibo, Kaffee
16	Uhren Weiss, Juwelier

Sonnengäßchen

14	Mohr, HAKA
14	Harling, HAKA
12	Pfaff, Nähzentrum
10	Douglas, Parfümerie
8	Sanitätshaus Frohnhäuser
6	Mainz Carré

Emmeransstraße

Mannheim

		Rangordnung der 84 Städte
Einwohner:	318.025	19
Besucheraufkommen 1994:	507.696 Übernachtungen	25
Kaufkraftkennziffer 1995 je Einwohner:	104,1	49
Umsatzkennziffer 1995 je Einwohner:	145,7	25
Anteil Textil (gesamte 1a-Lage): nach Anzahl der Betriebe	28,9 %	46
Anteil Schuhe (gesamte 1a-Lage): nach Anzahl der Betriebe	10,4 %	27
Filialisierungsgrad (gesamte 1a-Lage): nach Anzahl der Betriebe	63,7 %	29
Passantenzählung:	**2.153**	35
Standort:	Planken P 5, 15 Planken O 5, 1	
Zeit:	16.00 Uhr bis 17.00 Uhr	
Datum:	5. Mai 1995	
Wetter:	warm, wolkenloser Himmel	
Besonderheiten:	Maimarkt, jedoch außerhalb der Stadt	
Länge der Straßenfronten 1a-Lage:	1.340 m	
Kemper's Kaufkraftpotential 1995: normierte Kaufkraftkennziffer x normierte Passantenzählung 100 = Durchschnitt der 84 Städte	**98,9**	35
Mietpreis 1a-Lage 1995 pro m²: Quelle: Kemper's Index	DM/m² 240,-- bei Neuvermietung	
Kemper's Ertragskennziffer 1995: Index des Kemper's Kaufkraft-potentials : Mietindex 100 = Durchschnitt der 84 Städte	**71,8**	65

Ansässige Einzelhandelsbetriebe 1a-Lage

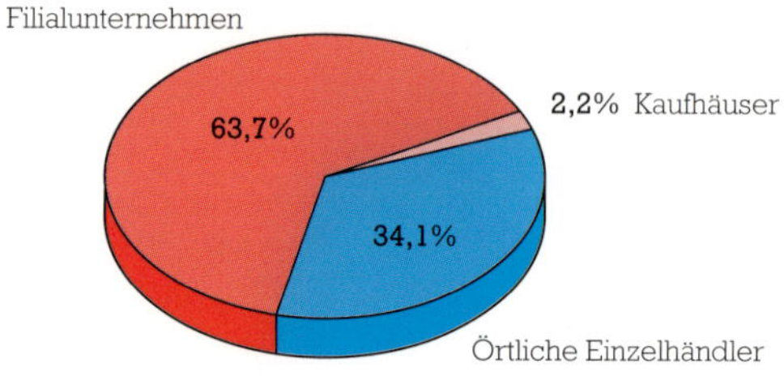

Branchenmix 1a-Lage

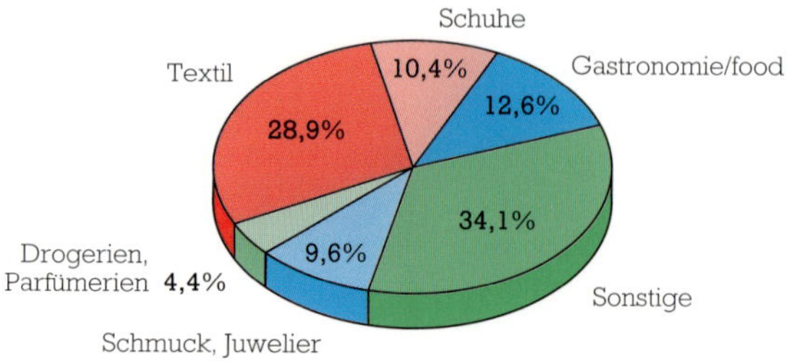

Weitere Makrodaten siehe KEMPER'S INDEX

Mannheim

1a-Lage: Planken

Filialiserungsgrad: 62,5 %
Besonderheiten: sehr breit, Straßenbahn mittig, großflächige Bebauung

Planken
Länge der 1a-Lage: 650 m

O1
C & A, Bekleidungshaus 6

Parade-Platz

O2
Post
Zigarren Schmitt 4-6
Palm Tobacco 4-6
Telekom 4-6
Bäckerei Grimminger 4-6
Janson, Juwelier 4-6
Hussel, Süßwaren 4-6

O3
Bettenhaus Roll 4a
Weczera, Damenwäsche/DOB 5
Peek & Cloppenburg, Bekleidungshaus 6-8

O4
Baden-Württ. Bank
Eis Fontanella 4
Grundlach, Juwelier 5
Born, Optik 5
Gold Kraemer 6
Schlemmermeyer, Feinkost 7
Roland, Schuhe 7

O5
Engelhorn & Sturm, Modehaus 1
Esprit, young fashion
Tausendfüßler, exkl. Strumpfmode
Salamander, Schuhe 9

O6
Engelhorn & Sturm, Modehaus 3
Apollo, Optik 3
Orsay, young fashion 4
Sport Marquet 5
Hollywood Jeans & Sportswear 6
Aigner, Lederwaren 7
Wempe, Juwelier 7

O7
Ledermoden Rude 4
Men's shop, HAKA 5
Pimkie, young fashion 6
WMF, Haushaltswaren
Hennes & Mauritz, young fashion 7
Pro Markt, Foto/Hifi/Video/Elektro 8
Schuhe Seppel 8
Europa-Apotheke 9

Horten, Kaufhaus - Passage 9

Heidelberger Straße

E1
1-4 Hertie, Warenhaus

P1
10-12 Kaufhof, Warenhaus

P2
Reul Moden
17-15 Douglas, Parfümerie
14-7 Berzel Exquisit
14-7 Löwen Apotheke
14-7 Dresdner Bank
14-7 Friedo Frier, Juwelier

P3
Commerzbank
14 Bijou Catrin, Modeschmuck
14 Churrasco, Systemgastron.
13 Body Shop, young fashion
13 Bürkle & Sieg, Schmuck
12 Zero, young fashion
12 Pizza Hut, Systemgastron.

P4
Favorit Schuhe
14 Planken Bistro-Restaurant
13 Cinema
12 Dyckhoff, Bekleidungshaus

P5
Appelrath & Cüpper, Bekleidungshaus 16
15 Douglas, Parfümerie
14 Weiss, Juwelier
14 Dielmann, Schuhe

P6
Tack, Schuhe
26 Friedo Frier, Juwelier
26 Porzellan Manz
22 Koffer Weber
22 Hallhuber, young fashion
21 Juwelier Stadtmüller
21 Mode Eckert
21 Most, Süßwaren
21 Adolf Accessoires

P7
Hiss, Sport und Mode
25 Böhmer, Schuhe
24 Jersey Josephine, DOB

Kurfürstenpassage

24 Haita, Wäsche/Dessous
24 Görtz 17, Schuhe
23 Bäckerei Grimminger

Mannheim

1a-Lage: Kurpfalzstraße

Filialisierungsgrad: 73 %
Besonderheiten: breite 1a-Lage, konsumig

Kurpfalzstraße
Länge der 1a-Lage: 580 m

K1

Karstadt, Warenhaus	1-10

J1

Brameier, Modeschmuck	8
Stadtbäckerei Bloemecke	7
Sex Life Show	7
"Fotoautomat"	7
Magic Sportswear Eisele	7
Junghans Wolle	6
Deichmann, Schuhe	6
Blume 2000	5
City Spiel Center	5
Mannheimer De Luxe, young fashion	3-4
Optus, young fashion	3-4
Jeans Palast, young fash.	1-2

H1

Jean Pascale, young fashion	8
Hennes & Mauritz, young fashion	6-7
Mc Donald's, Systemgastronomie	5
Betten Wagner	4
Bonita, DOB	3
Spiel-Center	2
Ernesto, young fashion	1-2
Royal Farbbild	1-2
Runners Point, Sportartikel	1-2

Elektroladen
Bank
Reinigung
Bank
Baby Walz
Pelzhaus Schwenzke

Marktplatz

F1

Standesamt	5a
Café am Markt	5
Reisebüro Stürmer	5
Optik am Markt	4a
Eiscafé Venezia	4a
Photo Porst	
Burger King,	4
Systemgastronomie	3
DM, Drogeriemarkt	2
Pelikan Apotheke	1

T1

2	Prinz

S1

	Atlas, Reisen
	Biba, DOB
7	Bloemecke Vollkornbäckerei
7	Eisinger Pralinen
6	Boutique Oscar
5	Roland, Schuhe
4	Spielwarenhaus
3	Pizza Hut, Systemgastron.
2	Nordsee, Systemgastron.
1	Müller, Drogeriemarkt

R1

7	Bijou Brigitte, Modeschm.
	Eram, Schuhe
5-6	Mannheimer Morgen
4	Deutsche Bank
2	Einhorn Apotheke
2	Hussel, Süßwaren
1	Rotgerber Lederwaren
1	Salamander, Schuhe

Q1

8	Orsay, young fashion
7	Kautsch's Bäckerei
5	André, Schuhe
5	Barbarino Zigarren
5	Douglas, Parfümerie
4	Bata, Schuhe
3	Foot Locker, Sportartikel
2	Tchibo, Kaffee
1	Juwelier Wenthe

Happy Flor
Fabiani
Bäcker Kautsch

Kaufhof, Warenhaus

Mönchengladbach

		Rangordnung der 84 Städte
Einwohner:	265.312	28
Besucheraufkommen 1994:	209.267 Übernachtungen	50
Kaufkraftkennziffer 1995 je Einwohner:	106,3	44
Umsatzkennziffer 1995 je Einwohner:	133,0	34
Anteil Textil (gesamte 1a-Lage): nach Anzahl der Betriebe	38,1 %	7
Anteil Schuhe (gesamte 1a-Lage): nach Anzahl der Betriebe	8,8 %	41
Filialisierungsgrad (gesamte 1a-Lage): nach Anzahl der Betriebe	68,1 %	19
Passantenzählung:	**1.611**	56
Standort:	Hindenburgstraße 97 Hindenburgstraße 106	
Zeit:	16.00 Uhr bis 17.00 Uhr	
Datum:	5. Mai 1995	
Wetter:	warm, wolkenloser Himmel	
Besonderheiten:	keine	
Länge der Straßenfronten 1a-Lage:	940 m	
Kemper's Kaufkraftpotential 1995: normierte Kaufkraftkennziffer x normierte Passantenzählung 100 = Durchschnitt der 84 Städte	**75,6**	54
Mietpreis 1a-Lage 1995 pro m²: Quelle: Kemper's Index	DM/m² 140,-- bei Neuvermietung	
Kemper's Ertragskennziffer 1995: Index des Kemper's Kaufkraftpotentials : Mietindex 100 = Durchschnitt der 84 Städte	**94,1**	48

Ansässige Einzelhandelsbetriebe 1a-Lage

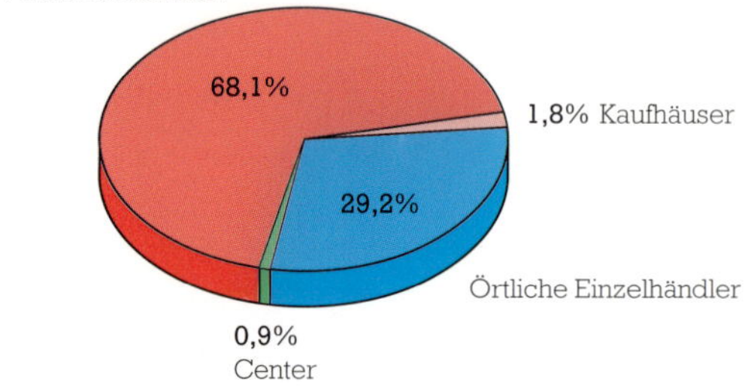

Branchenmix 1a-Lage

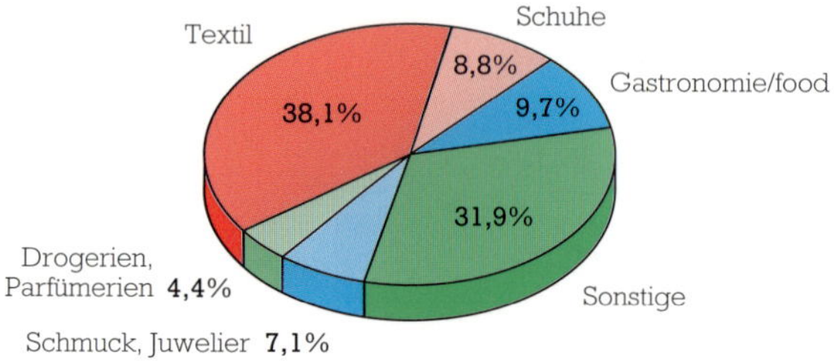

Weitere Makrodaten siehe KEMPER'S INDEX

Mönchengladbach

1a-Lage: Hindenburgstraße

Filialisierungsgrad: 68,1 %
Besonderheiten: sehr lange, ansteigende 1a-Lage, breit, Busverkehr mittig

Hindenburgstraße
Länge 1a-Lage: ca. 600 m

Linke Straßenseite

Wallstraße

Quelle Technorama, HIFI	
P & C, Bekleidungshaus	40
Quick, Schuhe	46
Blumen Risse	48
Rahn Hüte	50
WICO Modehaus	52-60
Boutique Gerti Ruckes	62
Tacko Modemarkt	62
Citibank	64
Benetton, young fashion	66
Kiosk	68
Pierrot, HAKA	68
Bettenhaus Kohnen	70
Apotheke am Theater	72

Stepgesstraße

Clever Taschen	82
Eis-Diele	
Yaska, Parfümerie	84
Mode Schöppner	86
Jeans Point, young fashion	88
Christ, Juwelier	88
Resi-Moden	90
Deichmann, Schuhe	90
Tchibo, Kaffee	92
Gold Etage	94
Langhardt, Lederwaren	94
Apollo, Optik	96
Fashion Optik Pleines	

Friedrichstraße

Pro Mod, young fashion	98
Franke Pelze	100
André, Schuhe	100
Proper Shop, Reinigung	102
Andrea Anders, DOB	102
Bäckerei Oebel	104
Fuchs, Drogeriemarkt	104
Grüterich, Schuhe	106
Douglas, Parfümerie	108
Most, Süßwaren	110
Juwelier Bolthausen	110
Adria Grill	110
DM, Drogeriemarkt	112
Gladbacher Strumpfhaus	114
Foot Locker, Sportartikel	116
Fernsehhaus Schmitz	118
Siemes, Schuhe	120
Optik Klüttermann	122
Biba, DOB	124
Gal. Steinbeck, Geschenkartikel	124
Bata, Schuhe	126
Juwelier Simon	128
Nordsee, Sysstemgastronomie	130
City Dress	132
Optik Ermeding	
Palm Tobacco, Kiosk	134

Stephanstraße

Hennes & Mauritz, young fashion	138
Esprit, young fashion	-
Bonita, DOB	
Ytos/ Café Pronto / Der Clou	140
Schmuck Lehmann	142
Schwalmtaler Backhaus	144
Lotto Toto	146
Ihr Friseur	146
WMF, Haushaltsw./Porzellan	146

Bismarckstraße

Rechte Straßenseite

Wallstraße

41	Krichel Kunsthaandlung
43	Miami 1, young fashion
45	Eduscho, Kaffee
47	Liberty, young fashion
49	Jansen, Schirme und Taschen
49	Reisebüro L'tour
51	Haus der Braut
53	Hij, HAKA
55	Douglas, Parfümerie
57-61	Hindenburg-Passage
	Jeans Clothes / Galerie
	Eis / Madra-Music
	Hunkemöller
63	Woolworth-Rubin, Modeschm.
63	M & S, DOB
65	Mc Donald's, Systemgastron.
67	Pohland, HAKA
69	C & A, Bekleidungshaus

Croonsallee

Theater

	Mondi, DOB
	Juwelier Krebber
	Lemm-Leder
	Heinemann, Café
	Gina Lehnen, Strümpfe
	"id"-Einrichtung
	Teeladen
	Umbau
	"hautnah"
	Herschnah
	Adolphs
	Egon Frank
	Rosenthal
	Bijou Brigitte, Modeschmuck
95	by Time, young fashion
95	Steffens Blumen
97	Orsay, young fashion
99	Donn-Herrenmoden
99	Spielforum 2000
101	Kroh Moden
103	Leone, Schuhe
105	Manfield, Schuhe
105	Wexler, Strickmoden
107	Casserole, Systemgastronomie
109	Tegelaers Porzellan
	Lichthof-Passage
111	Klauser, Schuhe
113	Schuhhaus Wintzen
115-119	Mensing, Bekleidungshaus
121	Juwelier Abeler
123	Boecker, Bekleidungshaus

Albertusstraße

139	Kaufhof, Warenhaus
141	Boltze, Buchhandlung
143	Greko, Bekleidungshaus

Bismarckstraße

Moers

		Rangordnung der 84 Städte
Einwohner:	105.789	80
Besucheraufkommen 1994:	76.802 Übernachtungen	79
Kaufkraftkennziffer 1995 je Einwohner:	100,2	54
Umsatzkennziffer 1995 je Einwohner:	89,1	74
Anteil Textil (gesamte 1a-Lage): nach Anzahl der Betriebe	30,2 %	41
Anteil Schuhe (gesamte 1a-Lage): nach Anzahl der Betriebe	9,4 %	35
Filialisierungsgrad (gesamte 1a-Lage): nach Anzahl der Betriebe	56,6 %	55
Passantenzählung:	**327**	84
Standort:	Steinstraße 20-31	
Zeit:	16.00 Uhr bis 17.00 Uhr	
Datum:	5. Mai 1995	
Wetter:	warm, wolkenloser Himmel	
Besonderheiten:	keine	
Länge der Straßenfronten 1a-Lage:	370 m	
Kemper's Kaufkraftpotential 1995: normierte Kaufkraftkennziffer x normierte Passantenzählung 100 = Durchschnitt der 84 Städte	**14,5**	84
Mietpreis 1a-Lage 1995 pro m²: Quelle: Kemper's Index	DM/m² 120,-- bei Neuvermietung	
Kemper's Ertragskennziffer 1995: Index des Kemper's Kaufkraft- potentials : Mietindex 100 = Durchschnitt der 84 Städte	**21,0**	84

Ansässige Einzelhandelsbetriebe 1a-Lage

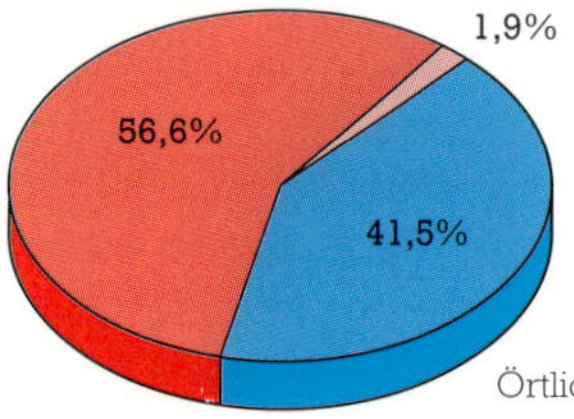

Branchenmix 1a-Lage

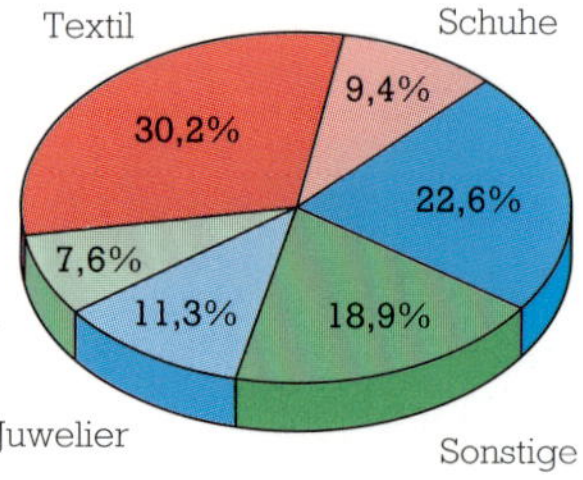

Weitere Makrodaten siehe KEMPER'S INDEX

Moers

1a-Lage: Steinstraße

Filialiserungsgrad: 56,6 %
Besonderheiten:
kleinflächige Bebauung

Steinstraße
Länge der 1a-Lage: 280 m

Linke Straßenseite

Meerstraße

Provinzial-Versicherung	1
Jeans Point, young fashion	1
Bata, Schuhe	3

Klosterstraße

Apotheke Hener	5
Der Teeladen	5
Its 4 me, young fashion	7
Café Voorgang	9
Brillen Kaiser	11
Reformhaus Plate	13
Biba, DOB	15
Erlinghagen, Juwelier	17
Susi, Süßwaren	17
Douglas, Parfümerie	19-21
Jeans Fritz, young fashion	23
18 Karati, Schmuck	23
Eduscho, Kaffee	25
Schmuck-Passage	27
André, Schuhe	
Runners Point, Sportartikel	29-31

Burgstraße

Shop In, young fashion	33
Parfümerie + Designer Gies	35
Metzgerei Peters	37
Verhey, Brotstübchen	39

Oberwallstraße

Böhmer, Schuhe	41
Gert Lang, Modehaus	43
Fuchs, Drogeriemarkt	45
Deichmann, Schuhe	45
Esprit, young fashion	47
Eis Café Adria	49

Uerdinger Straße

Rechte Straßenseite

Neumarkt

	Foto Studio Barth
2	Engbers, young fashion
2	Gold Bauer
4	Verhey, Brotstübchen
4	More & More Company, young fashion

Altmarkt

6	Langhardt, Lederwaren
8	Nordsee, Systemgastronomie
10	Mühlensiepen, Tabak/Spirit.
10a	Adam & Eva, DOB/HAKA
12-14	Joh. Nerforth, Haushaltswaren
16	Aurel, Parfümerie
18	Perplex, young fashion
20	Café Berns

Friedrichstraße

22	Monika Löchner, DOB
24	Schlaraffenland, Wurstwaren
26	Textil Stepken
28	Schuhhaus Möser

Passage

	Juwelier Topkapi
30	Kaufhalle, Kleinkaufhaus
32	Markthalle
34	NIAG, Reisebüro
34	Bijou Brigitte, Modeschmuck
36	Buch am Kö
36	Tchibo, Kaffee
38	Foot Locker, Sportartikel
38	Colosseum, young fashion

Neuer Wall

Mülheim an der Ruhr

		Rangordnung der 84 Städte
Einwohner:	177.735	45
Besucheraufkommen 1994:	130.560 Übernachtungen	66
Kaufkraftkennziffer 1995 je Einwohner:	117,4	12
Umsatzkennziffer 1995 je Einwohner:	132,1	36
Anteil Textil (gesamte 1a-Lage): nach Anzahl der Betriebe	33,3 %	25
Anteil Schuhe (gesamte 1a-Lage): nach Anzahl der Betriebe	5,9 %	65
Filialisierungsgrad (gesamte 1a-Lage): nach Anzahl der Betriebe	58,8 %	47
Passantenzählung:	**2.106**	38
Standort:	Schloßstraße 22	
Zeit:	16.00 Uhr bis 17.00 Uhr	
Datum:	5. Mai 1995	
Wetter:	warm, wolkenloser Himmel	
Besonderheiten:	keine	
Länge der Straßenfronten 1a-Lage:	550 m	
Kemper's Kaufkraftpotential 1995: normierte Kaufkraftkennziffer x normierte Passantenzählung 100 = Durchschnitt der 84 Städte	**109,1**	28
Mietpreis 1a-Lage 1995 pro m²: Quelle: Kemper's Index	DM/m² 140,-- bei Neuvermietung	
Kemper's Ertragskennziffer 1995: Index des Kemper's Kaufkraft-potentials : Mietindex 100 = Durchschnitt der 84 Städte	**135,9**	9

Ansässige Einzelhandelsbetriebe 1a-Lage

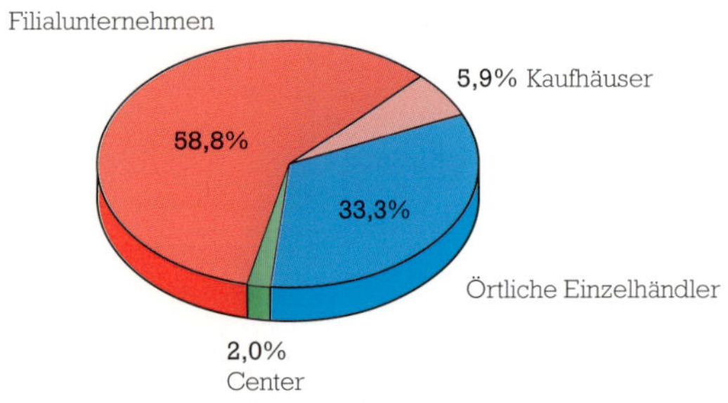

Branchenmix 1a-Lage

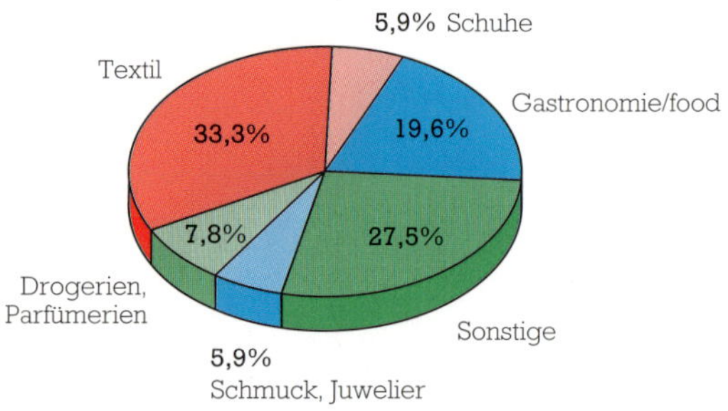

Weitere Makrodaten siehe KEMPER'S INDEX

Mülheim

1a-Lage: Schloßstraße

Filialisierungsgrad: 58,8 %
Besonderheiten: breite Fußgängerzone, "Forum" direkt angebunden

Schloßstraße
Länge der 1a-Lage: 330 m

Linke Seite	Nr.	Nr.	Rechte Seite
Mc Donald's, Systemgastronomie			Kaufhof, Warenhaus
Friedrich-Ebert-Straße			**Friedrich-Ebert-Straße**
Blumen Krahe	35		Langhardt, Lederwaren
Woolworth, Kleinkaufhaus	35	34	Foto Nettemann
Maxi Fashion Club	33	32	MRH, Mineralöl-Rohstoff-Handel
Nordsee, Systemgastronomie	33	28-30	Noy, Restaurant
Nanu Nana, Geschenkartikel	31	28-30	Commerzbank
Hunkemöller, Wäsche/Dessous	31	28-30	WMF + Villeroy & Boch, Haushaltswaren/Porzellan
Tjaereborg, Reisebüro	29	26	Engel-Apotheke
Runners Point, Sportartikel	29	26	Mode Partner
Agnoli Eis	27	24	China-Restaurant
Wolljäger, DOB	27	24	Eissalon Adria
Punkt Apotheke	23-25		Juwelier Deiter
U. Rühl, DOB/HAKA	23-25		
Wolsdorff, Tabakwaren	23-25		
Kohlenkamp			**Kohlenkamp**
Bally, Schuhe	21	22	Böhmer Classic, Schuhe
Gold Kraemer	21	22	Junior Mode für Männer
Prümer, Haus der Dame	17		
LUH, Mode	17		
Jersey Ilany, DOB	17		
Löhberg			**Löhberg**
Douglas, Parfümerie		18	Parfümerie Götzen
Tchibo, Kaffee		16a	LBS, Sparkasse
Biba, DOB		16	Roland, Schuhe
C & A, Bekleidungshaus	11-15	16	Deichmann, Schuhe
Victoriastraße		16	Frottier Paradies
Tabakwaren Dietrich's	9a	14	Cramer & Meermann, Bekleidungshaus
Aldi, Lebensmittel	9		**Viktoriastraße** / Post
DM, Drogeriemarkt	5-7	8-10	Voswinkel, Sportartikel
Wälken, Bäckerei	5-7	4-6	La Belle, Mode
Casserole, Systemgastron.	5-7		**Passage**
Body Shop, Kosmetik	5-7		
Bäckerei Döbbe	5-7		
Bijou Catrin, Modeschmuck	5-7		
Eppinghofer Straße			**Eppinghofer Straße**
Forum Center mit Hertie-Warenhaus			

München

		Rangordnung der 84 Städte
Einwohner:	1.255.623	3
Besucheraufkommen 1994:	5.931.506 Übernachtungen	1
Kaufkraftkennziffer 1995 je Einwohner:	134,8	1
Umsatzkennziffer 1995 je Einwohner:	159,7	12
Anteil Textil (gesamte 1a-Lage): nach Anzahl der Betriebe	31,3 %	33
Anteil Schuhe (gesamte 1a-Lage): nach Anzahl der Betriebe	6,6 %	58
Filialisierungsgrad (gesamte 1a-Lage): nach Anzahl der Betriebe	49,5 %	69
Passantenzählung:	**8.622**	1
Standort:	Kaufinger Straße 7 Kaufinger Straße 14	
Zeit:	16.00 Uhr bis 17.00 Uhr	
Datum:	19. Mai 1995	
Wetter:	kalt, Nieselregen	
Besonderheiten:	neben U-Bahn-Ausgang Bauzaun	
Länge der Straßenfronten 1a-Lage:	1.600 m	
Kemper's Kaufkraftpotential 1995: normierte Kaufkraftkennziffer x normierte Passantenzählung 100 = Durchschnitt der 84 Städte	**512,9**	1
Mietpreis 1a-Lage 1995 pro m²: Quelle: Kemper's Index	DM/m² 350,-- bei Neuvermietung	
Kemper's Ertragskennziffer 1995: Index des Kemper's Kaufkraft- potentials : Mietindex 100 = Durchschnitt der 84 Städte	**255,5**	1

Ansässige Einzelhandelsbetriebe 1a-Lage

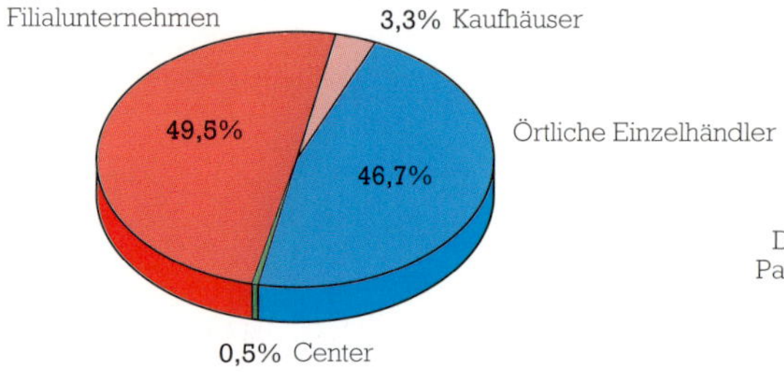

Weitere Makrodaten siehe KEMPER'S INDEX

Branchenmix 1a-Lage

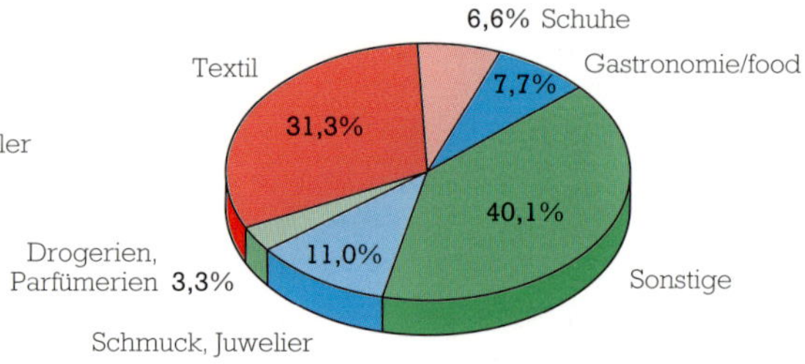

München

1a-Lage: Neuhauser Straße

Filialisierungsgrad: 62,6 %
Besonderheiten: kleinflächige Bebauung, Konsummeile

Neuhauser Straße
Länge der 1a-lage: 450 m

Karlsplatz (Stachus) – Brunnen – Karlstor

Linke Straßenseite

Sonnenstraße

Obletter, Spielwaren	
Hugendubel, Buchhandlung	
MD-D.	
Deutsche Bank	
Benetton, young fashion	
Zweiflers, young fashion	47
Mode Schweiger	47
Kino am Karlstor	47
Douglas, Parfümerie	47

Herzog-Wilhelm-Straße

Metzen, Teures - Billig	45
Knapp, Uhren/Schmuck	43
Via Roma, Sportswear	41
Kaufhalle, Kleinkaufhaus	39
Spatenhof, Gastronomie	39
Weipert, Textilien	39
Pimkie, young fashion	39
Brede, Juwelier	39
Tretter, Schuhe	39
Beate Uhse, Sex-Shop	37
Christ, Juwelier	35
Tack, Schuhe	33
Schmidt, Spielwaren	31
Peter Palmers, Wäsche/Dessous	29
Augustiner, Restaurant	27
Apollo, Optik	25
Uhren-Weiss, Juwelier	23
Thomas, Schuhe	23

Eisenmannstraße

Karstadt, Warenhaus	19-21
Restaurant Marché	17
Zweiflers, young fashion	15

Eingang zur Haertle Passage

Haertle, excl. Porzellan	15
Ludwigs-Apotheke	11
Beate Uhse, Sex-Shop	7
Benetton, young fashion	7

Passage mit u.a.:

H & M, young fashion	5
Douglas, Parfümerie	
Deutsche Bank	

Planet, Jeanswear	3a
Lacher, DOB	3
Tivoli Kino Passage	
Peter Palmers, Wäsche/Dess.	3
Roland, Schuhe	1a
Mode Stalf	1

Färbergraben

Rechte Straßenseite

Elisenstraße

	Hypo Bank
	Bäckerei Müller
	Zwilling J.A. Henckels
	Deininger, DOB
	Hetzenecker, Lederwaren
20	Herrenmoden
20	Karstadt, Sporthaus

Herzog-Max-Straße

18	Karstadt, Warenhaus
18	Haus Oberpollinger am Karlstor, Warenhaus
16	Isaria, Reisebüro
14	Bürgersaal Kirche
12	Betten Rid

Kapellenstraße

10	Hettlage, Bekleidungshaus
8	Alte Akademie
6	St. Michaelis-Kirche

Ettstraße

2	Rischart's Backhaus
2	Veicht, Zigarren
2	Dom-Drogerie
2	Scholl Dienst am Fuß
2	Krug, Schokoladenmanufaktur
2	Forchhammer, HAKA
2	Hetzenecker, Lederwaren
2	Herrmann, Geschenke
2	Bally, Schuhe
2	Huber, Uhren/Schmuck
	Deutsches Jagd- und Fischereimuseum

Augustinerstraße

München

1a-Lage: Kaufingerstraße, Marienplatz

Filialisierungsgrad: 53,1%
Besonderheiten:
eher großflächige Bebauung

Kaufingerstraße
Länge der 1a-Lage: 360 m

Westseite

Färbergraben

Salamander, Schuhe	
K+L Ruppert, Bekleidungshaus	15
WOM, world of music	15

Fürstenfelder Straße

C & A, Bekleidungshaus	13
Singer, Nähmaschinen	11a
Euro Bijou, Modeschmuck	11a
Bartu Schuhe	11
Juwelier Kraus	11
Disney Store, Geschenkartikel	9
Leysieffer, Süßwaren	9

Kaufinger Tor

Wormland, HAKA	9
Orsay, young fashion	7
Uhren-Weiss, Juwelier	5

Löwenhof-Passage

Kaufhof, Warenhaus	1

Rosenstraße

Schuh Klein	28
Tengelmann, Lebensmittel	28
Bayerische Vereinsbank	26
Orsay, young fashion	25
Benetton, young fashion	24
Hoch-Café	22
Peterhof, Gastronomie	22
Hugendubel, Buchhandlung	22

Rindermarkt

Deutsche Bank	21
Versteigerungshaus	20
Obletter, Spielwaren	19
Café Rischart	18
Yves Rocher, Kosmetik	17
Hallhuber, young fashion	17
Spinners, young fashion	16
Disco Center	16
NUR, Reisebüro	16

Marienplatz

Ostseite

Augustinerstraße

28	Modehaus Hirmer
26	Hennes & Mauritz, young fashion
26	Douglas, Parfümerie
26	Hut Breiter

Liebfrauenstraße

24	Mühlhäuser Moden
22	Woolworth, Kleinkaufhaus
20	Zero, young fashion

Mazaristraße

18	Wempe, Juwelier
18	Factory, young fashion
16	Zero, young fashion
14	Ludwig Kübler, Brautmoden
14	Wieland, Uhren/Schmuck
12	Krumm's, Lederwaren
10	Deichmann, Schuhe

Thiereckstraße

8	Neu Schwanstein, young fash.
6	Söhnges, Optik
4	Peter Bley, Münchner Schmuckkästchen
4	Mode Schweiger
2	Breitenbach, Zigarren
	W. Th. Thomass, Juwelier

Weinstraße

Neues Rathaus

8	Münzinger, Sport- und Freizeitmode
8	Linda, Schmuck/Access.
8	Hörtkorn, Optik
8	Burkhof Kaffee
8	Bücher Kaiser
8	Der Bernsteinladen
8	Mory Kunsthandwerk
8	Ratskeller, Gastronomie
8	J.G. Mayer, HAKA

Dienerstraße

11	Ludwig Beck am Rathauseck, Textilhaus

München

1a-Lage: Theatinerstraße

Filialisierungsgrad: 38,6 %
Besonderheiten:
relativ kurze Fußgängerzone,
teilweise hochwertiger Branchenbesatz

Theatinerstraße

Länge der 1a-Lage: 250 m

Weinstraße

Mey & Edlich, DOB/HAKA	7
Albin Eiselt, Pelze	7
Modehaus Maendler	7

Maffeistraße

Eckerle, HAKA	3
Goldpfeil, Lederwaren	1
Otto Hierneis, HAKA	1

Schäfflerstraße

Zwilling-Shop, Messer/Scheren	12
Replay Country Store	11
Teppich Elsässer	10
Uli Knecht, DOB/HAKA	10
Umbau	9

Albertgasse

Uhren Huber	8
WMF, Haushaltswaren/Porzellan	8
Schlichting, Haus des Kindes	

Filserbräugasse

Salamander, Schuhe	7
Peter Palmers, Wäsche/Dessous	6
Leder Mayer am Dom	

Sporerstraße

Lederwaren Krumm's	5
Dresdner Bank	4
Moden Wagenheimer	3
Donisl, Gaststätte	1
Café am Dom	
Lesslyn Mode	
Carl Thomass, Hofjuwelier	

Kaufingerstraße

Perusastraße

	Etienne Aigner, Lederwaren
45	Engel Apotheke
46	Bally, Schuhe
	Betten Rid

Schrammerstraße

Marienhof

Landschaftsstraße

(postalisch: Marienplatz 8)

Goldschmiede Nicolodi
H.C. Strauss, Textilien
Raiser, Blusen/Röcke
Bahlmann, Blumen
J. Hierneis, Handschuhe/Schals
Theatiner Schuhhaus
Jetter & Co
Tabakwaren W. Bader
Lentner'sche Buchhandlung
Parfümerie Brückner
Metzgerei Vinzenz Murr
Münzinger, Sport- + Freizeitmode

Marienplatz

Münster

		Rangordnung der 84 Städte
Einwohner:	267.367	27
Besucheraufkommen 1994:	1.246.423 Übernachtungen	10
Kaufkraftkennziffer 1995 je Einwohner:	111,9	22
Umsatzkennziffer 1995 je Einwohner:	135,9	31
Anteil Textil (gesamte 1a-Lage): nach Anzahl der Betriebe	35,7 %	16
Anteil Schuhe (gesamte 1a-Lage): nach Anzahl der Betriebe	8,7 %	44
Filialisierungsgrad (gesamte 1a-Lage): nach Anzahl der Betriebe	57,1 %	54
Passantenzählung:	**3.177**	13
Standort:	Ludgeristraße 7-8 Ludgeristraße 93-109	
Zeit:	16.00 Uhr bis 17.00 Uhr	
Datum:	5. Mai 1995	
Wetter:	warm, wolkenloser Himmel	
Besonderheiten:	eine Band spielte, Schmuckverkäufer	
Länge der Straßenfronten 1a-Lage:	1.120 m	
Kemper's Kaufkraftpotential 1995: normierte Kaufkraftkennziffer x normierte Passantenzählung 100 = Durchschnitt der 84 Städte	**156,9**	13
Mietpreis 1a-Lage 1995 pro m²: Quelle: Kemper's Index	DM/m² 260,-- bei Neuvermietung	
Kemper's Ertragskennziffer 1995: Index des Kemper's Kaufkraft-potentials : Mietindex 100 = Durchschnitt der 84 Städte	**105,2**	38

Ansässige Einzelhandelsbetriebe 1a-Lage

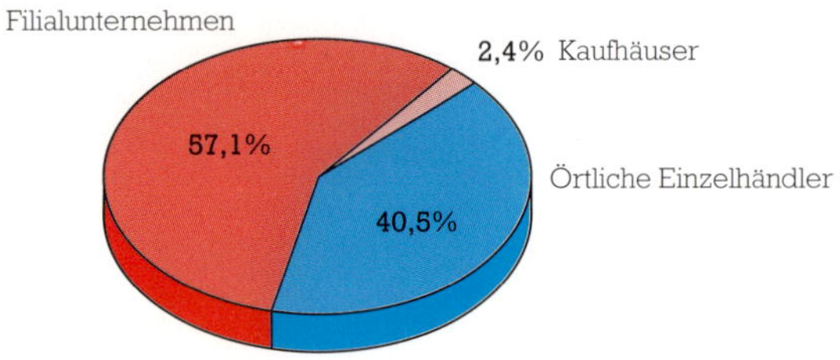

Branchenmix 1a-Lage

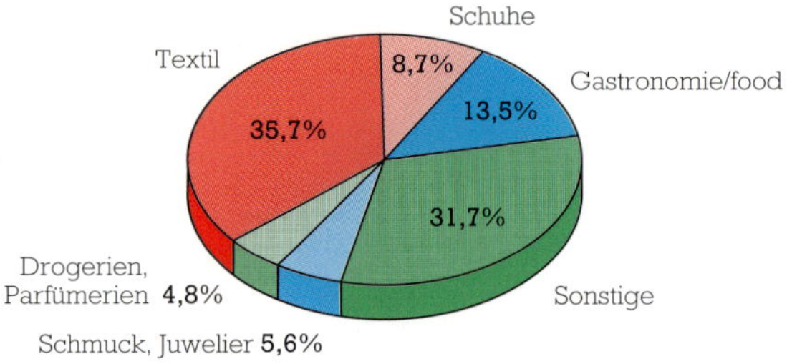

Weitere Makrodaten siehe KEMPER'S INDEX

Münster

1a-Lage: Ludgeristraße

Filialisierungsgrad: 57,7 %
Besonderheiten:
großflächige Bebauung, konsumig

Ludgeristraße
Länge der 1a-Lage: 350 m

Verspoel — Marienplatz — Kirche

Linke Straßenseite

Mc Donald's, Systemgastronomie	
Jean Pascale, young fashion	
Neckermann	
NUR, Reisebüro	37
C & A, Bekleidungshaus	36
Biba, DOB	35
Erdmann, HAKA	34
Harsewinkelgasse	
Jeans Fritz, young fashion	33
Andiamo Schuhe	30-31
Rietkötter, Gaststätte	29
H & M, young fashion	28
Jansen, HAKA	26
Windthorststraße	
Elfi Moden	24
S. Stupperich, Schuhe	23
Cantus, young fashion	20-22
Douglas, Parfümerie	20-22
Passage	
Jeggle Teppichhaus/Betten	11
Jekon, Lederwaren	10
Nordsee, Systemgastronomie	10
Marcus, Schuhe	9
Passage	
Orsay, young fashion	7-8
André, Schuhe	
Böhmer, Schuhe	6
Feminin Boutique, DOB	5
Horten, Warenhaus	1-4
Klemensstraße	

Rechte Straßenseite

	Tabak W. Gloe
	Friseur Ströcker
72	Strumpf Koch
72	Pelzmoden Stegemann
73	Annes Fruchtkorb
75-78	Dyckhoff, Bekleidungshaus
	Marievengasse
79	Eduscho, Kaffee
79	Laura Ashley, DOB
80	Café Pohlmeyer
81	Comet
82-83	Apollo, Optik
	Hötteweg
85	Krimphove Konditorei
86-87	Sandy blue Boutique
88	Kirchhof Moden
88-91	vor dem Esche, Bettenhaus
88-91	Anton Paul, Porzellan
92	J. C. Osthues, Juwelier
93-109	Stadtsparkasse
	Sparkassen-Passage
	Roeckl, Handschuhe
	Christ, Juwelier
110	Parfümerie Schmitz
112	J. Viehoff, Optik
113	Hussel, Süßwaren
114	Pimkie, young fashion
115	Hemd & Co, HAKA
116	Bergmann, TExtilien
	Tepe Moden

Prinzipalmarkt

Münster

1a-Lage: Prinzipalmarkt

Filialisierungsgrad: 39,4 %
Besonderheiten: Fußgängerzone mit Busverkehr, Ladenlokale mit Arkaden

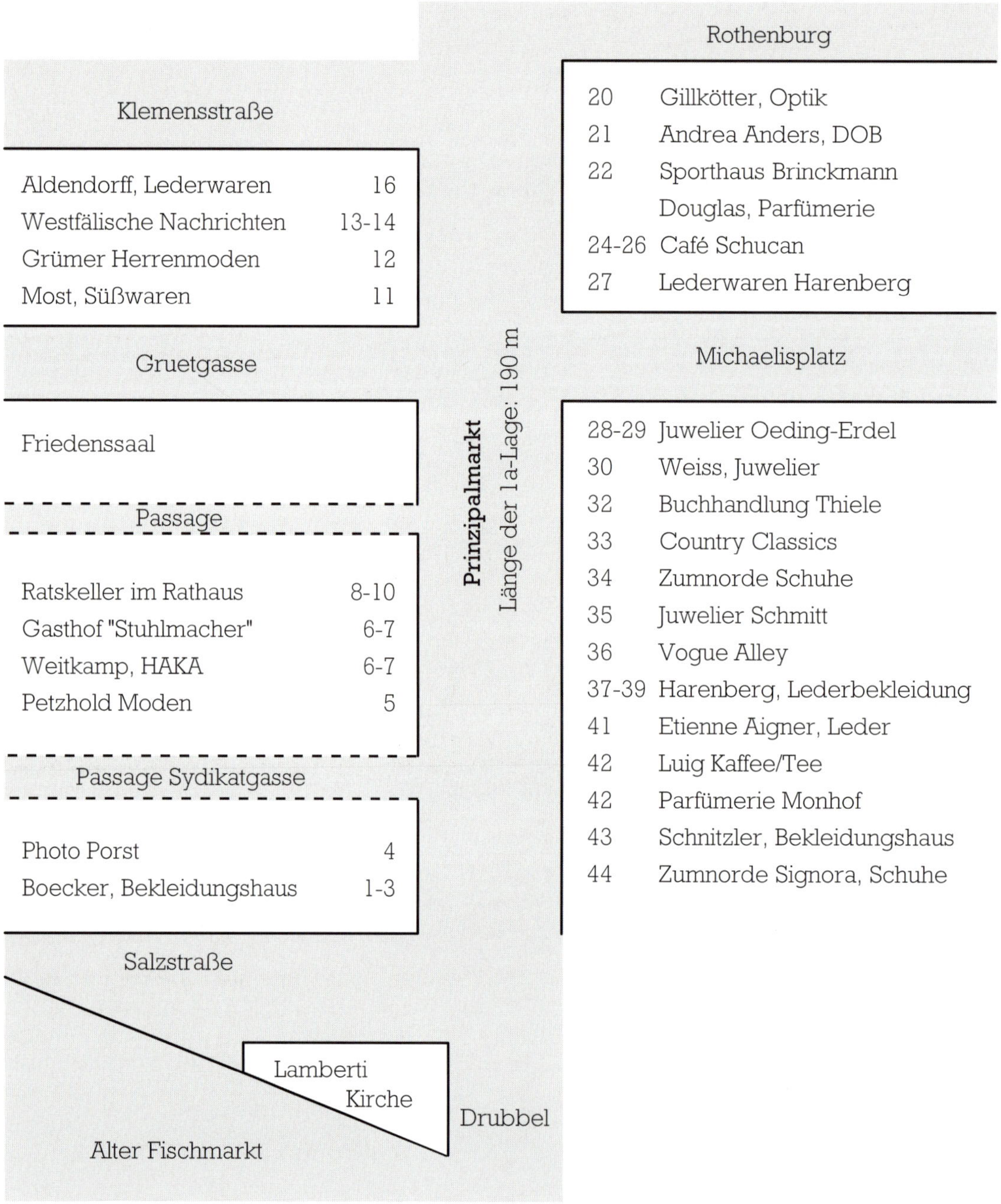

Münster

1a-Lage: Salzstraße

Filialisierungsgrad: 78,0 %
Besonderheiten:
kurze Fußgängerzone, konsumig

Salzstraße
Länge der 1a-Lage: 380 m

Linke Seite

Ringoldsgasse

Young Style	21
Runners Point, Sportartikel	21

Loergasse

Fuchs, Drogeriemarkt	20
Liberty, DOB	18-19
Juwelier Höckelmann	18-19
Emde	18-19
Young Style	16-17
Bonita, DOB	14-15
Telefonladen	14-15
"Panther, Tiger", Kunstpelze	
Kunstgewerbe	14-15
Kuhlmann, Geschenke	13

Synagoge

Julius-Voos-Gasse

Marcus, Schuhe	9
Orsay, young fashion	8
Café Extrablatt	7
Krimphove Konditorei	6
Wolljäger, DOB	5

Bolandsgasse

Leffers, Bekleidungshaus	3-4
Tchibo, Kaffee	2
Briefmarkenladen	1
Glass-Egeling, Kunstgewerbe	1

Drubbel

Rechte Seite

Ringoldsgasse

	Hacifa, Tabak
	Stadtbäckerei
	Briefmarken Höffer
	Pantaloni
40-41	Optik Kalthoff
40-41	Atlas, Reisebüro
40-41	Basic

Loergasse

42	Mc Donald's, Systemgastron.
43-44	NUR, Reisebüro
43-44	Casserole, Systemgastronomie
	Tollkötter, Bäckerei
45	Paulinchen, Geschenke
46	Pizzeria
46	Dominikaner-Apotheke
47-50	Karstadt, Warenhaus

Heinrich-Brüning-Straße

52	Baustelle (Neubau)
53	Roland, Schuhe
53	Nordsee, Systemgastronomie
54	Deichmann, Schuhe
55	New Yorker, young fashion
56	Buchhandlung Poertgen-Herder
57	Woolworth, Kleinkaufhaus
57	Yves Rocher, Kosmetik
58	Adler Apotheke
59	Eduscho, Kaffee
60	Lady Ilany, DOB
61	Benetton, young fashion
61	Görtz 17, Schuhe
	Bartscher Schmuck
	Boecker, Bekleidunghaus

Prinzipalmarkt

Neuss

		Rangordnung der 84 Städte
Einwohner:	149.017	50
Besucheraufkommen 1994:	216.610 Übernachtungen	47
Kaufkraftkennziffer 1995 je Einwohner:	117,4	12
Umsatzkennziffer 1995 je Einwohner:	109,4	54
Anteil Textil (gesamte 1a-Lage): nach Anzahl der Betriebe	27,8 %	50
Anteil Schuhe (gesamte 1a-Lage): nach Anzahl der Betriebe	8,9 %	39
Filialisierungsgrad (gesamte 1a-Lage): nach Anzahl der Betriebe	62,0 %	36
Passantenzählung:	**1.682**	53
Standort:	Büchel 45	
Zeit:	16.00 Uhr bis 17.00 Uhr	
Datum:	5. Mai 1995	
Wetter:	warm, wolkenloser Himmel	
Besonderheiten:	Straßenbahn mittig	
Länge der Straßenfronten 1a-Lage:	730 m	
Kemper's Kaufkraftpotential 1995: normierte Kaufkraftkennziffer x normierte Passantenzählung 100 = Durchschnitt der 84 Städte	**87,1**	48
Mietpreis 1a-Lage 1995 pro m²: Quelle: Kemper's Index	DM/m² 120,-- bei Neuvermietung	
Kemper's Ertragskennziffer 1995: Index des Kemper's Kaufkraft-potentials : Mietindex 100 = Durchschnitt der 84 Städte	**126,6**	13

Ansässige Einzelhandelsbetriebe 1a-Lage

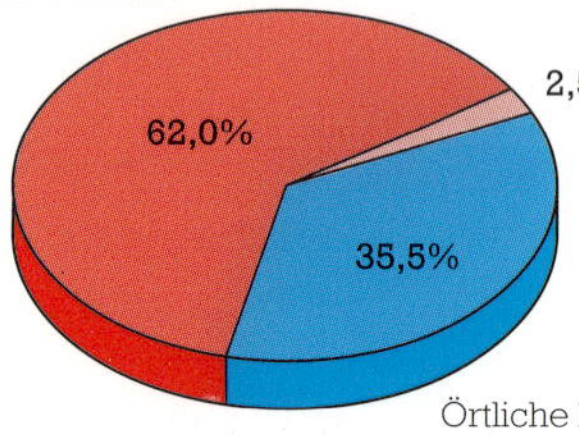

Branchenmix 1a-Lage

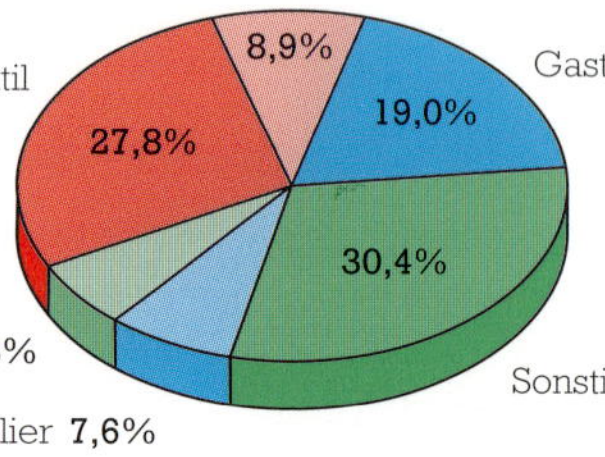

Weitere Makrodaten siehe KEMPER'S INDEX

Neuss

1a-Lage: Büchel, Niedernstraße

Filialisierungsgrad: 62,0 %
Besonderheiten:
leicht ansteigende Fußgängerzone, lang, Straßenbahn mittig

Büchel
Länge der 1a-Lage: 500 m

Niedernstraße

Linke Straßenseite

Markt

Eduscho, Kaffee	1
André, Schuhe	3
KD, Drogeriemarkt	5

Stiftsgasse

Deichmann, Schuhe	7
Café Uhlenbrock	9-11
Gold Zabka	13
Nicolas Scholz, HAKA	15
Napp Natur	17
Maxis Mode, DOB	19
Einhorn Apotheke	21
Albeck, Schuhe	23

Vogteigasse

That's me, young fashion	25
Gold An- und Verkauf	27
Juwelier Küsters, Uhren/Schmuck	29
Markthaus Köhler	31
Pfisterer Gold + Silber	33
Schwalmtaler Backhaus	35-37
Ballauf, Geschenkartikel	39-41
Atlas, Reisen	43
Runners Point, Sportartikel	45
Juppen, Schuhe	47
Brameier, Bekleidungshaus	49
Rubin, Modeschmuck	51
Foot Locker, Sportartikel	51

Glockhammer

Sinn, Bekleidungshaus	66-74
Orsay, young fashion	64
Bayer Moden	58-62
Deichmann, Schuhe	56

Am Konvent

Kaufhof, Warenhaus	
Neuss-Grevenbroicher Zeitung	42
Händeler-Hammermann (Loden Frey)	40
Casserole, Systemgastr.	36-38

Kastellstraße

Wehmeyer, Bekleidungshs.	26-30
Kaufhalle, Kleinkaufhaus	22-24
Schuhhaus Huck	22-24
Schlemmermeyer, Feinkost	20
Eduscho, Kaffee	18
Amerika Shop	16
Langhardt, Lederwaren	14
Lido Eiscafé	12
Strauss, Kleinkaufhaus	10
Konditorei Lohmann	8
Schmuck/Geschenke	6

Niederwallstraße

Rechte Straßenseite

Rathaus

4	Schwanen Parfümerie Becker
6	Kerkmann, Bekleidungshaus
8	Gewürzmühle Engels
10	Buchhandlung Ley
12-14	Photo Porst
12-14	Fundgrube

Neustraße

16	Mühlensiepen, Tabak/Spirituosen
18	Tchibo, Kaffee
20	Büchel Arkaden (Umbau)
22-24	Warenhaus Josten
32	Mode Heinemann
34-38	H & M, young fashion
40-42	Parfümerie Becker
44-48	Reisebüro Alpha
44-48	Otto Mess, Lebensmittel
44-48	Bäckerei Oebel
44-48	Gaststätte

Sebastianusstraße

79-81	Umbau
75-77	Lederwaren Schmitz

Brandgasse

73	Hussel, Süßwaren
71	Biba, DOB
69	Andrea Anders, DOB
67	Campus, young fashion

Sebastianus Kirche

57-61	Gloria Film-Theater
57-61	Gold Hochköppler
55	Mode Kroh
53	Halleluja for shoes
51	Sebastianus Apotheke
49	Bäckerei Oebel
47	Postall, Kunsthandlung
43	Fuchs, Drogeriemarkt
41	Douglas, Parfümerie
39	Photo Line
35-37	Vedes, Spiel + Freizeit
35-37	M. Klöden
33	Hunkemöller, Wäsche/Dessous
25-27	Umbau
23	Otto Boenicke, Tabak/Spirit.
21	Aldi, Lebensmittel
19	Benetton, young fashion
19	Niedertor-Apotheke

Hamtorwall

Nürnberg

		Rangordnung der 84 Städte
Einwohner:	498.945	13
Besucheraufkommen 1994:	1.533.706 Übernachtungen	7
Kaufkraftkennziffer 1995 je Einwohner:	111,8	23
Umsatzkennziffer 1995 je Einwohner:	164	8
Anteil Textil (gesamte 1a-Lage): nach Anzahl der Betriebe	37,7 %	9
Anteil Schuhe (gesamte 1a-Lage): nach Anzahl der Betriebe	8,8 %	41
Filialisierungsgrad (gesamte 1a-Lage): nach Anzahl der Betriebe	68,7 %	18
Passantenzählung:	**2.087**	39
Standort:	Breite Gasse 32 Breite Gasse 35	
Zeit:	16.00 Uhr bis 17.00 Uhr	
Datum:	5. Mai 1995	
Wetter:	warm, wolkenloser Himmel	
Besonderheiten:	keine	
Länge der Straßenfronten 1a-Lage:	1.680 m	
Kemper's Kaufkraftpotential 1995: normierte Kaufkraftkennziffer x normierte Passantenzählung 100 = Durchschnitt der 84 Städte	**102,9**	31
Mietpreis 1a-Lage 1995 pro m²: Quelle: Kemper's Index	DM/m² 250,-- bei Neuvermietung	
Kemper's Ertragskennziffer 1995: Index des Kemper's Kaufkraft-potentials : Mietindex 100 = Durchschnitt der 84 Städte	**71,8**	66

Ansässige Einzelhandelsbetriebe 1a-Lage

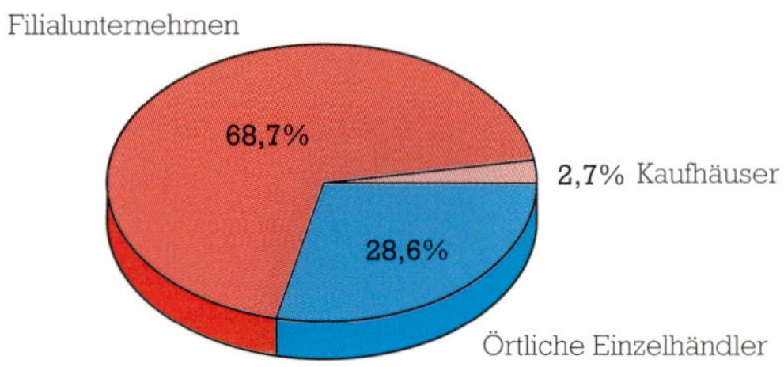

Branchenmix 1a-Lage

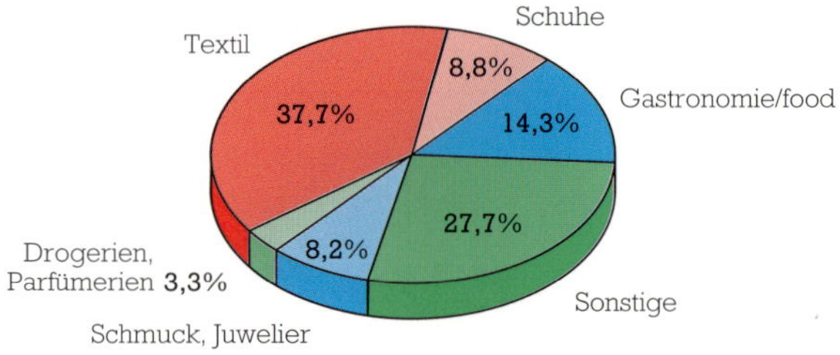

Weitere Makrodaten siehe KEMPER'S INDEX

Nürnberg

1a-Lage: Breite Gasse

Filialisierungsgrad: 72,8 %
Besonderheiten: lange und breite Fußgängerzone, konsumig

Weißer Turm

Ludwigsplatz

Breite Gasse
Länge der 1a-Lage: 500 m

C & A, Bekleidungshaus	
Carnaby's, DOB	93
Tack, Schuhe	89-91
André, Schuhe	85-87
Foto Quelle	83
Café Beer	81
Jean Pascale, young fashion	79
Polstermöbel Segmüller	77

96	Eckerle, HAKA
94	NUR, Reisebüro
94	Import-Parfümerie
92	Küchen Loesch
90	Mister + Lady Jeans, young fashion
88	Bata, Schuhe
86	Carnaby's for Kids
82-84	Trockenrasiererzentrale
82-84	Douglas, Parfümerie
80	Deichmann, Schuhe
78	Mc Donald's, Systemgastron.
76	Runners Point, Sportartikel

Färbergasse

Leiser, Schuhe	71-73
Goldmine	71-73
Montanus, Bücher	69
Uhren Weiss, Juwelier	67
New Yorker, young fashion	65
Hallhuber, young fashion	63
Orsay, young fashion	57-61
Esprit, young fashion	57-61
Olymp + Hades, young fashion	57-61
Chari Ledermoden	55
Eram, Schuhe	55
Roland, Schuhe	53
Flam, Boutique	51
Hennes & Mauritz, young fashion	47-49
Gondrom, Bücher	45

74	Arno Richter Moden
72	Me & You, Kindermoden
70	Stefansbäck
68	Fielmann, Optik
64-66	Pizza + Pasta
64-66	Body Shop, Kosmetik
64-66	Tiffany, Schirme/Hüte
64-66	S. Oliver, young fashion
62	Benetton, young fashion
58	Goldland, Juwelier
58	Levi's Store, young fashion
56	Crämer & Co, young fashion
52-54	Loft, young fashion
50	Umbau
48	Wok Man, chin. Imbiß
46	Sport-Stengel
44	Görtz 17, Schuhe
42	Reisebüro Huthöfer
40	Zwilling Shop

Krebsgasse

Nürnberg

1a-Lage: Karolinenstraße

Filialisierungsgrad: 69,1 %
Besonderheiten: lange Fußgängerzone, großflächige Bebauung

Weißer Turm

Ludwigsplatz / Hefnersplatz

Eckerle, HAKA	15-17
Springfield, HAKA	13
Buchholz Mode	11
Mister + Lady Jeans, young fashion	9
Laura Ashley, DOB	7
Der Beck	7
Foot Locker, Sportartikel	5
Hypobank	3
Hugendubel, Buchhandlung	1
Moden Zeiss	9
SØR, HAKA	7
Dr. Soldan, Parfümerie	3
Citibank	1

12-24	Wöhrl, Bekleidungshaus
4-10	Sport Scheck
2	Spirit Boutique, young fashion
	Apollo, Optik
	Café Pinguin
	Umbau
	Gold Gerstacker
	Mode Soldner
12	Ludwig Beck, young fashion
10	Fränk's Jeans + Mode
10	Umbau
8	Jakob, Buchhandlung
4-6	Wallner, Uhren/Juwelen
2	Stefanel, young fashion

Färberstraße

Karolinenstraße
Länge der 1a-Lage: 500 m

Bayerische Vereinsbank	57
Satinée, Strumpfmoden	55
K + L Ruppert, Bekleidungshaus	51-53
Hartbeat, Record + Clubware	49
Most, Süßwaren	47
Roland, Schuhe	47
Arno Richter Mode	43-45
Benetton-Sisley, young fashion	37
Schlemmerpoint	35
Der Teeladen	35
Der Beck	35
Pöhlmann Schuhe	35

44	Nordsee, Systemgastronomie
42	Fielder Mode
38-40	Schamberger Mode
30	Telekom

Krebsgasse

Anson's, HAKA	31-33
Der Goldschmied Schott	27
Wieseler + Mahler, Porzellan/Kunstgewerbe	27
Burkert Eisen, Haushaltsw.	25
Salamander, Schuhe	21-23
Pöhlmann, Schuhe	15-19
Mister + Lady Jeans, young fashion	15-19

Erbacher Gäßchen

28	Deutsche Bank
26	Nowak Schuhe
	Copy Shop
	Karstadt, Warenhaus
26	Nürnberger Spielstuben
	Douglas, Parfümerie
	Regina Pelze
	Zechbauer, HAKA

Heldengäßchen

Campe, Bücher	13
Nürnberger Zeitung	7-11
Kaufhalle, Kleinkaufhaus	7-11
Dresdner Bank	5
Photo Porst	3
Moden Fellner	1a
MCM, Lederwaren	1a
Duda Schuhe	1

Königstraße

Nürnberg

1a-Lage: Breite Gasse

Krebsgasse | Krebsgasse

Breite Gasse (linke Seite)	Nr.
Foot Locker, Sportartikel	43
Christ, Juwelier	41
Zero, young fashion	39
Singer, Nähmaschinen	37
Pizza Hut, Systemgastron.	35
Ditsch Brezeln	33
Pascha Döner	33
Be Pop, young fashion	31
Eis Sirena	29
Brameier, Modeschmuck	25-27
Checkers, young fashion	21-23
A. Masseri, Scheren/Messer	19
Brandl's Räucherkammer	17
Lui, Krawatten	15
Tchibo, Kaffee	13
Hertie, Warenhaus	5-11
Berger, Juwelier	3
NUR, Reisebüro	3
Pro Mod, young fashion	1
Der Bäcker Feihl	
Douglas, Parfümerie	
Hertie, Warenhaus	

Nr.	Breite Gasse (rechte Seite)
38	Sanitätshaus Pfeuffer
36	Modern Boutique
34	Wissmach, young fashion
34	Crämer & Co, young fashion
32	Most, Süßwaren
32	Pimkie, young fashion
30	Photo Porst
26	Umbau
26	Bijou Brigitte, Modeschmuck
24	Der Bilderfürst
	Heldengäßchen
22	Eduscho, Kaffee
22	Hart Beat, young fashion
20	Nasch, Lederbekleidung
18	Gold Kraemer
18	Kai Jeans, young fashion
18	Bijou Brigitte, Modeschmuck
16	Bonita, DOB
14	André, Schuhe
10	Azzuro, Schuhe
10	Knapp, Uhren/Schmuck
10	Ropag Blume
8	Schlemmermeyer, Feink.
6	Import-Parfümerie
4	Peter Palmers, Wäsche/Dess.
2	Goldpalast, Schmuck

Pfannenschmiedsgasse | Pfannenschmiedsgasse

Nürnberg

1a-Lage: Pfannenschmiedsgasse

Pfannenschmiedsgasse
Länge der 1a-Lage: 150 m

Pfannenschmiedsgasse (linke Seite)	Nr.
Kaufhaus, Warenhaus	
Breite Gasse	
Deichmann, Schuhe	5
Foto Seitz	3
Mister + Lady Jeans, young fashion	1
Benneton, young fashion	
Weißer Löwe, Gastronomie	

Nr.	Pfannenschmiedsgasse (rechte Seite)
	Breite Gasse
14	Peter Palmers, Wäsche/Dessous
12	Hildebrandt, Juwelier
12	Nudelmacher, Systemgastron.
10	Palm Tobacco
8	Stefansbäck
4-6	Bijou Catrin, Modeschmuck
4-6	Eiles, Kaffee/Tee
2	Mandel, Bürobedarf

Oberhausen

		Rangordnung der 84 Städte
Einwohner:	226.254	35
Besucheraufkommen 1994:	49.612 Übernachtungen	81
Kaufkraftkennziffer 1995 je Einwohner:	96,3	64
Umsatzkennziffer 1995 je Einwohner:	101,2	65
Anteil Textil (gesamte 1a-Lage): nach Anzahl der Betriebe	21,5 %	72
Anteil Schuhe (gesamte 1a-Lage): nach Anzahl der Betriebe	12,3 %	14
Filialisierungsgrad (gesamte 1a-Lage): nach Anzahl der Betriebe	75,4 %	9
Passantenzählung:	**2.126**	36
Standort:	Marktstraße 51	
Zeit:	16.00 Uhr bis 17.00 Uhr	
Datum:	5. Mai 1995	
Wetter:	warm, wolkenloser Himmel	
Besonderheiten:	Wahlversanstaltung der CDU mit Musik	
Länge der Straßenfronten 1a-Lage:	640 m	
Kemper's Kaufkraftpotential 1995: normierte Kaufkraftkennziffer x normierte Passantenzählung 100 = Durchschnitt der 84 Städte	**90,3**	45
Mietpreis 1a-Lage 1995 pro m²: Quelle: Kemper's Index	DM/m² 120,-- bei Neuvermietung	
Kemper's Ertragskennziffer 1995: Index des Kemper's Kaufkraft-potentials : Mietindex 100 = Durchschnitt der 84 Städte	**131,2**	10

Ansässige Einzelhandelsbetriebe 1a-Lage

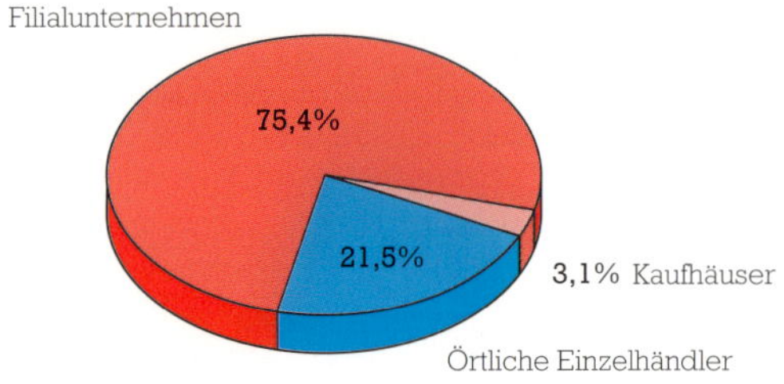

Branchenmix 1a-Lage

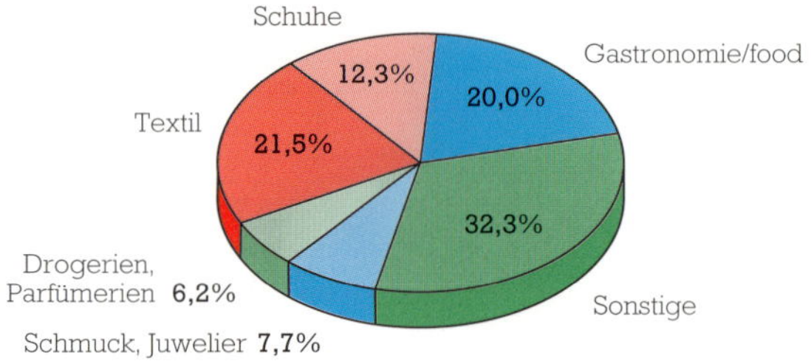

Weitere Makrodaten siehe KEMPER'S INDEX

Oberhausen

1a-Lage: Marktstraße

Filialisierungsgrad: 75,4 %
Besonderheiten: breite Fußgängerzone, soll überdacht werden, konsumig

Marktstraße
Länge der 1a-Lage: 400 m

Saarstraße

Geschäft	Nr.
Apollo, Optik	108
New Yorker, young fashion	106
Fisch Schmitz	104
Bäckerei Ferger	104
Schätzlein, Lebensmittel	102
DM, Drogeriemarkt	98
Sunny, young fashion	98
WMF, Haushaltswaren/Porzellan	96
Jeans Fritz, young fashion	94
Yaska, Parfümerie	94
Langhardt, Lederwaren	94

Havensteinstraße

Geschäft	Nr.
C & A, Bekleidungshaus	84
Woolworth, Kleinkaufhaus	80
Germania Apotheke	76
Gebr. Hartz, Wurstwaren	
Bonita, DOB	74
Andrea Anders, DOB	72
Mühlensiepen, Tabak/Spirit.	72

Elsässer Straße

Geschäft	Nr.
Klauser Schuhe	70
Götzen, Parfümerie	68
Schoko Saure	68
Käseland	68
Deichmann, Schuhe	66
Casserole, Systemgastron.	64
Hubertus Apotheke	64
Roland, Herrenschuhe	62
Bijou Brigitte, Modeschmuck	62
Kaufhof, Warenhaus	60

Paul-Reusch-Straße

Geschäft	Nr.
ABC Apotheke	50

Goebenstraße

Saarstraße

Nr.	Geschäft
109	Görtz 17, Schuhe
109	"Tischlein deck Dich", Tischwäsche
109	Sickendiek, Metzgerei
107	Nanu Nana, Geschenkartikel
103	Horst Hemke, Bäckerei
103	Dilchert, Metzgerei
103	Zack, Sonderposten
101	Deichmann, Schuhe
97	Sparkasse
97	Gold Brillanten 2000
87	Foto Quelle
85	Photo Porst
85	1,2,3, DOB

Wörthstraße

Nr.	Geschäft
79	Jeans Palast, young fashion
79	Big Steel
79	Horst Hemke, Café
77	Fielmann, Optik
75	Gold Kraemer
73	Tengelmann, Lebensmittel
71	Betten Grimm
69	Juwelier Wiehmeyer
67	Sickendiek, Metzgerei
67	Eduscho, Kaffee
65	Bircks, Hüte & Schirme
65	Nadine Boutique
65	Engbers, HAKA

Lothringer Straße

Nr.	Geschäft
61-63	Commerzbank AG
59	Douglas, Parfümerie
57	André, Schuhe
57	Olympus, Sportartikel
51	Kemer Reisen
51	Tack, Schuhe
51	Citibank
45-49	Biba, DOB
45-49	Voswinkel, Sportartikel
45-49	Weiss, Juwelier

Paul-Reusch-Straße

Nr.	Geschäft
43	P & C, Bekleidungshaus

Goebenstraße

Offenbach am Main

		Rangordnung der 84 Städte
Einwohner:	116.870	70
Besucheraufkommen 1994:	177.058 Übernachtungen	55
Kaufkraftkennziffer 1995 je Einwohner:	114,9	16
Umsatzkennziffer 1995 je Einwohner:	131,7	37
Anteil Textil (gesamte 1a-Lage): nach Anzahl der Betriebe	17,1 %	80
Anteil Schuhe (gesamte 1a-Lage): nach Anzahl der Betriebe	12,2 %	15
Filialisierungsgrad (gesamte 1a-Lage): nach Anzahl der Betriebe	58,5 %	48
Passantenzählung:	**1.128**	71
Standort:	Frankfurter Straße 17-21	
Zeit:	16.00 Uhr bis 17.00 Uhr	
Datum:	5. Mai 1995	
Wetter:	warm, wolkenloser Himmel	
Besonderheiten:	keine	
Länge der Straßenfronten 1a-Lage:	400 m	
Kemper's Kaufkraftpotential 1995: normierte Kaufkraftkennziffer x normierte Passantenzählung 100 = Durchschnitt der 84 Städte	**57,2**	66
Mietpreis 1a-Lage 1995 pro m²: Quelle: Kemper's Index	DM/m² 100,-- bei Neuvermietung	
Kemper's Ertragskennziffer 1995: Index des Kemper's Kaufkraft-potentials : Mietindex 100 = Durchschnitt der 84 Städte	**99,7**	42

Ansässige Einzelhandelsbetriebe 1a-Lage

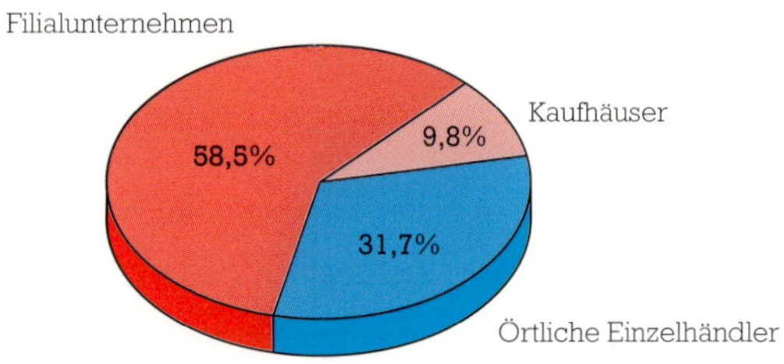

Branchenmix 1a-Lage

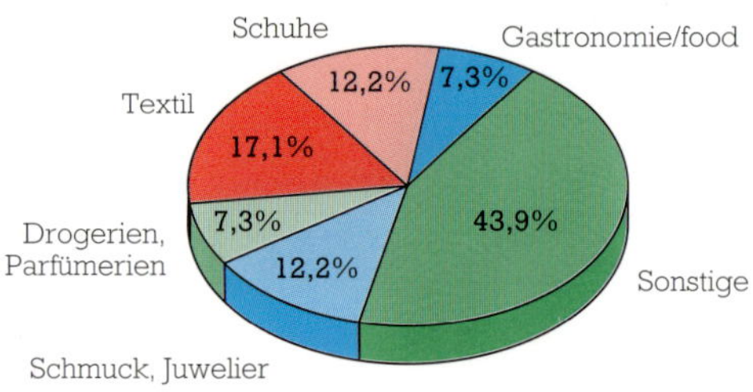

Weitere Makrodaten siehe KEMPER'S INDEX

Offenbach am Main

1a-Lage: Frankfurter Straße

Filialisierungsgrad: 58,5 %
Besonderheiten: kurze, relativ breite Fußgängerzone, Straßenbahn mittig

Marktplatz

Frankfurter Straße
Länge der 1a-Lage: 280 m

Anson's, HAKA	1
Dielmann, Schuhe	3-5
Kaufhaus Schneider	7
Woolworth, Kleinkaufhaus	11
WMF, Haushaltswaren/Porzellan	13
Walter Passage	
Tchibo, Kaffee	15
Orsay, young fashion	17-21
Karstadt, Warenhaus	

	CES-Marktdrogerie
4	Birk & Sohn Schmuck
4	Supermax, Kiko
4	Bonita, DOB
4	Zeiss, Metzgerei
6	Photo Porst
6	André, Schuhe
8	Hunder, Uhren / Schmuck
10	NUR Touristik, Reisebüro
12-18	Kaufhof, Warenhaus
	Flower Power Blumen
	Wiener Feinbäckerei
	Bijou Brigitte, Modeschmuck
	Iß was

Herrnstraße

Eram, Schuhe	
Douglas, Parfümerie	23
Fox, Fundgrube	25
DM-Drogeriemarkt	27
Kartentruhe	29
Singer Nähparadies	
Ringfoto Guthier	31
Die neue Masche	31

20	Uhren-Weiss, Juwelier
22	Radio Diehl
24	Bijou Catrin, Modeschmuck
24	Most, Süßwaren
26	Blumen
26	Bata, Schuhe
28	New Yorker, young fashion
28	Musik André
30	Deichmann, Schuhe
32	Hassert DOB

Aliceplatz

Oldenburg

		Rangordnung der 84 Städte
Einwohner:	147.701	51
Besucheraufkommen 1994:	161.729 Übernachtungen	58
Kaufkraftkennziffer 1995 je Einwohner:	103,9	50
Umsatzkennziffer 1995 je Einwohner:	154,4	18
Anteil Textil (gesamte 1a-Lage): nach Anzahl der Betriebe	36,9 %	13
Anteil Schuhe (gesamte 1a-Lage): nach Anzahl der Betriebe	8,3 %	47
Filialisierungsgrad (gesamte 1a-Lage): nach Anzahl der Betriebe	63,1 %	33
Passantenzählung:	**1.571**	58
Standort:	Lange Straße 24	
Zeit:	16.00 Uhr bis 17.00 Uhr	
Datum:	5. Mai 1995	
Wetter:	warm, wolkenloser Himmel	
Besonderheiten:	Leierkastenmann	
Länge der Straßenfronten 1a-Lage:	620 m	
Kemper's Kaufkraftpotential 1995: normierte Kaufkraftkennziffer x normierte Passantenzählung 100 = Durchschnitt der 84 Städte	**72,0**	57
Mietpreis 1a-Lage 1995 pro m²: Quelle: Kemper's Index	DM/m² 150,-- bei Neuvermietung	
Kemper's Ertragskennziffer 1995: Index des Kemper's Kaufkraft- potentials : Mietindex 100 = Durchschnitt der 84 Städte	**83,7**	56

Ansässige Einzelhandelsbetriebe 1a-Lage

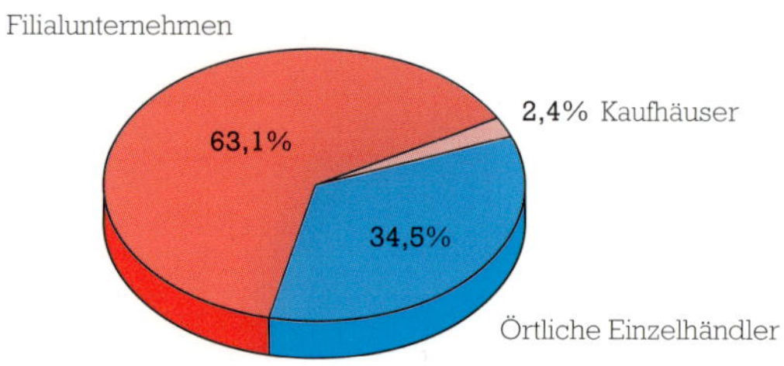

Branchenmix 1a-Lage

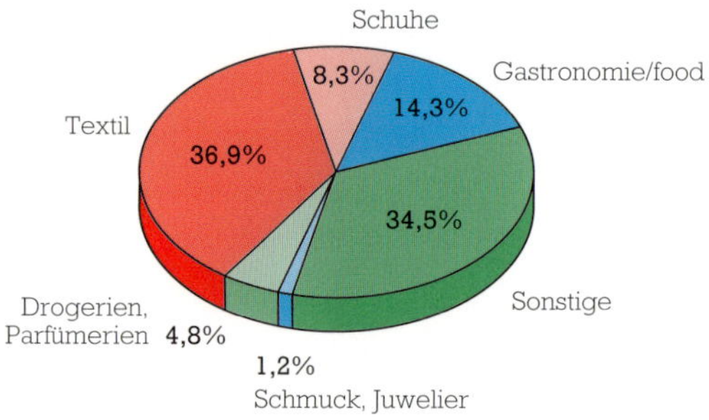

Weitere Makrodaten siehe KEMPER'S INDEX

Oldenburg

1a-Lage: Lange Straße

Filialisierungsgrad: 59,6 %

Lange Straße
Länge der 1a-Lage: 190 m

Flair-Shop Boutique	84
City Galerie	84
Oldenburger Landesbank	83
Herbartgang	
Hettlage, Bekleidungshaus	81-82
Leffers, Bekleidungshaus	78-80
Hof Apotheke	77
Kurwickstraße	
John Benton, Gastronomie	76
Jean Pascale, young fashion	75
Montanus, Bücher/Zeitschriften	74
Munderloh, Biker-Bekleidung	73
Douglas, Parfümerie	72
Orsay, young fashion	71
Tchibo, Kaffee	66
Gundlacg, Früchte	66
Kaufhalle, Kleinkaufhaus	66
Retelsdorf, Café	66
Zero, young fashion	65
Tiffany, Geschenkartikel	64
WMF, Haushaltswaren/Porzellan	63
Haarenstraße	
Onken, Schreibwaren	62
Peter Wulff, Buddelei	61
Bruns, young fashion	60
Gaststraße	

Elisenstraße	
14	Textila
15	Adolf Dobrath, HAKA
16	New Yorker, young fashion
Achternstraße	
18	Leffers, Bekleidungshaus
19	Hallerstede, Leder
20	La Vista, Optik
20	NUR, Reisebüro
21	Görtz, Schuhe
22	Benetton, young fashion
23	Nordsee, Systemgastronomie
24	Pimkie, young fashion
25	Langhardt, Lederwaren
26	Stinshoff, Schuhe
26	Holert, Leder
27	Ursin, Hifi
28-30	C & A, Bekleidungshaus
31	Stadtbäckerei
32	B 4, young fashion
32	Cinemabila, Videos/CD's
33	Interim
33	Most, Süßwaren
34	Christ, Juwelier
35	Java, Kaffee
36	Yaska, Parfümerie
36	Niemeyer, Zeitschriften
Schüttingstraße	

Oldenburg

1a-Lage: Achternstraße

Filialisierungsgrad: 73,0 %:

Achternstraße
Länge der 1a-Lage: 160 m

Lange Straße

Leffers, Bekleidungshaus	69
Hallerstede, Lederwaren	67
City Bäcker	64
Görtz, Schuhe	64
Benetton 012, Kiko	64
Neuform, Lebensmittel	63
Stuckenberg, Eissalon	62
Pilota, young fashion	61
NUR, Reisebüro	60
Singer, Nähmaschinen	60
Wohnhaus	58
Umbau	57
Fanselau, Optik	56
Levante, young fashion	55
Nordsee, Systemgastronomie	53-54
Minigörtz, Schuhe	52
Bierkeller, Gastronomie	51
Carl Müller, Fleischerei	51
Rowold, young fashion	49-50

1-2	Woolworth, Kleinkaufhaus
3	Zumnorde, Schuhe
4-5	Modelia, DOB
6	Runners Point, Sportartikel
6	Bonita, DOB
7	Umbau
8	Kochlöffel, Systemgastronomie
9-10	Illing, Unterhaltungselektronik

Gothaer Passage

9-10	Janett, young fashion
11	Yaska, Parfümerie
12	Deichmann, Schuhe
13	Nanu Nana, Geschenkartikel
14	Esprit, young fashion
15-16	Die Wollstube, Strickbedarf
15-16	von Ossietzky, Buchhandlung
17	Schmidt's Drogeriemarkt

Schüttingstraße

Tack, Schuhe	47
Bonita, DOB	46

Staustraße

19	Hennes & Mauritz, young fashion
20	Jean Pascale, young fashion

Osnabrück

		Rangordnung der 84 Städte
Einwohner:	168.078	47
Besucheraufkommen 1994:	175.649 Übernachtungen	56
Kaufkraftkennziffer 1995 je Einwohner:	97,3	61
Umsatzkennziffer 1995 je Einwohner:	153,5	19
Anteil Textil (gesamte 1a-Lage): nach Anzahl der Betriebe	37,5 %	10
Anteil Schuhe (gesamte 1a-Lage): nach Anzahl der Betriebe	10,2 %	29
Filialisierungsgrad (gesamte 1a-Lage): nach Anzahl der Betriebe	70,4 %	15
Passantenzählung:	**2.120**	37
Standort:	Große Straße 63-64	
Zeit:	16.00 Uhr bis 17.00 Uhr	
Datum:	5. Mai 1995	
Wetter:	warm, teilweise bedeckter Himmel	
Besonderheiten:	Straßencafé	
Länge der Straßenfronten 1a-Lage:	780 m	
Kemper's Kaufkraftpotential 1995: normierte Kaufkraftkennziffer x normierte Passantenzählung 100 = Durchschnitt der 84 Städte	**91,0**	44
Mietpreis 1a-Lage 1995 pro m²: Quelle: Kemper's Index	DM/m² 160,-- bei Neuvermietung	
Kemper's Ertragskennziffer 1995: Index des Kemper's Kaufkraftpotentials : Mietindex 100 = Durchschnitt der 84 Städte	**99,2**	43

Ansässige Einzelhandelsbetriebe 1a-Lage

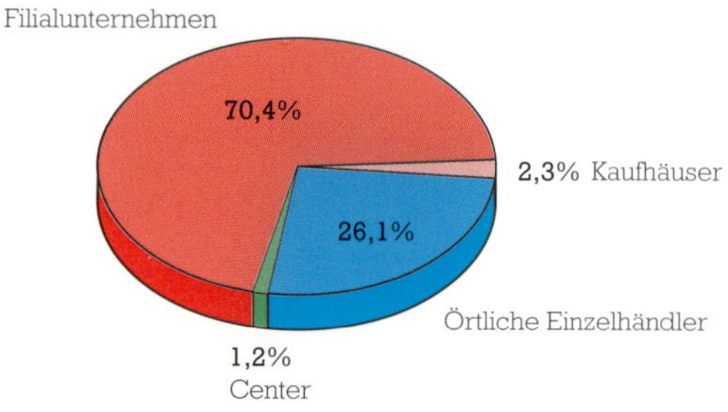

Branchenmix 1a-Lage

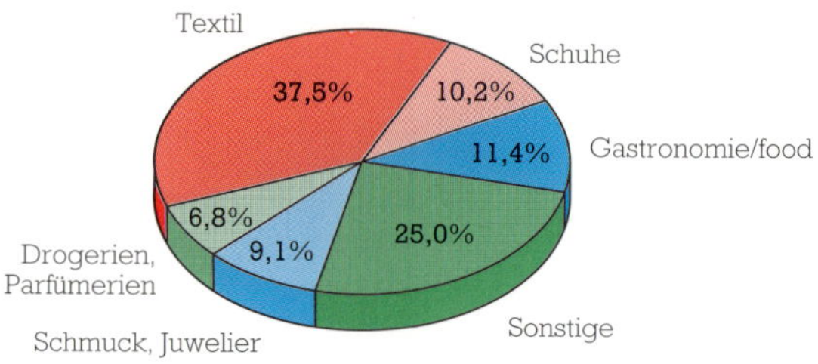

Weitere Makrodaten siehe KEMPER'S INDEX

Osnabrück

1a-Lage: Große Straße

Filialisierungsgrad: 70,4 %
Besonderheiten: breite Fußgängerzone, großflächige Bebauung

Große Straße
Länge 1a-Lage: 375 m

Neumarkt

M. Niemeyer, Tabak	1
Dolomiti, Eiscafé	1
Kochlöffel, Systemgastronomie	2
Fielmann, Optik	3
Abeler, Juwelier/Uhrmacher	4
Trend Line, young fashion	5
Jeans Fritz, young fashion	6
Idea, Drogeriemarkt	7-8
Coors, Bäckerei	7-8
Salü, DOB	7-8
Sunderdiek, Schuhe	9
Schenk, Uhren	10
Jean Pascale, young fashion	11
Foto Stange	12

Deutsch-Passage

Leder Rabe	12
Kühndahl Schuhe	13
Runners Point, Sportartikel	14
Douglas, Parfümerie	15-16
Montanus, Bücher/Zeitschriften	15-16
Meinders & Elstermann Verlag	17-19
Neue Osnabrücker Zeitung	17-19
Sanitätshaus Berk	20
Zero, young fashion	21
Yves Rocher, Kosmetik	22
Bijou Brigitte, Modeschmuck	22

Georgstraße

L & T, Sportartikel	24
Orsay, young fashion	25
Eduscho, Kaffee	25
WMF, Haushaltswaren/Porz.	26
L & T, Sportartikel	27-32
Yaska Parfümerie	27-32
Heinrich Kolkmeyer, Juwelier	33
Jeans Champion, young fash.	34
Zumnorde, Schuhe	35-36
NUR Touristik, Reisebüro	37-38
Strumpfladen	37-38
Liberty Woman, DOB	37-38
Foot Locker, Sportartikel	39
Douglas, Parfümerie	40
Bonita, DOB	41
Engbers, HAKA	42

Stubenstraße

Holthaus Mode	43
Cantus, young fashion	44
Hunefeld, Feinkost	45
Hirsch Apotheke	46
SØR, HAKA	46

Herrenteichstraße

Neumarkt

94-95	Neumarkt-Carré mit: Body Shop, Esprit, young fashion, Werdin, young fashion, H & M, young fashion, Bäckerei Coors
93	Albert Lescow, Juwelier
91-92	Quelle Technorama, Elektroartikel
88-89	Foto Quelle
88-89	Deichmann, Schuhe
87	Schinkenbauer, Wurstwaren
86	Hamburger Farm, Systemgastr.
84-85	Neue Passage u.a. mit: Elras, Rasierer, Most, Süßwaren
82-83	Roland, Schuhe
80-81	Dieler, Modehaus
78-79	Bata, Schuhe
78-79	Central-Passage Basic-Mode, young fashion
76	Andrea Anders, DOB
74-75	Jersey Ilany, DOB
74-75	Leder Keeb
	Wolsdorff, Tabakwaren
71	Vatthauer Brillen
70	Uhren-Weiss, Juwelier
69	H.Th. Wenner, Buchhandlung
68	André, Schuhe
67	Stadtsparkasse

Kleine Hamkenstraße

65-66	Woolworth, Kleinkaufhaus

Jürgensort

63-64	Osterhaus, Mode
62	Salamander, Schuhe
61	Markthalle
60	Görtz, Schuhe
58	Nordsee, Systemgastronomie
57	Bijou Catrin, Modeschmuck
56	Biba, DOB
	Tchibo, Kaffee
55	Boulevard-Boutique, Geschenkartikel
54	Tepe Moden
53	Kaufhalle, Kleinkaufhaus
52	Hermann Brettschneider, Juwelier
50-51	Kurtz, Textilien
50-51	Benetton, young fashion
	Schäffer, Geschenke

Nikolaiort

Paderborn

		Rangordnung der 84 Städte
Einwohner:	128.453	57
Besucheraufkommen 1994:	107.365 Übernachtungen	74
Kaufkraftkennziffer 1995 je Einwohner:	97,3	61
Umsatzkennziffer 1995 je Einwohner:	111,8	53
Anteil Textil (gesamte 1a-Lage): nach Anzahl der Betriebe	23,7 %	66
Anteil Schuhe (gesamte 1a-Lage): nach Anzahl der Betriebe	3,9 %	81
Filialisierungsgrad (gesamte 1a-Lage): nach Anzahl der Betriebe	60,6 %	43
Passantenzählung:	**2.250**	32
Standort:	Westernstraße 7	
Zeit:	16.00 Uhr bis 17.00 Uhr	
Datum:	5. Mai 1995	
Wetter:	warm, wolkenloser Himmel	
Besonderheiten:	Frühlingsfest mit Karussells und Buden	
Länge der Straßenfronten 1a-Lage:	630 m	
Kemper's Kaufkraftpotential 1995: normierte Kaufkraftkennziffer x normierte Passantenzählung 100 = Durchschnitt der 84 Städte	**96,6**	39
Mietpreis 1a-Lage 1995 pro m²: Quelle: Kemper's Index	DM/m² 170,-- bei Neuvermietung	
Kemper's Ertragskennziffer 1995: Index des Kemper's Kaufkraft-potentials : Mietindex 100 = Durchschnitt der 84 Städte	**99,1**	44

Ansässige Einzelhandelsbetriebe 1a-Lage

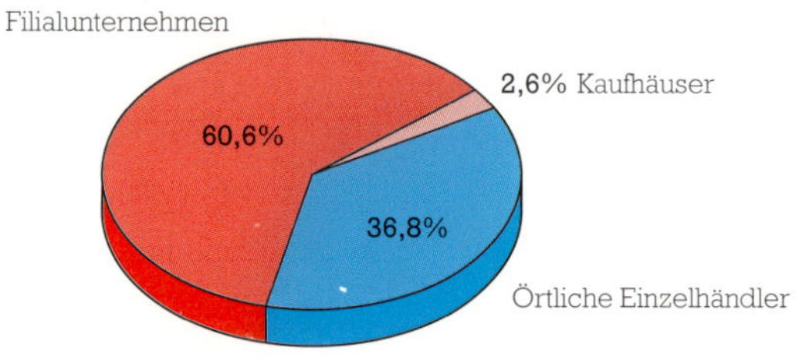

Branchenmix 1a-Lage

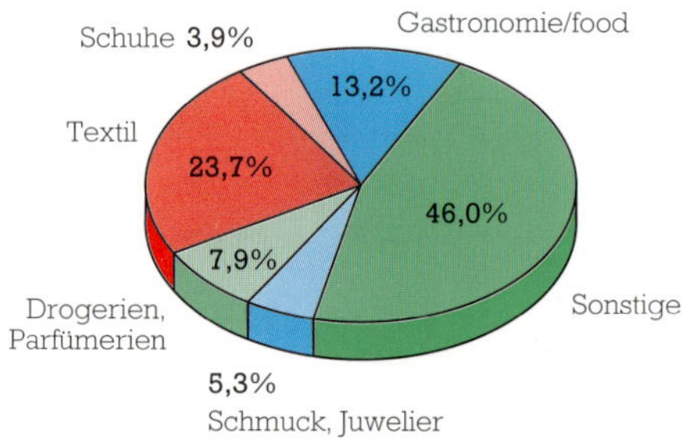

Weitere Makrodaten siehe KEMPER'S INDEX

Paderborn

1a-Lage: Westernstraße, Marienplatz

Filialisierungsgrad: 60,6 %

Gutenbergstraße

Klauser, Schuhe	10
Dresdner Bank	12
Leder Herr	12
Commerzbank	14
Verkehrsverein	2a
Reisebüro Koller	2a
Das Brillenatelier	2
Der Gold-Tiegel	2
Heinrichsdorff, Hüte	4
Kirchhoff Teppiche	6-8

Marienplatz

Kaufhalle, Kleinkaufhaus	2
Juwelier Schlamann	4
Eis Faretti	6-8
Fuchs, Drogeriemarkt	
Sittig Herrenboutique	
Runners Point, Sportartikel	6-8

Im Düstern

Deichmann, Schuhe	10
Nordsee, Systemgastronomie	12

Königspassage

Kontaktlinsen Hilbrich	16
es + pe, HAKA	18
Schlamann, Glas	20
Klingenthal, Modehaus	22-24

Königstraße

Kaufhof, Warenhaus	26
Klaholt, Friseur/Parfümerie	28
Der Teeladen	28
Krane, Optik	30
Gebr. Hartmann, Textilwaren	32
Ihr Platz, Drogerie	34
Umbau	
Universum Kino	34
Umbau	
Mercur Spielothek	34a
Eduscho, Kaffee	36
Photo Porst	36
Post-Apotheke	38
Pilota, Der Trendladen	38
Biggi's Fotomarkt	38
Biba, DOB	40
TUI, Reisebüro	40
Café Heyse	40

Westermauer

Westernstraße — Länge der 1a-Lage: 450 m
Marienplatz

Rathausplatz

9	SØR, HAKA
11	Jean Pascale, young fashion
13	Lederwaren Schlink
15	Sander, Wurst + Brotwaren
15	Most, Süßwaren
17	Douglas, Parfümerie
19	Montanus, Bücher/Zeitschr.
1	Hirsch Apotheke
1	Vanity, young fashion
3-5	Efi Moden
3-5	Brinkmann, Sanitätshaus

Jühengasse

7	Uhren-Weiss, Juwelier
9	Umbau

Weg

11	Kleine, HAKA
13	Claudia Meier, Blumen
13	WMF, Haushaltsw./Porzellan
15	Salamander, Schuhe

Rosenstraße

1	Esprit, young fashion
1	NUR, Reisebüro
3	Juwelier Schröder
5	Girolstein, Betten und Aussteuer
7	Siebrecht, Bäckerei
7	Orsay, young fashion

Weg

13	Langhardt, Lederwaren
15	Finke Moden
17	Reinecke, DOB

Franziskaner-Kirche

Franziskanergasse

23	Bijou Brigitte, Modeschmuck
25	Lange, Bäckerei
25	Schmidt, Moden
27	Trilling, Metzgerei
27	Douglas, Parfümerie
29	Jeans Fritz, young fashion
29	Tchibo, Kaffee

Liliengasse

31	Umbau
37	Modehaus Eikel
39	Manegold, Parfümerie
41	Kochlöffel, Systemgastronomie

Franziskanermauer

Pforzheim

		Rangordnung der 84 Städte
Einwohner:	117.450	69
Besucheraufkommen 1994:	133.162 Übernachtungen	65
Kaufkraftkennziffer 1995 je Einwohner:	115,8	14
Umsatzkennziffer 1995 je Einwohner:	146,0	23
Anteil Textil (gesamte 1a-Lage): nach Anzahl der Betriebe	19,4 %	75
Anteil Schuhe (gesamte 1a-Lage): nach Anzahl der Betriebe	8,1 %	49
Filialisierungsgrad (gesamte 1a-Lage): nach Anzahl der Betriebe	50 %	66
Passantenzählung:	**1.808**	50
Standort:	Westl.-Karl-Friedrich-Straße 29-31	
Zeit:	16.00 Uhr bis 17.00 Uhr	
Datum:	5. Mai 1995	
Wetter:	warm, wolkenloser Himmel	
Besonderheiten:	mobiler Modeschmuckstand	
Länge der Straßenfronten 1a-Lage:	630 m	
Kemper's Kaufkraftpotential 1995: normierte Kaufkraftkennziffer x normierte Passantenzählung 100 = Durchschnitt der 84 Städte	**92,4**	43
Mietpreis 1a-Lage 1995 pro m²: Quelle: Kemper's Index	DM/m² 150,-- bei Neuvermietung	
Kemper's Ertragskennziffer 1995: Index des Kemper's Kaufkraft-potentials : Mietindex 100 = Durchschnitt der 84 Städte	**107,3**	34

Ansässige Einzelhandelsbetriebe 1a-Lage

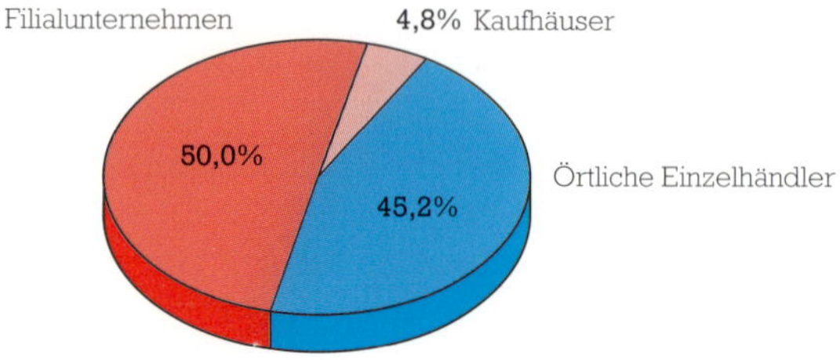

Branchenmix 1a-Lage

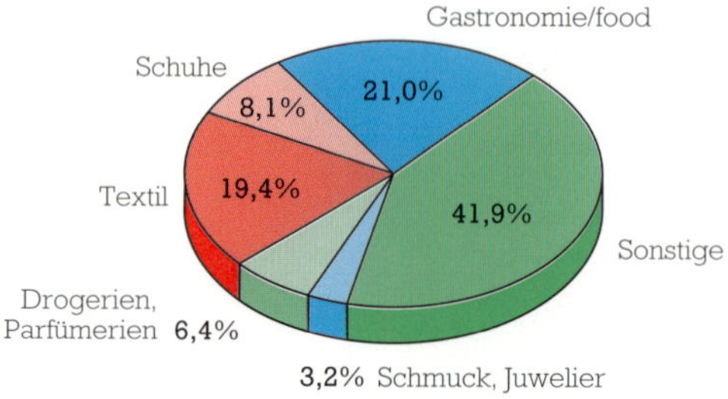

Weitere Makrodaten siehe KEMPER'S INDEX

Pforzheim

1a-Lage: Westliche Karl-Friedrich-Straße

Filialisierungsgrad: 50,0 %
Besonderheiten: sehr breit, teilweise Fahrstraße

Westliche Karl-Friedrich-Straße
Länge der 1a-Lage: 470 m

C & A, Bekleidungshaus	5-7

Alter Schloßberg

Kai, Schuhhaus	2
Gondrom, Bücher/Zeitschriften	4
TUI, Reisebüro	6
Optik Aktuell	
Goldgrube	8
E. Hans, DOB	10

Bäckerei	16
Foto Notton	16
Reuchlin Apotheke	18
Reformhaus Eden	20
Jung, Modehaus	22

Barfüssergasse

Eiscafé Casal	24
Damenmode Hintz	24
Regenbogen/Goldlager	26
Westend	28
Der Teeladen	28
Yves Rocher, Kosmetik	28
Leder Keyser	30
Central Apotheke	32
Fleischwaren Aldinger	34
Schuhwerk, Herrenschuhe	

Bahnhofstraße

Dina Loth, Bekleidung	
Büchershop	56
Roxy Kinos	56
Neubau Geschäftshaus	60-68
Commerzbank	70
Deichmann, Schuhe	72
Früchte Rummer	74
Deutsche Bank	76

Museumstraße

Marktplatz

1	Optik Eckart
1	Die Schallplatte
1	Buch Kaiser
1	Sparkasse
3	Beykebab, Imbiß
5	Parfümerie Just
7	Benetton, young fashion

Blumenstraße

17	Horten, Warenhaus

Lammstraße

23	Stadtapotheke
23	Singer, Nähmaschinen
25	Schuster
25	New Yorker, young fashion
27	Photo Porst
27	Kino-Center
27	Ristorante La Teverna
29-31	Dresdner Bank

Leopoldstraße

35	Nordsee, Systemgastronomie
35	Nudelmacher, Systemgastronomie
	Café / Bäckerei
37	Kaufhalle, Kleinkaufhaus

Baumstraße

39	Pregizer Apotheke
39	Douglas, Parfümerie
41	Quelle Technorama
41	Apollo, Optik
43	Salamander, Schuhe
45	Most, Süßwaren
45	Stefansbäck
47	Jakob Bekleidung
47	Damenmoden Freivogel
49	Woolworth, Kleinkaufhaus
51	Meisteroptik
51	Die Linie, Wohnimpulse
	Eduscho, Kaffee
53	Neubau Geschäftshaus
53a	Schuhhaus Schneider

Goethestraße

Potsdam

		Rangordnung der 84 Städte
Einwohner:	139.262	54
Besucheraufkommen 1994:	219.383 Übernachtungen	46
Kaufkraftkennziffer 1995 je Einwohner:	86,4	72
Umsatzkennziffer 1995 je Einwohner:	74,3	84
Anteil Textil (gesamte 1a-Lage): nach Anzahl der Betriebe	34,3 %	18
Anteil Schuhe (gesamte 1a-Lage): nach Anzahl der Betriebe	5,7 %	67
Filialisierungsgrad (gesamte 1a-Lage): nach Anzahl der Betriebe	25,7 %	84
Passantenzählung:	**1.647**	55
Standort:	Brandenburger Straße 49-52	
Zeit:	16.00 Uhr bis 17.00 Uhr	
Datum:	5. Mai 1995	
Wetter:	warm, wolkenloser Himmel	
Besonderheiten:	keine	
Länge der Straßenfronten 1a-Lage:	300 m	
Kemper's Kaufkraftpotential 1995: normierte Kaufkraftkennziffer x normierte Passantenzählung 100 = Durchschnitt der 84 Städte	**62,8**	63
Mietpreis 1a-Lage 1995 pro m²: Quelle: Kemper's Index	DM/m² 160,-- bei Neuvermietung	
Kemper's Ertragskennziffer 1995: Index des Kemper's Kaufkraft-potentials : Mietindex 100 = Durchschnitt der 84 Städte	**68,4**	69

Ansässige Einzelhandelsbetriebe 1a-Lage

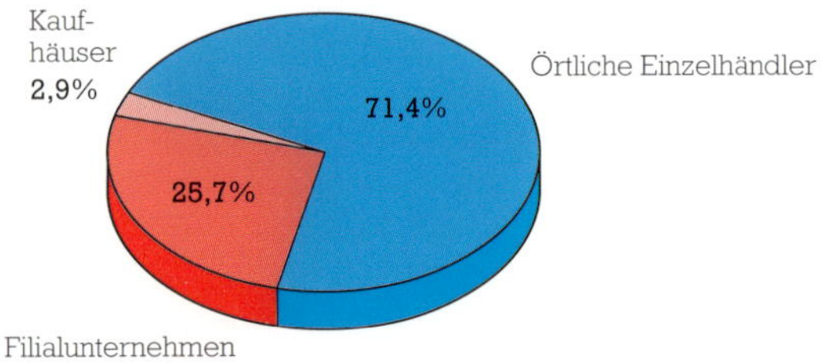

Branchenmix 1a-Lage

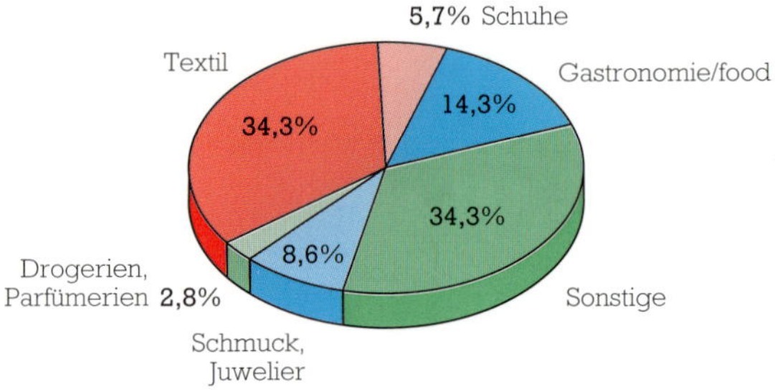

Weitere Makrodaten siehe KEMPER'S INDEX

Potsdam

1a-Lage: Brandenburger Straße

Filialisierungsgrad: 25,7 %
Besonderheiten: kurze 1a-Lage, attraktive Altbausubstanz

Brandenburger Straße
Länge der 1a-Lage: 275 m

Lindenstraße – Dortustraße

Schloßparfümerie Potsdam	15
Telekom	15
Brando 4, young fashion	16
Life Style Stadtcafé	16
Insel Boutique	17
Hempel's Blumenshop	17
Fruchtkorb, Obst/Gemüse	18
Dürer Haus, Souvenirs	18
Fremdenverkehrsamt/ Zimmernachweis	18
Liberty Woman, DOB	18
TUI, Reisebüro	18

60	Taschen
59	Interim
59	Der Schulz , Juwelier
58	Sparkasse
57	Herrendorf, Juwelier

Dortustraße – Jägerstraße

Blumenladen	19
Top-Moden Klawonn	20
Kontor, DOB	20
Hennes & Mauritz, young fashion	21
Kontor, HAKA	22
EFHA, Feinkost	22-23
Winnis Jeansshop	23
Siever, Wäsche	24
Baar, Schuhe	25
Umbau	25
Interim	25
Blumen	26
Coiffeur Frille	26
Damen- und Herrenmode	27
Boutique Karin, DOB	27
Bayerische Vereinsbank	28

56	Dugena, Juwelier
55	Wäschehaus Potsdam
54-55	Tack, Schuhe
53	Bonbonniere
53	Walther's Milchquelle, Molkereiprodukte
48-52	Horten, Warenhaus

Recklinghausen

		Rangordnung der 84 Städte
Einwohner:	126.647	62
Besucheraufkommen 1994:	58.803 Übernachtungen	80
Kaufkraftkennziffer 1995 je Einwohner:	96,2	65
Umsatzkennziffer 1995 je Einwohner:	86,0	77
Anteil Textil (gesamte 1a-Lage): nach Anzahl der Betriebe	32,6 %	29
Anteil Schuhe (gesamte 1a-Lage): nach Anzahl der Betriebe	5,6 %	69
Filialisierungsgrad (gesamte 1a-Lage): nach Anzahl der Betriebe	59,6 %	46
Passantenzählung:	**1.499**	60
Standort:	Kunibertistraße 4	
Zeit:	16.00 Uhr bis 17.00 Uhr	
Datum:	5. Mai 1995	
Wetter:	warm, wolkenloser Himmel	
Besonderheiten:	keine	
Länge der Straßenfronten 1a-Lage:	680 m	
Kemper's Kaufkraftpotential 1995: normierte Kaufkraftkennziffer x normierte Passantenzählung 100 = Durchschnitt der 84 Städte	**63,6**	62
Mietpreis 1a-Lage 1995 pro m²: Quelle: Kemper's Index	DM/m² 100,-- bei Neuvermietung	
Kemper's Ertragskennziffer 1995: Index des Kemper's Kaufkraft-potentials : Mietindex 100 = Durchschnitt der 84 Städte	**110,9**	27

Ansässige Einzelhandelsbetriebe 1a-Lage

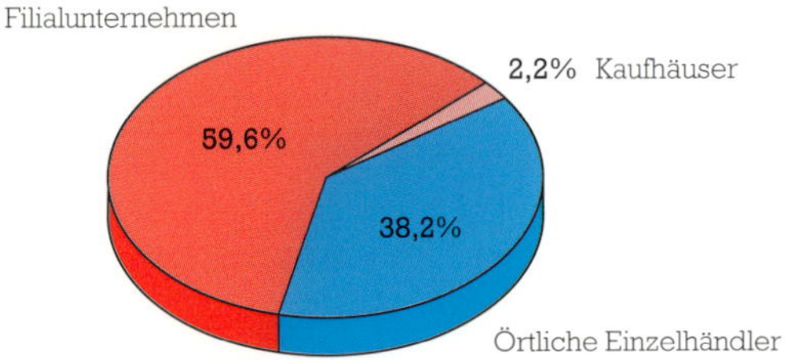

Branchenmix 1a-Lage

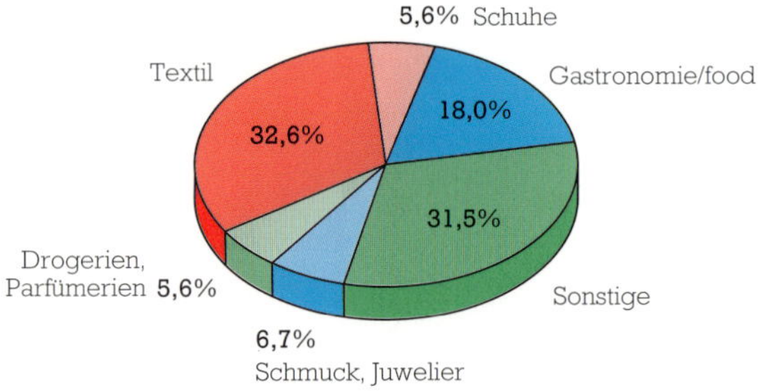

Weitere Makrodaten siehe KEMPER'S INDEX

Recklinghausen

1a-Lage: Kunibertistraße

Filialisierungsgrad: 62,1 %

Kunibertistraße
Länge der 1a-Lage: 150 m

Klauser, Schuhe	25-27

Martinistraße

Städtisches Reisebüro	23
Deichmann, Schuhe	21
Jeans Shop	19
Hussel, Süßwaren	19
Eiscafé Talamini	17
van Loon, Uhren/Schmuck	17
Bäckerei Hövelmann	
Mac Play Spielhalle	15
Sewinora, Strickmoden	15
Roland Schuhe	13
WMF, Haushaltswaren/Porzellan	11
Peter Rizzi, Mode	9
Küpper Leder	7

An der Dellbrügge

Woolworth, Kleinkaufhaus	5
Socken und mehr	
New Yorker, young fashion	3

Kampstraße

20	Herrenausstatter Kleiner
18	Anvil, young fashion
16	Andrea Anders, DOB
16	Optik Janisch
16	Ledermoden Italien
16	Fleischerei Rentmeister
14	Feinkost Schulte
12	Lederwaren Brune
12	Liberty, DOB
10	Runners Point, Sportartikel
	Design Antique
8	Brameier, Modeschmuck
8	Mademoiselle Josefine
8	Coconut
6	Eduscho, Kaffee
4	Stadtparfümerie Pieper

Rochusstraße

11	Tabakwaren Wolfslast
11	Cosmopolitan, young fashion
11	Markt-Apotheke

Markt

Recklinghausen

1a-Lage: Markt, Breite Straße

Filialisierungsgrad: 62,3 %

Markt

Breite Straße
Länge der 1a-Lage: 210 m

Holzmarkt

Bücherstube	7
Goldschmiede Exner	7
Nückel, DOB/HAKA	6
Nückel, Baby + Kind	5
Nückel, Wäsche/DOB	4
Gaststätte Albers	3

Albersgäßchen

Commerzbank	2
Karstadt Fahrradmarkt	1

Große Geldstraße

Hettlage & Fischer, Bekleidungshaus	2
Recklinghäuser Zeitung	4
Sinn, Bekleidungshaus	6-10
Teehaus Merlin	
Bäckerei Schweinsberg	12
Brillant Geschenkartikel	14
Alte Apotheke Dr. Strunk	14

Schwertfegergasse

Eduscho, Kaffee	16
Reformhaus Bacher	16
Quelle Technorama	16
Elras, Rasierer	16
Kino-Center	16
Hermann Winkelmann	18
Biba, DOB	20
Benetton, young fashion	20
Fotoladen	
Schröder, Uhren/Schmuck	22
Altstadtbäckerei	24
Pro Shop Jeans	24
Wursthaus König	24
Go on Kidswear	24

Kunibertistraße

11	Markt-Apotheke
11	DM, Drogeriemarkt
11	Tchibo, Kaffee
11	Fach Bäcker/Metzger
11	Marktcafé
11	Frankenberger Uhren
11	City Modehaus

Schaumburgstraße

	Parfümerie
16-17	Karstadt, Warenhaus
	Brotkörbchen
	Wursthaus
	Karstadt, Reisebüro

Lampengäßchen

7	Mc Donald's, Systemgastronomie
7	Riz, Mode
9	Eiscafé Dino
11	Herrenausstatter Rath
11	Altstadt Buchhandlung
13	Robert Stein, Uhren/Schmuck

Löhrhofstraße

15	Voswinkel, Schuhe
	Cantus, young fashion
17	Atlas Reisen, Reisebüro
19	Schlecker, Drogerie
21	Palm, Schuhe
21	M & S, DOB
23-25	Blocker, Haushaltswaren
27	Tabak Höing
31	Fels am Viehtor, Radio/TV

Hermann-Bresser-Straße

Regensburg

		Rangordnung der 84 Städte
Einwohner:	125.337	63
Besucheraufkommen 1994:	454.723 Übernachtungen	27
Kaufkraftkennziffer 1995 je Einwohner:	114,0	17
Umsatzkennziffer 1995 je Einwohner:	188,1	3
Anteil Textil (gesamte 1a-Lage): nach Anzahl der Betriebe	33,3 %	25
Anteil Schuhe (gesamte 1a-Lage): nach Anzahl der Betriebe	11,1 %	20
Filialisierungsgrad (gesamte 1a-Lage): nach Anzahl der Betriebe	57,8 %	52
Passantenzählung:	**1.706**	52
Standort:	Weiße-Lilienstraße 9	
Zeit:	16.00 Uhr bis 17.00 Uhr	
Datum:	5. Mai 1995	
Wetter:	warm, teilweise bedeckter Himmel	
Besonderheiten:	keine	
Länge der Straßenfronten 1a-Lage:	560 m	
Kemper's Kaufkraftpotential 1995: normierte Kaufkraftkennziffer x normierte Passantenzählung 100 = Durchschnitt der 84 Städte	**85,8**	49
Mietpreis 1a-Lage 1995 pro m²: Quelle: Kemper's Index	DM/m² 180,-- bei Neuvermietung	
Kemper's Ertragskennziffer 1995: Index des Kemper's Kaufkraft- potentials : Mietindex 100 = Durchschnitt der 84 Städte	**83,1**	57

Ansässige Einzelhandelsbetriebe 1a-Lage

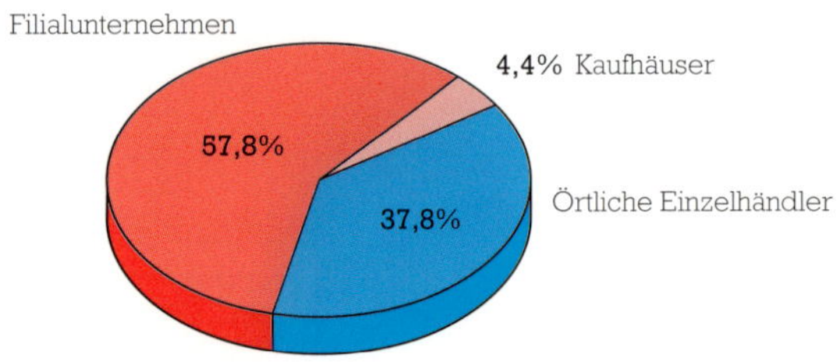

Branchenmix 1a-Lage

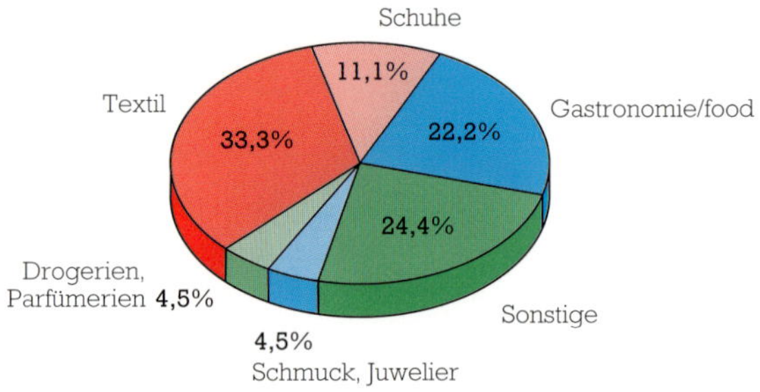

Weitere Makrodaten siehe KEMPER'S INDEX

Regensburg

1a-Lage: Weiße-Lilien-Straße

Filialisierungsgrad: 62,5 %
Besonderheiten: enge Fußgängerzone, kleinflächige Bebauung

Weiße-Lilien-Straße
Länge der 1a-Lage: 260 m

Westseite

Drei-Helm-Gasse

Horten, Warenhaus	
Café Deutzer	8
Hof Apotheke	10

St.-Kassians-Platz

Sparkasse	3
Metzgerei Göckl	2
"Daxl" Schuhmarkt	2
Most, Süßwaren	6
Eduscho, Kaffee	6
Bijou Brigitte, Modeschmuck	6

Simadergasse

Pfauengasse

Ostseite

Frauenbergl

2	Dom-Apotheke
2	Ernesto, young fashion
2	Bata, Schuhe
1	Volksbank
3	Hermann's Weihen-Stephan-Stuben
3	Deichmann, Schuhe

Schwarze-Bären-Straße

1	Ostermeier Metzgerei
3	Eschenwecker Bratwurstherzel
5	Nordsee, Systemgastronomie
7	Mister & Lady Jeans, young fashion
9	Orsay, young fashion
11	Bauer's Backstube
11	Eiscafé
13	Drogerie Müller
15	Hallhuber, young fashion

Königsstraße

Regensburg
1a-Lage: Königsstraße

Filialisierungsgrad: 61,9 %

Fröhliche-Türken-Straße		Weiße-Lilien-Straße
Knapp, Uhren/Schmuck	2	Hallhuber, young fashion
Ehmert, Parfümerie/Kosmetik	2	**Weißbräuhausgasse**
Moda Berri, DOB	4	1 — Bäckerei Ebner
		1 — Die Kommode, Geschenkartikel
Roland, Schuhe	4	1 — Pimkie, young fashion
Moden Bender	4	3 — Hussel, Süßwaren
		3 — Wagenthaler Hüte
Runners Point, Sportartikel	6	3 — Flam, young fashion
C & A, Bekleidungshaus	8	Tchibo, Kaffee
Schäffnerstraße		**Am Brixener Hof**
15		5 — Wöhrl, Bekleidungshaus
Elektro-Seibold		
Baumgartner Optik		7 — Königs-Apotheke
Woolworth, Kleinkaufhaus		Sutor-Schuhe
16		
Maximilianstraße		**Maximilianstraße**

Königsstraße — Länge der 1a-Lage: 150 m

Remscheid

		Rangordnung der 84 Städte
Einwohner:	123.610	64
Besucheraufkommen 1994:	86.954 Übernachtungen	77
Kaufkraftkennziffer 1995 je Einwohner:	112,6	21
Umsatzkennziffer 1995 je Einwohner:	98,4	67
Anteil Textil (gesamte 1a-Lage): nach Anzahl der Betriebe	31,6 %	31
Anteil Schuhe (gesamte 1a-Lage): nach Anzahl der Betriebe	5,3 %	71
Filialisierungsgrad (gesamte 1a-Lage): nach Anzahl der Betriebe	56,6 %	55
Passantenzählung:	**785**	77
Standort:	Alleestraße 60	
Zeit:	16.00 Uhr bis 17.00 Uhr	
Datum:	5. Mai 1995	
Wetter:	warm, wolkenloser Himmel	
Besonderheiten:	keine	
Länge der Straßenfronten 1a-Lage:	690 m	
Kemper's Kaufkraftpotential 1995: normierte Kaufkraftkennziffer x normierte Passantenzählung 100 = Durchschnitt der 84 Städte	**39,0**	73
Mietpreis 1a-Lage 1995 pro m²: Quelle: Kemper's Index	DM/m² 80,-- bei Neuvermietung	
Kemper's Ertragskennziffer 1995: Index des Kemper's Kaufkraft-potentials : Mietindex 100 = Durchschnitt der 84 Städte	**84,9**	54

Ansässige Einzelhandelsbetriebe 1a-Lage

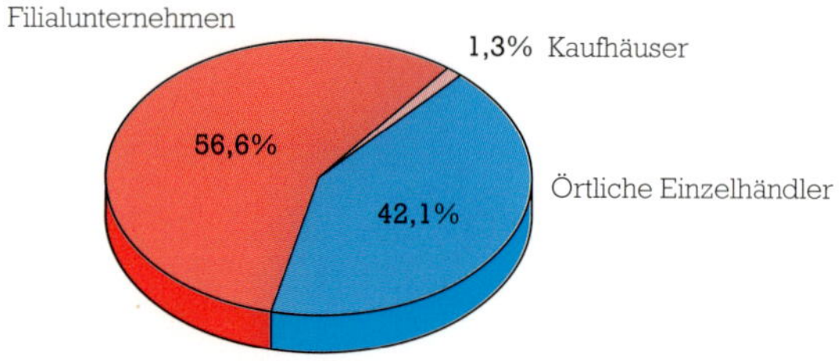

Branchenmix 1a-Lage

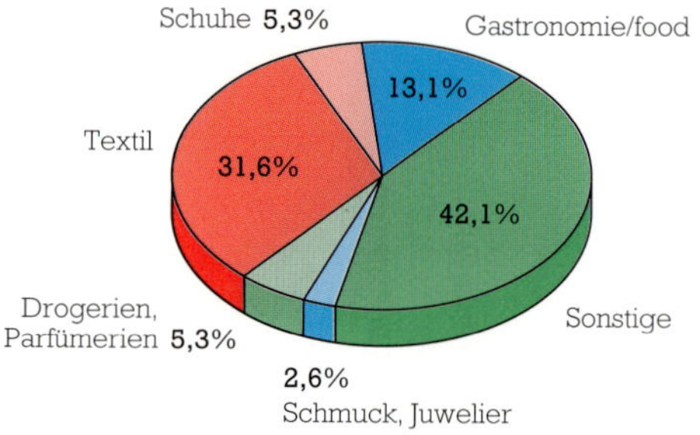

Weitere Makrodaten siehe KEMPER'S INDEX

Remscheid

1a-Lage: Alleestraße

Filialisierungsgrad: 56,6 %
Besonderheiten: lange Fußgängerzone, leicht ansteigend, direkt angebunden an Alleecenter

Alleestraße
Länge der 1a-Lage: 400 m

Alleestraße (linke Seite)

Deichmann, Schuhe	34
M & S, DOB	36
Meier, Schirme/Lederwaren	38
KD, Drogeriemarkt	40
Radio Weller	42
André, Schuhe	44
Langhardt, Lederwaren	46

Wilhelm-Schuy-Straße

Dürholt, Brotkorb/Baguetterie	48
Dies und Das, Haushaltswaren	
Yaska, Parfümerie	50
Foto Studio Grafie	50
A & S Creativ Geschenke	52
Zeemann, Textil	52
W. Mühlen, Schuhe	54
Sanders & Sanders, Blumen	56
Salamander, Schuhe	58
Optik Galerie	58
Foot Locker, Sportartikel	60
Commerzbank	60
Bleyle, DOB	
Douglas, Parfümerie	
Foto Kaiser	

Scharffstraße

W & W Obst/Gemüse	62
"Unsere Welt"/"Info Laden"	62
Shirt Print	62
Sieberth, Haushaltswaren	62
Käse Halbach	62
Trachten/Landhaus Moden	62
Blömkes Laden	62
Levi's, young fashion	62
Marken & Preise Billig Kleid	62
Mode + Krims Krams	62
Automaten Center	64
Café Max	
Das Preiswunder vom Niederrhein	66
Krims-Krams	66
Umbau	68
Allee Grill Leyhausen	68
Umbau	70

Cantus classic, young fashion	74

Alleecenter Eingang

Görtz 17, Schuhe	74

Eis Pavillon Dolomiti

Alleestraße (rechte Seite)

21-25	Sinn, Bekleidungshaus
27	Nordsee, Systemgastronomie
27	Strumpf Paradies
29	Reisebüro & Buchhandlung Gottlieb Schmidt, Büroartikel
31	Top Preis
31	Delikatessen Sackermann
33	BfG, Bank
33a	Tiffany, Geschenkartikel
33a	Morgenroth, Pelzhaus
35	Vogel & Co, HAKA

Mandtstraße

39	Betten Grimm
41	Deutsche Bank
41	Otto Boenicke, Tabak/Gesch.
41	Vanity, young fashion
43	Gold Hausch
45	Nanu Nana, Geschenkartikel
47	Fielmann, Optik
49	Backstube Richter
49	Schinken Papst
49	Der Pforzheimer, Schmuck

Wiedenhofstraße

	Wurst-Eck
51-55	Kaufhalle, Kleinkaufhaus
57	Roland, Schuhe
59	Vent & Schubert, Porzellan
61-63	DM-Dorgeriemarkt
61-63	Backstube Evertzberg
61-63	Kluthe Messer/Scheren/Bestecke
65	Boecker, Bekleidungshaus
71	Galerie Müller
71	Brillen Madel
73	Engels, HAKA
75	Biba, DOB
75	Blume 2000
75	Schlaraffenland, Schinken/Wurstwaren
75	Bäckerei Karthaus
75	Buchhandlung Potthoff

Luisenstraße

Reutlingen

		Rangordnung der 84 Städte
Einwohner:	106.638	77
Besucheraufkommen 1994:	105.755 Übernachtungen	75
Kaufkraftkennziffer 1995 je Einwohner:	110,6	28
Umsatzkennziffer 1995 je Einwohner:	101,8	63
Anteil Textil (gesamte 1a-Lage): nach Anzahl der Betriebe	29,7 %	45
Anteil Schuhe (gesamte 1a-Lage): nach Anzahl der Betriebe	13,5 %	6
Filialisierungsgrad (gesamte 1a-Lage): nach Anzahl der Betriebe	47,3 %	73
Passantenzählung:	**1.937**	47
Standort:	Wilhelmstraße 46	
Zeit:	16.00 Uhr bis 17.00 Uhr	
Datum:	5. Mai 1995	
Wetter:	warm, wolkenloser Himmel	
Besonderheiten:	Aktion 100 Jahre Leder Reuter	
Länge der Straßenfronten 1a-Lage:	580 m	
Kemper's Kaufkraftpotential 1995: normierte Kaufkraftkennziffer x normierte Passantenzählung 100 = Durchschnitt der 84 Städte	**94,5**	42
Mietpreis 1a-Lage 1995 pro m²: Quelle: Kemper's Index	DM/m² 150,-- bei Neuvermietung	
Kemper's Ertragskennziffer 1995: Index des Kemper's Kaufkraft-potentials : Mietindex 100 = Durchschnitt der 84 Städte	**109,8**	31

Ansässige Einzelhandelsbetriebe 1a-Lage

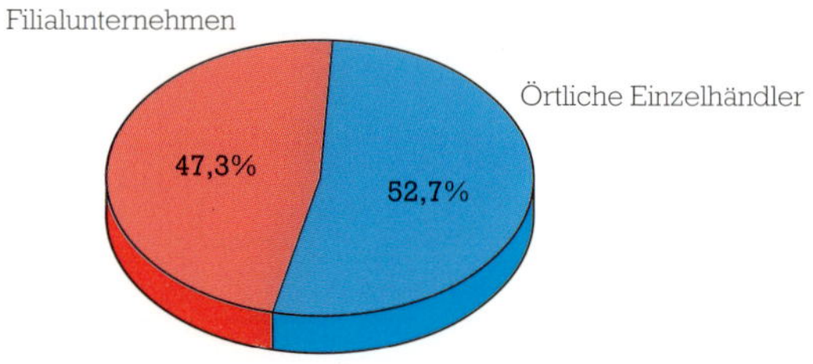

Branchenmix 1a-Lage

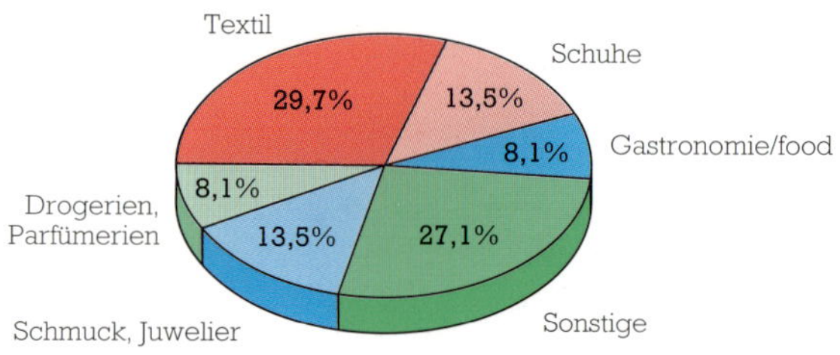

Weitere Makrodaten siehe KEMPER'S INDEX

Reutlingen

1a-Lage: Wilhelmstraße

Filialisierungsgrad: 47,3 %
Besonderheiten: schmale Fußgängerzone, kleinflächige Bebauung

Wilhelmstraße
Länge der 1a-Lage: 350 m

Nikolaiplatz | Nikolaikirche

Winner Schuhe	12
Bayer Optik	14
Runners Point, Sportartikel	16
Barbarella, Schmuck	18
Interim	
Flam Boutique	22
Leder Schweitzer	24
Singer, Nähmaschinen	26
Charly's Bäck	28
Eduscho, Kaffee	30
Dresdner Bank	32

Bärenstraße

Douglas, Parfümerie	34
Kaiser's Kaffee, Lebensmittel	36
Ledertruhe	38
Jeans Discount	40
Eisenmann, Parfümerie	42
Möck, Uhren	44

Hofstattstraße

Orsay, young fashion	46
André, Schuhe	46
Blumengeschäft	48
Zipp, Accessoires	48
Juwelia	52
Ernesto, young fashion	
Eram, Schuhe	
Modehaus Schranz	

Marktplatz

Kachel'sche Apotheke	1
Haux Textilkaufhaus	3

Bergerstraße

Schuhhaus Gahn	62
Mac Fash, young fashion	64
Listhaus, Porzellan	68
Metzgerei Schneider	70
Kosmetik Just	72
Hanns Jung, Uhren/Uhren	74
Stefanel, young fashion	76
Sperling, Reformhaus	78

Oberamteistraße

Bollwerkstraße

5	WMF, Haushaltswaren/Porz.
7	Jeans Garden, young fashion
9	Bäckerei Wucherer
11	Umbau
13	Kartentruhe, Geschenkartikel
15	Weiblen-Uhren
23-25	Kögel, Textilkaufhaus
29	Box Accessoires
29	Spiel + Freizeit Panne
31	Step in, young fashion
33	Atlas Reisebüro
37	Photo Porst
39	Görtz 17, Schuhe
47	Schuhhaus Gahn
49	Betten Fahrion
51	Schuh Schneider

Hirschstraße

53	Hirsch-Apotheke
55	Lachenmann, Uhren/Schmuck
55	Pimkie, young fashion
57	Salamander, Schuhe
59	Leder Reutter
61	Drogeriemarkt Müller
63	Optik Akermann
65	Der Nudelmacher, Systemgastronomie
67	August Ruoff, Pelze + Hüte
71	Volksbildungshaus mit kl. Tabakwarenladen

Kirche

73	Buchhandlung Kocher
	Knapp, Uhren/Schmuck

Krämerstraße

75-81	Keim-Textilien
79	Most, Süßwaren
81	Christ, Juwelier
81	New Yorker, young fashion
85	Josephine Boutique
87	Esprit, young fashion
89	Südwestbank

Stadtbotenstraße

90-93	Deichmann, Schuhe
95	X-Large, young fashion
99	Mayer Schuhe

Weibermarkt

Rostock

		Rangordnung der 84 Städte
Einwohner:	237.307	34
Besucheraufkommen 1994:	712.424 Übernachtungen	19
Kaufkraftkennziffer 1995 je Einwohner:	77,4	80
Umsatzkennziffer 1995 je Einwohner:	91,0	73
Anteil Textil (gesamte 1a-Lage): nach Anzahl der Betriebe	26,2 %	56
Anteil Schuhe (gesamte 1a-Lage): nach Anzahl der Betriebe	4,8 %	74
Filialisierungsgrad (gesamte 1a-Lage): nach Anzahl der Betriebe	50,0 %	66
Passantenzählung:	**1.112**	72
Standort:	Kröpeliner Straße 83	
Zeit:	16.00 Uhr bis 17.00 Uhr	
Datum:	5. Mai 1995	
Wetter:	warm, wolkenloser Himmel	
Besonderheiten:	keine	
Länge der Straßenfronten 1a-Lage:	530 m	
Kemper's Kaufkraftpotential 1995: normierte Kaufkraftkennziffer x normierte Passantenzählung 100 = Durchschnitt der 84 Städte	**38,0**	76
Mietpreis 1a-Lage 1995 pro m²: Quelle: Kemper's Index	DM/m² 130,-- bei Neuvermietung	
Kemper's Ertragskennziffer 1995: Index des Kemper's Kaufkraft-potentials : Mietindex 100 = Durchschnitt der 84 Städte	**50,9**	77

Ansässige Einzelhandelsbetriebe 1a-Lage

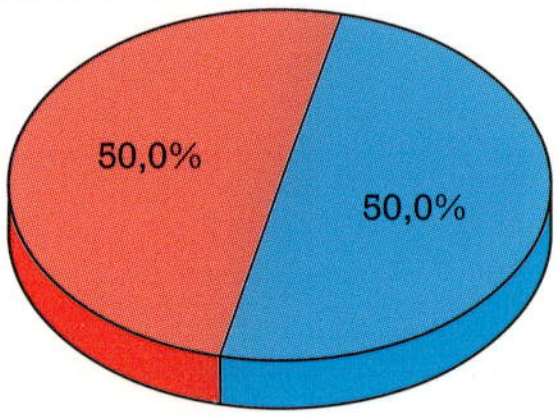

Branchenmix 1a-Lage

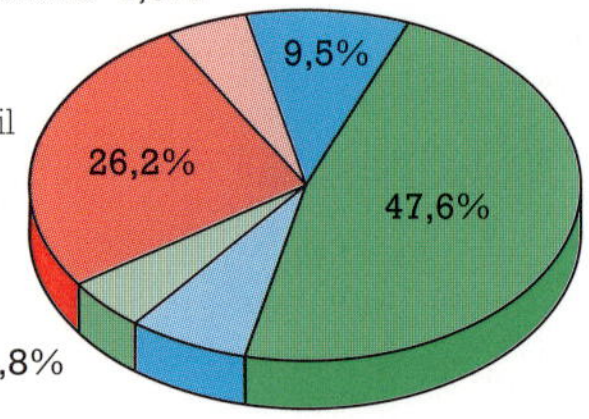

Weitere Makrodaten siehe KEMPER'S INDEX

Rostock

1a-Lage: Kröpeliner Straße

Filialisierungsgrad: 50,0 %
Besonderheiten:
norddeutsche Altbausubstanz

Kröpeliner Straße
Länge der 1a-Lage: 400 m

Kleiner Katthagen

Umbau	35-36
"Zur Passage", Restaurant	33-34
Umbau	32
Ihlenburg, Juwelier	31
Fundus, Leder	30
Wohnhaus	29
Universität	29

Universitätsplatz

Umbau	25-28

Rungestraße

Colonia-Versicherung	24
Zero, young fashion	23
Lederwaren	22
Steckel, Geschenke	22
Umbau	21
Teemarkt	20
Foto Arpe	20
Jean Pascale, young fashion	19

Passage Hopfenmarkt

Jaeger & Mirow, DOB/HAKA	17
Drospa, Drogerie	16

Buchbinderstraße

Apostelstraße

58	Fielmann, Optik
59	Dieken, Juwelier
59	Ohlerich, Optik
60	Pimkie, young fashion
60	Orsay, young fashion
61	Bäckerei Nur Hier
61	Euro Lloyd, Reiebüro
62	André, Schuhe
62	Citibank
63	Leiser, Schuhe

Pädagogienstraße

65	Caspar Blue, young fashion
66	Cadillac, Tonträger
67	Vedes, Spielwaren
68	Nikolaus, Bekleidungshaus
69	PSG, Zeitungen

Breite Straße

70	Präzisa, Wohnanlagen
71	Bettmann, Philatelie/Keramik
72	Norddeutsches Antiquariat
73	Esda, Strümpfe
74	Umbau
75	Umbau
76	WMF, Haushaltswaren/Porzellan
77	Douglas, Parfümerie

Eseltöterstraße

78	Gold Meister, Juwelier
79	Bronx fashion, young fashion
80	Weiland, Universitätsbuchhandlung
81	"Goldbroiler", Restaurant
82	Stadtbibliothek
83	New Yorker, young fashion
84	Portc enter, Mode
85	Ostsee-Zeitung
85	Ostsee-Reisezentrum

Faule Grube

Saarbrücken

		Rangordnung der 84 Städte
Einwohner:	192.322	41
Besucheraufkommen 1994:	340.274 Übernachtungen	36
Kaufkraftkennziffer 1995 je Einwohner:	96,5	63
Umsatzkennziffer 1995 je Einwohner:	127,0	41
Anteil Textil (gesamte 1a-Lage): nach Anzahl der Betriebe	33,3 %	25
Anteil Schuhe (gesamte 1a-Lage): nach Anzahl der Betriebe	12,5 %	10
Filialisierungsgrad (gesamte 1a-Lage): nach Anzahl der Betriebe	73,6 %	10
Passantenzählung:	**2.372**	28
Standort:	Bahnhofstraße 41	
Zeit:	16.00 Uhr bis 17.00 Uhr	
Datum:	5. Mai 1995	
Wetter:	warm, wolkenloser Himmel	
Besonderheiten:	Baustelle	
Länge der Straßenfronten 1a-Lage:	790 m	
Kemper's Kaufkraftpotential 1995: normierte Kaufkraftkennziffer x normierte Passantenzählung 100 = Durchschnitt der 84 Städte	**101,0**	33
Mietpreis 1a-Lage 1995 pro m²: Quelle: Kemper's Index	DM/m² 140,-- bei Neuvermietung	
Kemper's Ertragskennziffer 1995: Index des Kemper's Kaufkraft-potentials : Mietindex 100 = Durchschnitt der 84 Städte	**125,8**	14

Ansässige Einzelhandelsbetriebe 1a-Lage

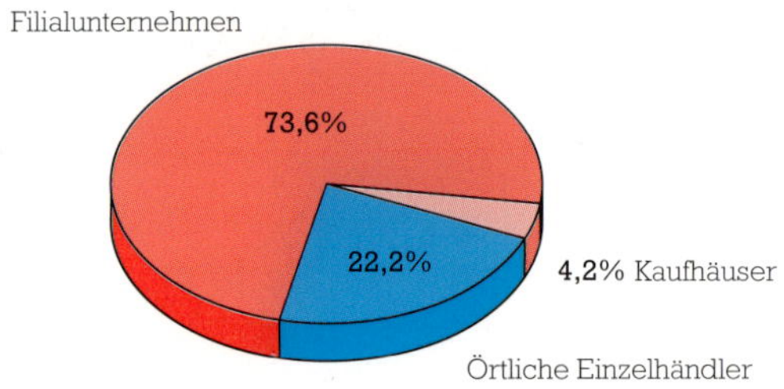

Branchenmix 1a-Lage

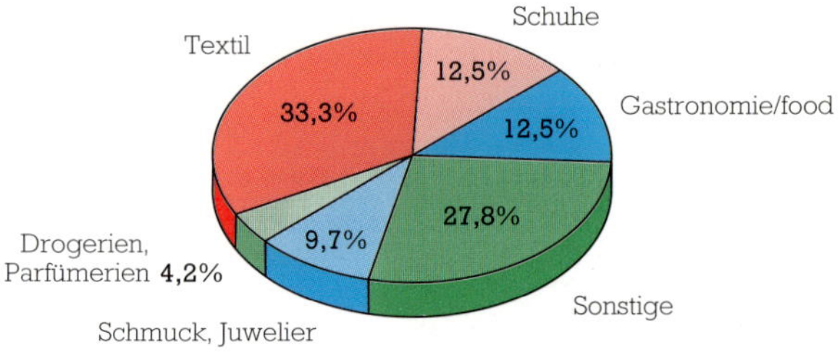

Weitere Makrodaten siehe KEMPER'S INDEX

Saarbrücken

1a-Lage: Bahnhofstraße

Filialisierungsgrad: 73,6 %
Besonderheiten: breite und lange Fußgängerzone, ehemalige Fahrstraße, großflächige Bebauung

Bahnhofstraße
Länge der 1a-Lage: 500 m

Linke Straßenseite

Viktoriastraße

Leder Viehoff	
Bäckerei E. Heil	101
Juwelier Both	101
Photo Porst	101
Bonita, DOB	99
Brezelbäckerei Ditsch	97
Viktoria Apotheke	97
WMF, Haushaltswaren	95
Juwelier Kraemer	93
Parf./Mode Kirchner	89-91
City Schuhe	89-91
Leder Spahn	87
Sinn, Bekleidungshaus	81-85

Schifferstraße

Uhren Weiss, Juwelier	79
Montanus, Bücher/Zeitschr.	77
Jean Pascale, young fashion	75
Bijou Catrin, Modeschmuck	71-73
Jersey Ilany, DOB	71-73
Anson's, HAKA	69
Kaufhalle, Kleinkaufhaus	65-67
Pro Mod, young fashion	61-63
M. Fradl, Mode aus Tirol	61-63
Prénatal, Kindermode	61-63
Benetton, young fashion	59
Hennes & Mauritz, young fashion	53-57

Passage

Schlemmermeyer, Feinkost	51
City-Schuhe	49
Douglas, Parfümerie	47
Deichmann, Schuhe	45
Christ, Juwelier	43
Orsay, young fashion	41
Fashion Shop	41
Checkers, young fashion	39
Bijou Brigitte, Modeschmuck	39
Leonidas Pralinen, Süßwaren	37
Stadt-Apotheke	37
Rheingans, Wäsche/Mieder	37

Dudweilerstraße

Spielsalon

Betzenstraße

Karstadt, Warenhaus

Fürstenstraße

Rechte Straßenseite

Viktoriastraße

	Kaufhof, Warenhaus
	Kino
80	Pimkie, young fashion
80	André, Schuhe
78	Pay day
78	Ernesto, young fashion
76	Salamander, Schuhe
74	Nordsee, Systemgastronomie
74	Beate Uhse, Sexshop
72	Bata, Schuhe
70	Zero, young fashion
68	Tack, Schuhe

Sulzbachstraße

66	Brameier, Modeschmuck
66	Eram, Schuhe
62	Nordsee, Systemgastronomie
62	Eduscho, Kaffee
60	Douglas, Parfümerie
58	Roland, Schuhe
58	Life living
56	Escada, DOB
56	Optik Link
54	WH Möbel River
54	Hansen, HAKA

Rotenhofstraße

52	New Yorker, young fashion
50	Madeleine, DOB
48	Umbau

Futterstraße

44-46	P & C, Bekleidungshaus
42	Koch, young fashion
40	Rudolf, Schreibwaren
40	Jünemann, Optik
38	Neufang's Bräu, Gaststätte
36	Radio Krüssmann

Dudweilerstraße

Salzgitter

		Rangordnung der 84 Städte
Einwohner:	117.684	68
Besucheraufkommen 1994:	137.962 Übernachtungen	63
Kaufkraftkennziffer 1995 je Einwohner:	98,7	60
Umsatzkennziffer 1995 je Einwohner:	91,6	72
Anteil Textil (gesamte 1a-Lage): nach Anzahl der Betriebe	25,6 %	59
Anteil Schuhe (gesamte 1a-Lage): nach Anzahl der Betriebe	4,6 %	75
Filialisierungsgrad (gesamte 1a-Lage): nach Anzahl der Betriebe	44,2 %	77
Passantenzählung:	**615**	80
Standort:	Fischzug 2a	
Zeit:	16.00 Uhr bis 17.00 Uhr	
Datum:	5. Mai 1995	
Wetter:	warm, wolkenloser Himmel	
Besonderheiten:	Sonderverkäufe	
Länge der Straßenfronten 1a-Lage:	380 m	
Kemper's Kaufkraftpotential 1995: normierte Kaufkraftkennziffer x normierte Passantenzählung 100 = Durchschnitt der 84 Städte	**26,8**	79
Mietpreis 1a-Lage 1995 pro m²: Quelle: Kemper's Index	DM/m² 100,-- bei Neuvermietung	
Kemper's Ertragskennziffer 1995: Index des Kemper's Kaufkraft-potentials : Mietindex 100 = Durchschnitt der 84 Städte	**46,7**	78

Ansässige Einzelhandelsbetriebe 1a-Lage

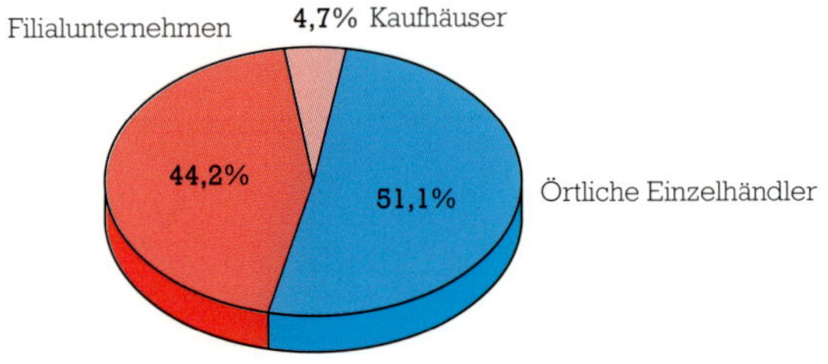

Branchenmix 1a-Lage

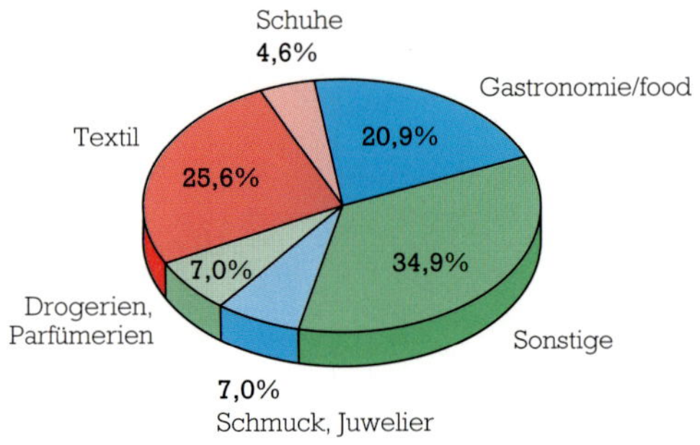

Weitere Makrodaten siehe KEMPER'S INDEX

Salzgitter

1a-Lage: Fischzug, In den Blumentriften

Filialisierungsgrad: 44,2 %
Besonderheiten: Plattenbauten, kurze Fußgängerzone

Fischzug

In den Blumentriften
Länge der 1a-Lage: 260 m

Konrad-Adenauer-Straße

Hertie, Warenhaus	2-4
Metzgerei	
Umbau	6
Liberty, DOB	6
Schatulle, Uhren/Schmuck	8
Arko, Kaffee	8
Charo Optik	10
Präsent Studio, Geschenkart.	12
Ripkens, young fashion	14
Café/Konditorei Manig	16

Creteil Passage

Nordsee, Systemgastronomie	2a
Aurel, Parfümerie	2-8
Spielwaren Bellsdorf	2-8
Blusen Köhler	2-8
Rühmann, Bäckerei/Kondit.	10
Becker, Uhren/Schmuck	12
P & C, Bekleidungshaus	14-22

Durchgang

Klimbim, Geschenkartikel	28
Mode Eckhardt	28
Allbank	30
Ledermoden Buch	30
Schallplatten Friess	32
Candy Moden	32

Konrad-Adenauer-Straße

1-5	Hertie, Warenhaus
7	California, Sportswear DOB/HAKA
7	Textillädchen
7	Apotheke "Im Fischzug"
9	Schuhhaus Rose

Bocholter Straße

1	Douglas, Parfümerie
1	Schappert, Tabak/Zeitschriften
1	Miriam Moden, DOB
1	Eduscho, Kaffee
1	Fleurada Blumen
1	Rossmann, Drogerie

Eingang Stadtpassage

1	Bijou Catrin, Modeschmuck
1	Eiscafé Brino
13	Optik Mertz
13	Eingang Stadtpassage mit Allkauf-Foto
13	Blumen Hoffmeister
13	Teichmann Kindermode
13	Ryf, Coiffeur
15-17	Deichmann, Schuhe
15-17	Petri-Apotheke
19	Tchibo, Kaffee
19	Hussel, Süßwaren
21	Buchhandlung Ulrich Schlak
23	C & A, Bekleidungshaus

Schwerin

		Rangordnung der 84 Städte
Einwohner:	122.189	66
Besucheraufkommen 1994:	205.457 Übernachtungen	52
Kaufkraftkennziffer 1995 je Einwohner:	79,9	75
Umsatzkennziffer 1995 je Einwohner:	102,3	62
Anteil Textil (gesamte 1a-Lage): nach Anzahl der Betriebe	31,6 %	31
Anteil Schuhe (gesamte 1a-Lage): nach Anzahl der Betriebe	2,6 %	83
Filialisierungsgrad (gesamte 1a-Lage): nach Anzahl der Betriebe	36,9 %	83
Passantenzählung:	**1.449**	61
Standort:	Mecklenburger Straße 16	
Zeit:	16.00 Uhr bis 17.00 Uhr	
Datum:	5. Mai 1995	
Wetter:	warm, wolkenloser Himmel	
Besonderheiten:	keine	
Länge der Straßenfronten 1a-Lage:	360 m	
Kemper's Kaufkraftpotential 1995: normierte Kaufkraftkennziffer x normierte Passantenzählung 100 = Durchschnitt der 84 Städte	**51,1**	70
Mietpreis 1a-Lage 1995 pro m²: Quelle: Kemper's Index	DM/m² 120,-- bei Neuvermietung	
Kemper's Ertragskennziffer 1995: Index des Kemper's Kaufkraft-potentials : Mietindex 100 = Durchschnitt der 84 Städte	**74,2**	63

Ansässige Einzelhandelsbetriebe 1a-Lage

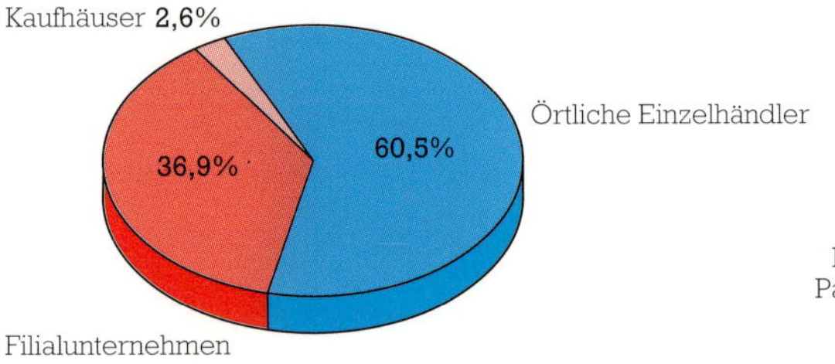

Branchenmix 1a-Lage

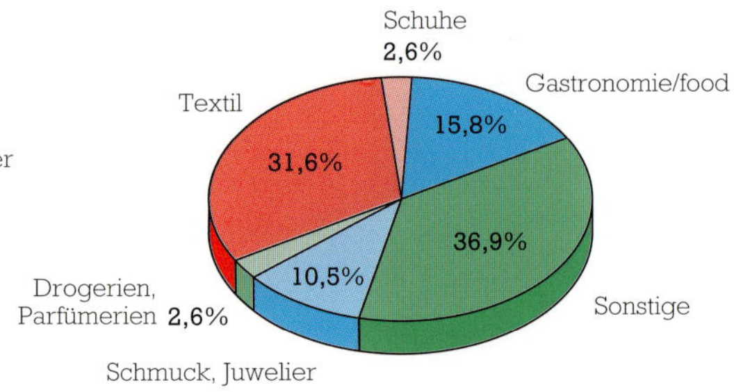

Weitere Makrodaten siehe KEMPER'S INDEX

Schwerin

1a-Lage: Mecklenburgstraße

Filialisierungsgrad: 36,9 %
Besonderheiten: alte, gut erhaltene Bausubstanz, konsumig

Mecklenburgstraße
Länge der 1a-Lage: 240 m

Arsenalstraße

Bijou Brigitte, Modeschmuck	1
Goldschmiede Karsten	1
VR-Bank	1
Schneider, DOB	3
Glüsing Hof	5
Umbau	5
Spielwaren	5
PSG, Zeitungen	5
Umbau	7
Sport Schefe	9
Erika Sickel, Goldschmiede	11
Hafa, Optik/Tonträger	13
M & S, DOB	15
VR-Bank	17

Martinstraße

Kressmann, Bekleidungshaus	19-23
New Yorker, young fashion	25
Müller, Eisen- und Haushaltswaren	27
City Snack	29
Melone, Gastronomie	29
Leder Stahl	31
Lüss & Behrmann, Drogerie	33

Helenenstraße

Boomerang, Bistro	35
Der Schuh	37
Umbau	39

Schloßstraße

Arsenalstraße

2	Haus der Kultur
2	Friesenhof, Gastronomie
2	Galerie Schwerin
4-6	Post

DOM

8	Wohnaus
10	Kontakt, Kaufhaus

Schmiedestraße

14	Thalina Strümpfe
14	Vereins- und Westbank
16	Jeans Boss, young fashion
18	News & Fun, young fashion
20	Orsay, young fashion
22	Fielmann, Optik
24	New Yorker, young fashion

3. Enge Straße

26	Seilerei Rose, Wassersport
28	Spowa, young fashion
30	Warning, Juwelier
30	Severa, DOB
32	Dette, Optik
32	Schreibkästchen, Schreibwaren
32a	Schloßhalle, Gastronomie

Schloßstraße

Siegen

		Rangordnung der 84 Städte
Einwohner:	111.130	72
Besucheraufkommen 1994:	114.049 Übernachtungen	73
Kaufkraftkennziffer 1995 je Einwohner:	103,1	52
Umsatzkennziffer 1995 je Einwohner:	93,4	70
Anteil Textil (gesamte 1a-Lage): nach Anzahl der Betriebe	29,8 %	44
Anteil Schuhe (gesamte 1a-Lage): nach Anzahl der Betriebe	10,7 %	24
Filialisierungsgrad (gesamte 1a-Lage): nach Anzahl der Betriebe	58,3 %	49
Passantenzählung:	**1.586**	57
Standort:	Bahnhofstraße 19	
Zeit:	16.00 Uhr bis 17.00 Uhr	
Datum:	5. Mai 1995	
Wetter:	warm, wolkenloser Himmel	
Besonderheiten:	keine	
Länge der Straßenfronten 1a-Lage:	640 m	
Kemper's Kaufkraftpotential 1995: normierte Kaufkraftkennziffer x normierte Passantenzählung 100 = Durchschnitt der 84 Städte	**72,1**	56
Mietpreis 1a-Lage 1995 pro m²: Quelle: Kemper's Index	DM/m² 130,-- bei Neuvermietung	
Kemper's Ertragskennziffer 1995: Index des Kemper's Kaufkraft- potentials : Mietindex 100 = Durchschnitt der 84 Städte	**96,7**	46

Ansässige Einzelhandelsbetriebe 1a-Lage

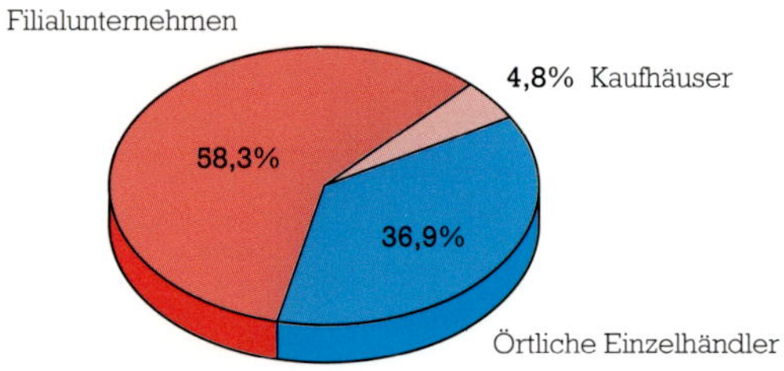

Branchenmix 1a-Lage

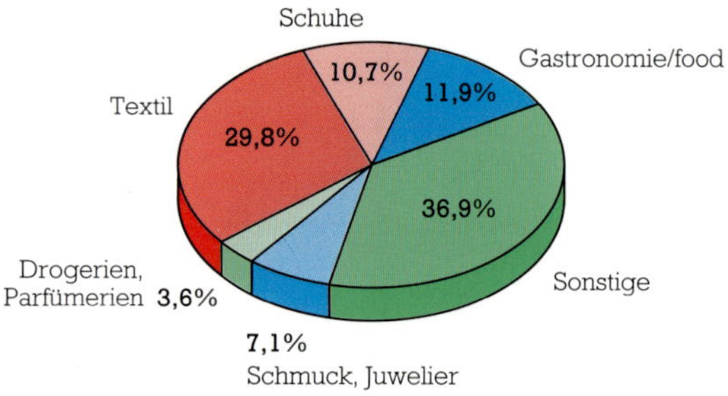

Weitere Makrodaten siehe KEMPER'S INDEX

Siegen

1a-Lage: Bahnhofstraße

Filialisierungsgrad: 65,5 %
Besonderheiten:
breite und kurze Fußgängerzone

Bahnhofstraße
Länge 1a-Lage: 170 m

Heeserstraße

Dresdner Bank	10
C & A, Bekleidungshaus	10
Benetton, young fashion	12-14
Ihr Platz, Drogeriemarkt	12-14
Friedrich Müller, Juwelier	16
Kalb, Lederwaren	18
Henneböle, Optik	20
Modehaus Kohl	24
Kaufhalle, Kleinkaufhaus	26
Bach, Lebensmittel	28
El Greco, Gastronomie	28
Dolomiti, Eis	30
Kaufhalle, Kleinkaufhaus	30

Hindenburgstraße

Morleystraße

7	Schreiber, Schuhe
7	Weine/Tabak/Zeitungen
7	Esprit, young fashion
13	Spickermann, Mieder
13	my market
15	Douglas, Parfümerie
17	Eram, Schuhe
17	Brameier aktuell, Modeschmuck
19	Debus, Backwaren
19	Orsay, young fashion
21	Harr, Bäckerei/Café
23	Kodak Express
23	Avenue Boutique
25	Bonita, DOB
27	Mac Back, Backwaren

Am Bahnhof

Siegen

1a-Lage: Kölner Straße

Filialisierungsgrad: 65,5 %
Besonderheiten:
ansteigende Fußgängerzone

Kölner Straße
Länge 1a-Lage: 275 m

Kölner Tor

Unteres Schloß

Karstadt, Warenhaus	41
Karstadt, Reisebüro	41
Kiosk	41
Mister Minit, Schuhreparatur	

Alte Poststraße

Bender, HAKA	27
Hampe, Bäckerei	25
Bijou Brigitte, Modeschmuck	25
Ludes, Geschenkartikel	23
Telekom	21
Jeans Flip, young fashion	19
Liberty Woman, DOB	17
Sylter Wollstube	15
Cosack, Bekleidungshaus	13
M & S, DOB	11
Siegener Jeans Center, young fashion	11
Leder Jäger	9
Falga, Wäsche	5
Schreiber, Schuhe	3
Photo Porst	1

Löhrstraße

Markt

Sandstraße

	Teppich Blecher
62	Reuter, Schuhe
60	Christ, Juwelier
58	Douglas, Parfümerie
56	Runners Point, Sportartikel
54	Duwenhögger, DOB
52	Fielmann, Optik
52	Cancian, Eis
48-50	Hettlage, Bekleidungshaus
46	André, Schuhe
44	Die Rille, Schallplatten
44	Nohl, Bücher
42	Roland, Schuhe
40	Atlas, Reisebüro
38	Gold Hausch, Juwelier
36	Bijou Catrin, Modeschmuck
32	Bender, HAKA

Schußwende

24	Kersting, Glas/Porzellan
20	Stratmann, Wäsche/Dessous
16	Vanity, young fashion
12	Salamander, Schuhe
10	Tchibo, Kaffee
10	Mac Back, Bäckerei
8	Hussel, Süßwaren
8	Arkaden Goldschmiede
6	Klüppelberg, Schuhe
4	Schmal, young fashion
2	Eduscho, Kaffee
1	Deichmann, Schuhe
3-5	Fröhliche Freizeit, Spielwaren
3-5	SB-Fotomarkt
9-25	Kerber, Warenhaus mit diversen Einzelhändlern

Spruthswende

Solingen

		Rangordnung der 84 Städte
Einwohner:	166.064	48
Besucheraufkommen 1994:	81.704 Übernachtungen	78
Kaufkraftkennziffer 1995 je Einwohner:	110,2	30
Umsatzkennziffer 1995 je Einwohner:	113,5	49
Anteil Textil (gesamte 1a-Lage): nach Anzahl der Betriebe	25,0 %	61
Anteil Schuhe (gesamte 1a-Lage): nach Anzahl der Betriebe	13,9 %	5
Filialisierungsgrad (gesamte 1a-Lage): nach Anzahl der Betriebe	52,8 %	62
Passantenzählung:	**1.404**	63
Standort:	Hauptstraße 61-63	
Zeit:	16.00 Uhr bis 17.00 Uhr	
Datum:	5. Mai 1995	
Wetter:	warm, wolkenloser Himmel	
Besonderheiten:	Straßencafés, Marktstände	
Länge der Straßenfronten 1a-Lage:	440 m	
Kemper's Kaufkraftpotential 1995: normierte Kaufkraftkennziffer x normierte Passantenzählung 100 = Durchschnitt der 84 Städte	**68,3**	60
Mietpreis 1a-Lage 1995 pro m²: Quelle: Kemper's Index	DM/m² 100,-- bei Neuvermietung	
Kemper's Ertragskennziffer 1995: Index des Kemper's Kaufkraft-potentials : Mietindex 100 = Durchschnitt der 84 Städte	**119,0**	18

Ansässige Einzelhandelsbetriebe 1a-Lage

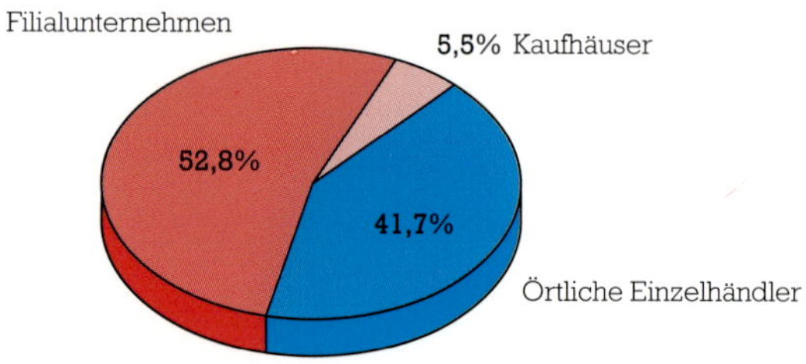

Branchenmix 1a-Lage

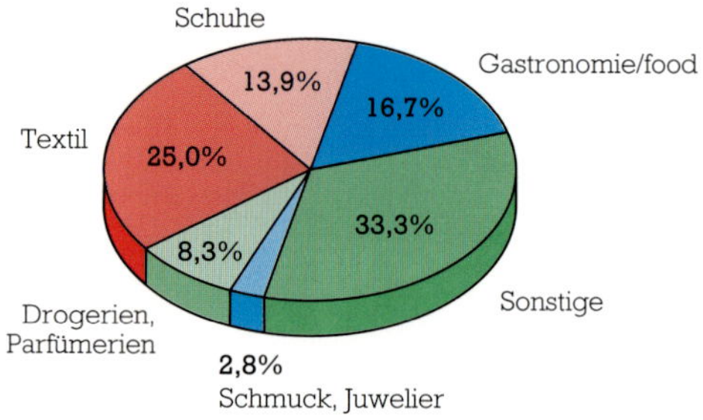

Weitere Makrodaten siehe KEMPER'S INDEX

Solingen

1a-Lage: Hauptstraße

Filialisierungsgrad: 52,8 %
Besonderheiten: breite Fußgängerzone

Hauptstraße
Länge der 1a-Lage: 250 m

Liberty Woman, DOB	32-34
Betten Höher	32-34

Breidbacher Tor

Atlas, Reisebüro	
Langhardt, Lederwaren	44
Deichmann, Schuhe	48
Ebert, Schuhe	50
Roland, Schuhe	52
Biba, DOB	54
Café Melchiors	56
Umbau	60
Reisebüro Hebbel	62
Italienisches Eiscafé 2000	64
Fielmann, Optik	66
Tchibo, Kaffee	68
Wibbelrather, Bäckerei	70
Werkstatt, young fashion	70
Kaufhalle, Kleinkaufhaus	74-76
Commerzbank	

Kasinostraße

Linkgasse

37	Juwelier Leiber
39	Die Brille, Optiker
41	Schuhe Forkert

Rosterstreppe

43	Hoffmann, Wäsche/Berufskleidung
43	Friseur/Parfümerie Behrend
47	Brooker
47	Köllner Collection, Geschenkartikel
49	Feine Strumpfmoden
49	Benice Mode, DOB
51	Pullover-Vitrine
53	Urban, Automaten
55	Douglas, Parfümerie

Fronhof

61-63	Appelrath & Cüpper, Bekleidungshaus
65	Klauser, Schuhe
67	Bücher Bäcker
69	Galerie W. Steinbeck, Geschenke
60	Fuchs, Drogeriemarkt

Klosterwall

75-77	Kaufhof, Warenhaus

Kölner Straße

Stuttgart

		Rangordnung der 84 Städte
Einwohner:	594.406	8
Besucheraufkommen 1994:	1.296.101 Übernachtungen	8
Kaufkraftkennziffer 1995 je Einwohner:	122,4	7
Umsatzkennziffer 1995 je Einwohner:	160,3	11
Anteil Textil (gesamte 1a-Lage): nach Anzahl der Betriebe	25,8 %	57
Anteil Schuhe (gesamte 1a-Lage): nach Anzahl der Betriebe	11,0 %	22
Filialisierungsgrad (gesamte 1a-Lage): nach Anzahl der Betriebe	60,0 %	44
Passantenzählung:	**3.614**	10
Standort:	Königstraße 17 Königstraße 36	
Zeit:	16.00 Uhr bis 17.00 Uhr	
Datum:	5. Mai 1995	
Wetter:	warm, wolkenloser Himmel	
Besonderheiten:	keine	
Länge der Straßenfronten 1a-Lage:	1.630 m	
Kemper's Kaufkraftpotential 1995: normierte Kaufkraftkennziffer x normierte Passantenzählung 100 = Durchschnitt der 84 Städte	**195,2**	8
Mietpreis 1a-Lage 1995 pro m²: Quelle: Kemper's Index	DM/m² 320,-- bei Neuvermietung	
Kemper's Ertragskennziffer 1995: Index des Kemper's Kaufkraft-potentials : Mietindex 100 = Durchschnitt der 84 Städte	**106,3**	36

Ansässige Einzelhandelsbetriebe 1a-Lage

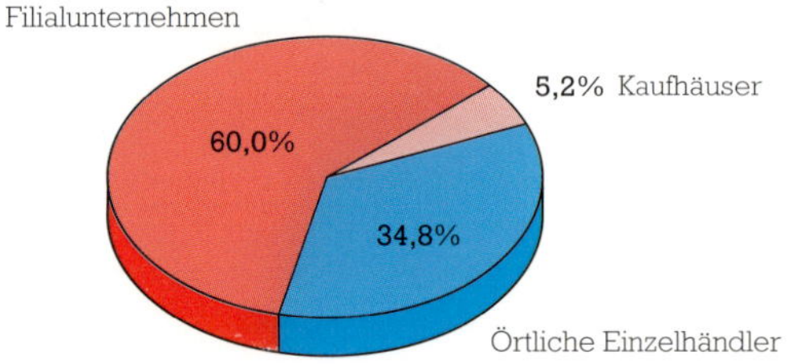

Branchenmix 1a-Lage

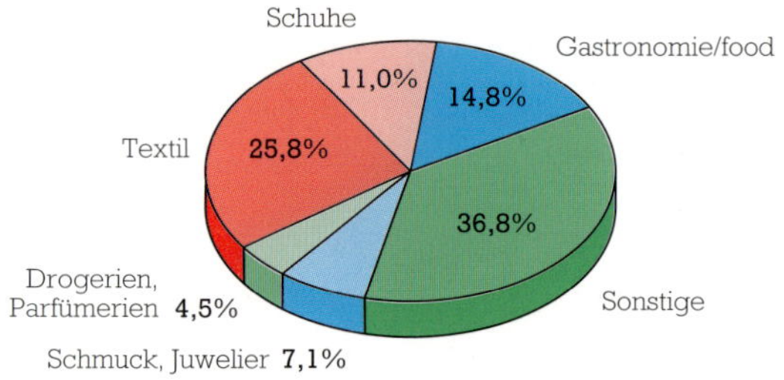

Weitere Makrodaten siehe KEMPER'S INDEX

Stuttgart

1a-Lage: Königstraße

Filialisierungsgrad: 64 %
Besonderheiten: sehr lange Fußgängerzone, großflächige Bausubstanz

Königstraße
Länge der 1a-Lage: 500 m

Linke Straßenseite

Kleiner Schloßplatz

Fashion Point, young fashion	34
Sinn, Bekleidungshaus	34
Douglas, Parfümerie	34
Uli Knecht, DOB/HAKA	36
Campus, young fashion	36
Hennes & Mauritz, young fashion	38

Passage

Bijou One, Modeschmuck	38
Lerche, Hifi/Video	40
Mayer, Schuhe	42

Kienestraße

Photo Hildenbrand	44
Maute Benger Moden	44
Geschenke Franz Freund	44

Büchsenstraße

Modehaus Oetinger	46
Fritz, Schuhhaus	46
Knagge & Peitz, HAKA	46
Uhren Juwelen Kutter	46
Rosenthal Studiohaus	46

Gymnasiumstraße

Böhmer, Schuhe	
Tchibo, Kaffe	48
Hanke Kurtz; Modehaus	50-52

Lange Straße

Mode Holy's	54a
Roland, Schuhe	54b
Tack, Schuhe	56
Europa Kino	58
Umbau	60
Las Vegas, Mode	60
Christ, Juwelier	62
Studio Schöpp, Schuhe	64

Alte Poststraße

Foto Krauss	66
Fielmann, Optik	68
Internationale Apotheke	70
Stuttgarter Bank	72

Rotebühlplatz

Rechte Straßenseite

Planie

11-15	Commerzbank
17	Juwelier Jacobi
17	Orsay, young fashion
17	Pimkie, young fashion
17	L'tur, Reisebüro
	Stefanel, young fashion
19a	Hieber, Accessoires
19a	Salamander, Schuhe
19b	Modehaus Fischer

Stiftstraße

21	Uli Knecht, HAKA
21	Bally, Schuhe
21	Friedo Frier, Juwelier
21	Foot Locker, Sportartikel
23-25	Kaufhalle, Kleinkaufhaus

Schulstraße

27	Hertie, Warenhaus
29	Waldbauer, Lederwaren
31	WMF, Haushaltswaren/Porzellan
33	Eckerle; HAKA

Neue Brücke

35	Dresdner Bank
35	Modehaus Steinmann
35	Schloß Parfümerie
37	Entress Sport
39	Deichmann, Schuhe
39	Maercklin Porzellan
41	Wempe, Juwelier
43a	Zero, young fashion
	Nanu Nana, Geschenkartikel
43b	Lerche, Radio- und Photohaus

Breite Straße

Pilota
rent á Juwelier
45 Salamander, Schuhe
C & A, Bekleidungshaus

Königstraße

Stuttgart

1a-Lage: Königstraße

Königstraße
Länge der 1a-Lage: 620 m

Linke Straßenseite

Kaufhof, Warenhaus	6-10

Kronenstraße

Schöpp, Schuhe	10a
Reinhardt, Metzgerei	10a
Hochland Kaffee	10a
Citibank	10a
Pilota	10a
Europa-Apotheke	10b
Lerche, Radio- + Photohaus	10c
Buchhandlung J. Koch	12
Wolsdorff, Zigarren	12
NUR, Reisebüro	12
Schyle Mode	12
"Die Kofferecke"	12

Thouretstraße

Mayer, Schuhe	14
Yves Rocher, Kosmetik	16
Boutique	16
Mövenpick, Gastronomie	16
Optik Aktuell	16
Gaststätte Cirens Palast	18
Kaufhalle, Kleinkaufhaus	
Reisebüro Rominger	20
Kookai, DOB	20
Schöpp Schuhe	20
Gloria Passage	20
Rena Lange, DOB	20
Hut Hanne	22
Eduscho, Kaffee	22
Foto Hobby	22
Villing Stahlwaren/Waffen	22
Optik Kratzmann	22
Villing City Tabac	22
Palais Kino	

Bolzstraße

Mövenpick Arkaden mit: 28

1. Zeitschriften
2. Leder Acker
3. Blumen Fischer
4. Juwelier Meier
5. Geschenkladen
6. Musikinstrum.
7. Kondit. Königsbeur
8. Zentmaier Moden
9. Hopfe, Schirme/DOB
10. Kaiser Optik
11. Café
12. Douglas, Parfüm.

Fürstenstraße

Buchhandlung Wittwer	30

Rechte Straßenseite

1	Hertie, Warenhaus
1b	Salamander, Schuhe
1c	Stefansbäck
3	Douglas, Parfümerie
3	Landesgirokasse
3	LBS
3	Niemann-Uhren, Juwelier
3	Benetton, young fashion
3	Hetzel-Reisen
3	Jersey Josephine, DOB

Marstallstraße

5	Görtz, Schuhe
5	Hennes & Mauritz, young fashion
5	Campus, young fashion
5	Der Teeladen

Eberhardskirche

9	Dresdner Bank

Bolzstraße

Herzog Christoph-Denkmal

Schloßplatz

Stuttgart

1a-Lage: Schulstraße

Filialisierungsgrad: 70 %
Besonderheiten: eng, Verbindung Königstraße mit Markt

Schulstraße
Länge der 1a-Lage: 140 m

Königstraße

Linke Seite	Nr.
Hertie, Warenhaus mit WOM	
Fritz Wild	
Stuttgarter Wurstspezialitäten	17
Mode le Garroche	
Muschel, DOB	15
Nordsee, Systemgastronomie	13
André, Schuhe	11
Tempo, Modeschmuck	11
Orsay, young fashion	9
Schuh-Braun	7
Mc Donald's, Systemgastronomie	3-5
Nudelmacher, Systemgastronomie	3-5
Apollo, Optik	1
Schumacher, Juwelier	
Douglas, Parfümerie	
New York Jeans + Fashion	
Most, Süßwaren	

Hirschstraße

Königstraße

Nr.	Rechte Seite
	Kaufhalle, Kleinkaufhaus
18	Schlemmermeyer, Feinkost
18	Eduscho, Kaffee
18	Benetton, young fashion
12	Stefansbäck Der Teeladen
10	Nordsee, Systemgastronomie
8	Bonita, DOB
8	Gold Zentrum
6	Josephine Interimslösung
4	Yves Rocher, Kosmetik
2	Korb Mayer
	Haufler am Markt, Bürobedarf

Kirchstraße

Marktplatz

Ulm

		Rangordnung der 84 Städte
Einwohner:	114.839	71
Besucheraufkommen 1994:	292.610 Übernachtungen	39
Kaufkraftkennziffer 1995 je Einwohner:	111,6	24
Umsatzkennziffer 1995 je Einwohner:	172,0	5
Anteil Textil (gesamte 1a-Lage): nach Anzahl der Betriebe	34,1 %	20
Anteil Schuhe (gesamte 1a-Lage): nach Anzahl der Betriebe	18,2 %	1
Filialisierungsgrad (gesamte 1a-Lage): nach Anzahl der Betriebe	50,0 %	66
Passantenzählung:	**783**	78
Standort:	Hirschstraße 16	
Zeit:	16.00 Uhr bis 17.00 Uhr	
Datum:	5. Mai 1995	
Wetter:	warm, wolkenloser Himmel	
Besonderheiten:	keine	
Länge der Straßenfronten 1a-Lage:	650 m	
Kemper's Kaufkraftpotential 1995: normierte Kaufkraftkennziffer x normierte Passantenzählung 100 = Durchschnitt der 84 Städte	**38,6**	74
Mietpreis 1a-Lage 1995 pro m²: Quelle: Kemper's Index	DM/m² 180,-- bei Neuvermietung	
Kemper's Ertragskennziffer 1995: Index des Kemper's Kaufkraft-potentials : Mietindex 100 = Durchschnitt der 84 Städte	**37,3**	81

Ansässige Einzelhandelsbetriebe 1a-Lage

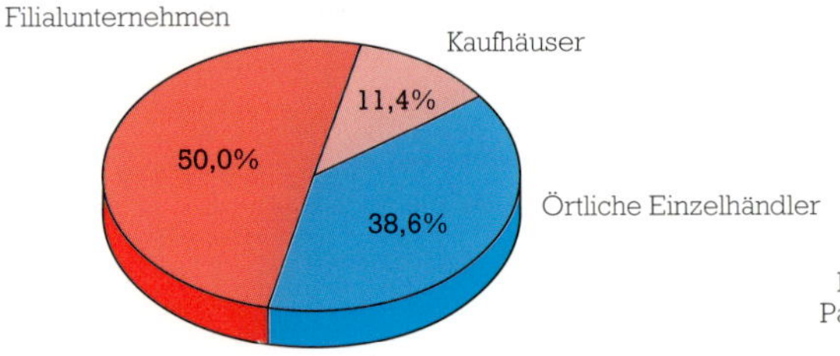

Branchenmix 1a-Lage

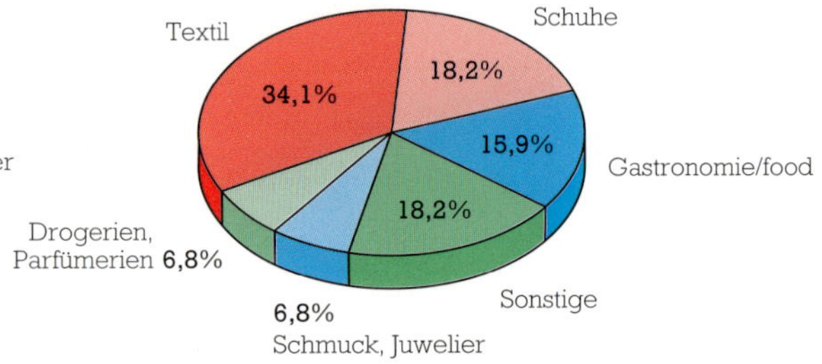

Weitere Makrodaten siehe KEMPER'S INDEX

Ulm

1a-Lage: Bahnhofstraße, Hirschstraße

Filialisierungsgrad: 50,0 %

Bahnhofstraße

Hirschstraße

Länge der 1a-Lage: 420 m

Westseite

Horten, Warenhaus	5

Deutschhausgasse

Café-Restaurant Kässmeyer	3
Sport-Sohn	3
Zero, young fashion	1
Max Mara, DOB	1
Tack, Schuhe	1

Glöcklerstraße

Böhmer, Schuhe	23
Hirsch-Apotheke	21
Kaufhaus mit Photo Porst	17-19
Müller, Drogeriemarkt	17
Nordsee, Systemgastronomie	15

Hirschbadgasse

Orsay, young fashion	11
Knapp, Juwelier	11
Hertie, Warenhaus mit	9
Yves Rocher, Kosmetik	
Staib's Bäckerei	

Eichelesgasse

Kornbeck, Kaffee/Tee	5
Woll-Wanner, Maschenladen	5
Woll-Wanner, Textilhaus	3
Merath, Juwelier	1
Hettlage, Bekleidungshaus	1

Lautenberg

Ostseite

Mühlengasse

8	P & C, Bekleidungshaus
8	Deichmann, Schuhe
4	Walz, Modehaus
2	Les Jeunes

Wengengasse

26-30	Kaufhalle, Kleinkaufhaus
24	Lederwaren Glöckler
24	Schuh-Mayer

Ulmergasse

22	Woolworth, Kleinkaufhaus
20	Gleiwitz, Schuhhaus
18	Douglas, Parfümerie
18	"Zum Berblinger" Imbiß
16	Salamander, Schuhe
16	Hussel, Süßwaren
14	Wöhrl, Bekleidungshaus
	Passage mit: Falschebner, Elektro/Radio/TV
12	Creole, Modeschmuck
12	Gondrom, Bücher/Zeitschr.
10	K + L Ruppert, Bekleidungshs.
6	Mercedes, Schuhhaus

Pfauengasse

4	Ulmer Volksbank
4	Stroebele, Café-Konditorei
2	Hettlage, HAKA

Münsterplatz

Wiesbaden

		Rangordnung der 84 Städte
Einwohner:	270.873	26
Besucheraufkommen 1994:	1.055.544 Übernachtungen	12
Kaufkraftkennziffer 1995 je Einwohner:	124,6	5
Umsatzkennziffer 1995 je Einwohner:	145,9	24
Anteil Textil (gesamte 1a-Lage): nach Anzahl der Betriebe	28,9 %	46
Anteil Schuhe (gesamte 1a-Lage): nach Anzahl der Betriebe	8,4 %	46
Filialisierungsgrad (gesamte 1a-Lage): nach Anzahl der Betriebe	69,9 %	17
Passantenzählung:	**3.564**	11
Standort:	Kirchgasse 38 Kirchgasse 29	
Zeit:	16.00 Uhr bis 17.00 Uhr	
Datum:	5. Mai 1995	
Wetter:	warm, wolkenloser Himmel	
Besonderheiten:	Christ: Tag der offenen Tür	
Länge der Straßenfronten 1a-Lage:	820 m	
Kemper's Kaufkraftpotential 1995: normierte Kaufkraftkennziffer x normierte Passantenzählung 100 = Durchschnitt der 84 Städte	**196,0**	7
Mietpreis 1a-Lage 1995 pro m²: Quelle: Kemper's Index	DM/m² 230,-- bei Neuvermietung	
Kemper's Ertragskennziffer 1995: Index des Kemper's Kaufkraft- potentials : Mietindex 100 = Durchschnitt der 84 Städte	**148,5**	7

Ansässige Einzelhandelsbetriebe 1a-Lage

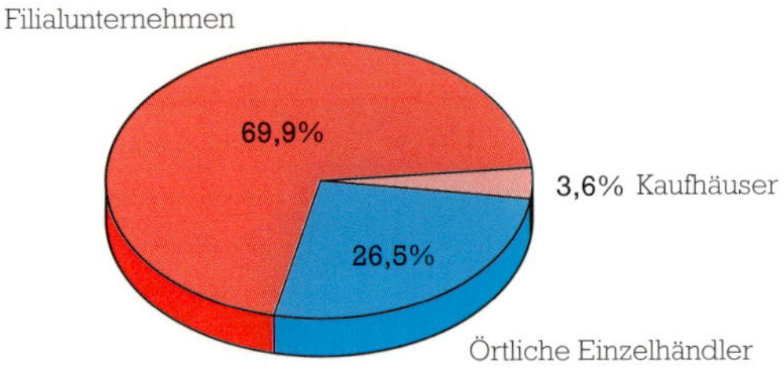

Branchenmix 1a-Lage

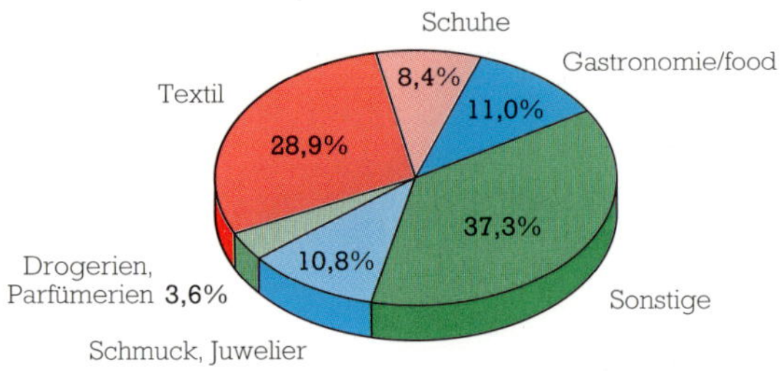

Weitere Makrodaten siehe KEMPER'S INDEX

Wiesbaden

1a-Lage: Kirchgasse, Langgasse

Filialisierungsgrad: 69,9 %
Besonderheiten: lange Fußgängerzone, konsumig, kleinflächige Bebauung

Langgasse

Jeans Palast, young fashion	14

Schützenhofstraße

Mc Fash, young fashion	
Goldland, Schmuck/Uhren	12
Tchibo, Kaffee	10
Käpernick Optik	10
Rubin, Modeschmuck	8
Bonita, DOB	8

Gemeindebadgäßchen

WMF, Haushaltswaren	6
Juwelier Lambert	4
Christ, Juwelier	2

5-11	Kaufhalle, Kleinkaufhaus

Mittelstraße

3	Fielmann, Optik
3	Buchhandlung Staadt
1	Konditorei Post
1	Peter's Schmuckhäusle
1	Andrea Anders, DOB
1	Görtz 17, Schuhe

Kirchgasse

Länge der 1a-Lage: 480 m

Michelsberg

Foto Reichardt	80
Big bag, Lederwaren	80
Venezia Eisdiele	78
Body Shop, Kosmetik	78
Dani Schuhe	76
Douglas, Parfümerie	74
Stefanel, young fashion	72
Bijou Brigitte, Modeschmuck	70
Eduscho, Kaffee	68
Mc Donald's, Systemgastron.	64
Modehaus Leininger	62
Hallhuber, young fashion	60

Mauritiusstraße

Benetton, young fashion	58
Commerzbank	56

Pfeifenhaus Zander	54
Chic in Leder	54
Fink, Schuhe und Sport	52
City Passage (Candy)	48-50
Brillen Bouffier	50
Nordsee, Systemgastronomie	46
Leiser, Schuhe	52

Faulbrunnenstraße

Gold Kraemer	40
Merkur Apotheke	40
Christ, Juwelier	38
Hans Sand, DOB/Wäsche	

Friedrichstraße

Carsch-Haus, Warenhaus	26-34
Fink, Schuhe und Sport	24
Bräuer, Bücher + Musik	22
Besier, Foto/Video	20
Pimkie, young fashion	20
Runners Point, Sportartikel	18
Elefanten-Apotheke	18
Orsay, young fashion	18

Luisenstraße

Marktstraße

53	Poulet Modehaus
51	Apollo, Optik
51	Biba, DOB
49	Papermoon, DOB
49	Mauritius Apotheke
47	Lorey, Glas/Porzellan/Keramik

Mauritiusplatz

DER, Reisebüro

Café Böck

Kleine Kirchgasse

Pizzeria

Marc Cain, Boutique

Schulgasse

35-43	Karstadt, Warenhaus
	Mister Minit
33	Tack, Schuhe
31	Appelrath & Cüpper, Bekleidungshaus

Friedrichstraße

29	Dauster Ledermoden
29	NUR, Reisebüro
29	Schlemmermeyer, Feinkost
29	Douglas, Parfümerie
27	Nudelmacher, Systemgastron.
27	Stadtbäckerei
27	Pizza Hut, Systemgastronomie
25	Langhardt, Lederwaren
23	H & M, young fashion
21	Salamander, Schuhe
21	Uhren Weiss, Juwelier
19	Deichmann, Schuhe
19	Spielforum
19	Jersey Ilany, DOB
17	Gerich, Mode und Sport

Luisenstraße

Witten

		Rangordnung der 84 Städte
Einwohner:	105.834	79
Besucheraufkommen 1994:	34.013 Übernachtungen	84
Kaufkraftkennziffer 1995 je Einwohner:	103,2	51
Umsatzkennziffer 1995 je Einwohner:	117,3	46
Anteil Textil (gesamte 1a-Lage): nach Anzahl der Betriebe	14,3 %	83
Anteil Schuhe (gesamte 1a-Lage): nach Anzahl der Betriebe	10,5 %	26
Filialisierungsgrad (gesamte 1a-Lage): nach Anzahl der Betriebe	65,3 %	24
Passantenzählung:	**1.785**	51
Standort:	Bahnhofstraße 25	
Zeit:	16.00 Uhr bis 17.00 Uhr	
Datum:	5. Mai 1995	
Wetter:	warm, wolkenloser Himmel	
Besonderheiten:	Wahlstand der SPD	
Länge der Straßenfronten 1a-Lage:	550 m	
Kemper's Kaufkraftpotential 1995: normierte Kaufkraftkennziffer x normierte Passantenzählung 100 = Durchschnitt der 84 Städte	**81,3**	50
Mietpreis 1a-Lage 1995 pro m²: Quelle: Kemper's Index	DM/m² 80,-- bei Neuvermietung	
Kemper's Ertragskennziffer 1995: Index des Kemper's Kaufkraft-potentials : Mietindex 100 = Durchschnitt der 84 Städte	**177,1**	5

Ansässige Einzelhandelsbetriebe 1a-Lage

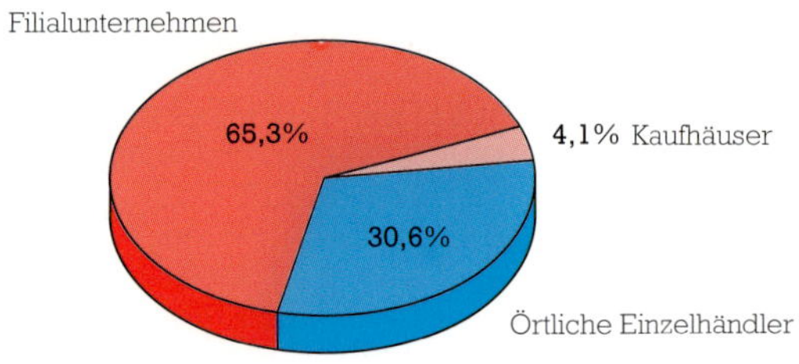

Branchenmix 1a-Lage

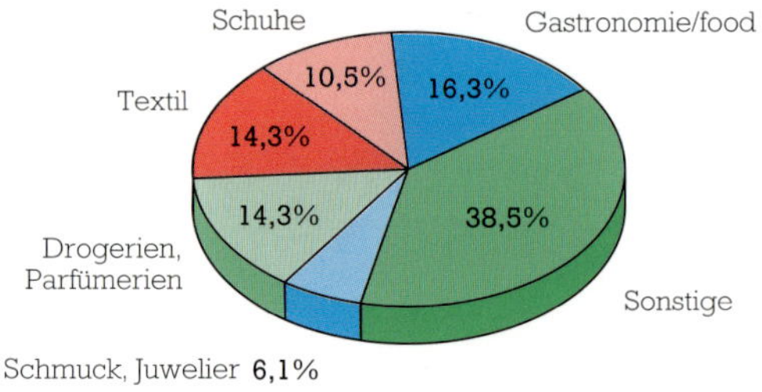

Weitere Makrodaten siehe KEMPER'S INDEX

Witten

1a-Lage: Bahnhofstraße

Filialisierungsgrad: 65,3 %

Bahnhofstraße
Länge der 1a-Lage: 350 m

Marktstraße

Rathaus-Apotheke	
Eis de Lorenzo	

Rathaus-Passage

Keudel, HAKA	10
Hugo Wülbern, Betten	12
Drospa, Drogeriemarkt	14
Sinn, Bekleidungshaus	16
Tchibo, Kaffee	18
Douglas, Parfümerie	
Hugo Wülbern, Gardinen/Betten	20
Christ, Juwelier	22

Beethovenstraße

Photo Porst	24
Frisör Klier	26
Shop in Shop:	
Bäckerei Heyermann	
Wursthaus König	
Langelittich, Spiel/Hobby/Geschenke	28
Bücher C. l. Krüger	30
Adler-Apotheke	32
Deschauer, Feinkost	32
Kaufring	
Kaufhaus Gassmann	32a
Schuhhaus Grünebaum	
Parfümerie Pieper	34

Nordstraße

Dresdner Bank	36
NUR Touristik, Reisebüro	36
Spinnrad, Drogerie	38
Kunstgewerbe	
Quelle Technorama	40-42

Heilenstraße

5-7	Horten, Warenhaus
9	Mühlensiepen, Tabak/Spirit.
9	Eduscho, Kaffee
11	Mc Fash, young fashion
	DM, Drogeriemarkt
13	Café Leye
15	Juwelier Gerling
15	Hömberg, DOB/Wäsche/Dessous
17-19	Boecker, Mode/Pelze
	Tabakwaren
21	Schickentanz, Bäckerei
21-23	Klauser, Schuhe
25	Deichmann, Schuhe
27	Casserole, Systemgastronomie
27	Bijou Brigitte, Modeschmuck
27	Schlecker, Drogeriemarkt

Steinstraße

WMF Präsentation Hermann
Optik Herzog
Klauser, Schuhe
Trend Mode

Berliner Straße

35	Jacks, young fashion

Wolfsburg

		Rangordnung der 84 Städte
Einwohner:	128.032	61
Besucheraufkommen 1994:	154.683 Übernachtungen	59
Kaufkraftkennziffer 1995 je Einwohner:	114,0	17
Umsatzkennziffer 1995 je Einwohner:	108,0	56
Anteil Textil (gesamte 1a-Lage): nach Anzahl der Betriebe	22,4 %	69
Anteil Schuhe (gesamte 1a-Lage): nach Anzahl der Betriebe	4,5 %	76
Filialisierungsgrad (gesamte 1a-Lage): nach Anzahl der Betriebe	61,2 %	39
Passantenzählung:	**1.178**	68
Standort:	Porschestraße 56	
Zeit:	16.00 Uhr bis 17.00 Uhr	
Datum:	5. Mai 1995	
Wetter:	warm, wolkenloser Himmel	
Besonderheiten:	keine	
Länge der Straßenfronten 1a-Lage:	710 m	
Kemper's Kaufkraftpotential 1995: normierte Kaufkraftkennziffer x normierte Passantenzählung 100 = Durchschnitt der 84 Städte	**59,2**	65
Mietpreis 1a-Lage 1995 pro m²: Quelle: Kemper's Index	DM/m² 110,-- bei Neuvermietung	
Kemper's Ertragskennziffer 1995: Index des Kemper's Kaufkraft-potentials : Mietindex 100 = Durchschnitt der 84 Städte	**93,9**	49

Ansässige Einzelhandelsbetriebe 1a-Lage

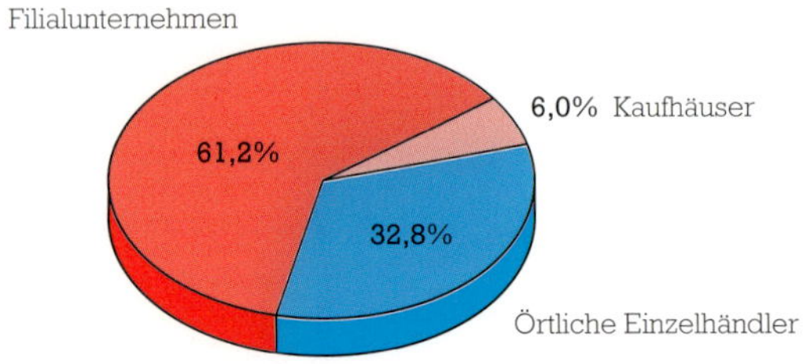

Branchenmix 1a-Lage

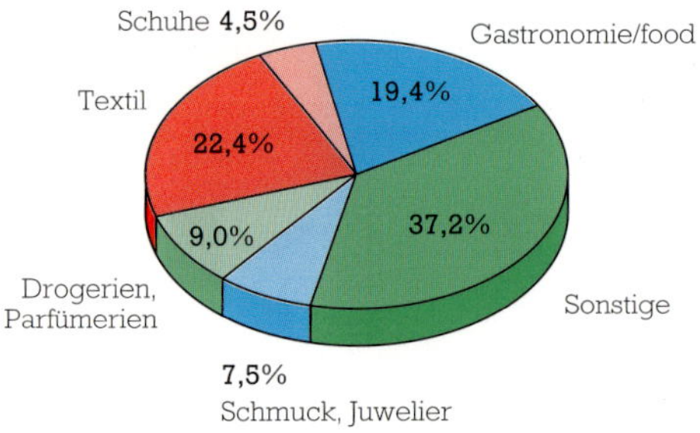

Weitere Makrodaten siehe KEMPER'S INDEX

Wolfsburg

1a-Lage: Porschestraße

Filialisierungsgrad: 61,2 %
Besonderheiten: keine historisch gewachsene Innenstadt, mittig der 1a-Lage: Pavillons

Porschestraße
Länge der 1a-Lage: 820 m

Linke Straßenseite

Pestalozziallee

- Bijou Brigitte, Modeschmuck 68
- Friseursalon Brigitte
- Techma TV/Schallplatten 68
- City-Apotheke 68
- Arko, Kaffee 68
- Pizza 64c
- Pusteblume 62c
- Uhren/Schmuck Carat / Bijou Catrin 62b
- California Moden 62a
- Buchh. Großkopf 60
- Foto Jonscher 58a
- 41e Josum Delikatessen / Spielhalle
- Top Spiel / Aurel, Parfümerie 56b
- Gaststätte
- "Mode Laden" DOB / Nicolas Scholz HAKA 56a
- Jagdmode Hamann 52a
- Bata, Schuhe 50a
- Kirstein, DOB 37b
- Café Cadera
- Liberty, DOB 34g
- Albrecht 34f
- Haus des Kindes
- "Alligator" Lederw. 34a / WMF Haushaltswaren 34e
- Deichmann, Schuhe 34b / Sport-Schönmeier 34c / Kosmetik Schwope 34d

Rechte Straßenseite

Pestalozziallee

68 Kaufhaus Haerder

66 Salamander, Schuhe
64b Ihr Platz, Drogerie
64b Nordsee, Systemgastronomie
64a Moser, Juwelier
64a Kürpick, DOB/HAKA
62 Gmyrek, Fleischerei
62 Most, Süßwaren
62 André, Schuhe
60 Buchhandlung Großkopf
58 Rossmann, Drogerie
58 Benetton, young fashion
58 Pimkie, young fashion
56 Optik Becker & Flöge
56 Zaphir, Juwelier
56 Orsay, young fashion

Kaufhof-Passage

54 Neckermann Technik-Welt
52a Hamann Jagd + Mode
52 Douglas, Parfümerie
48/50 Kaiser's Kaffee, Lebensmittel
48/50 Passage mit "Hühner Rudi"
46 KD, Drogeriemarkt
46a Quelle Technorama
44 Beckmann, Radio/TV/Hifi
44a Lederwaren Fritz Harre
44a Foot Locker, Sportartikel
42 Moser, Juwelier
42 Ackermann, Optik
40 Runners Point, Sportartikel
40 Nordsee, Systemgastronomie
38 Cadera, Konditorei
36 Deutsche Bank
34 Stadt-Apotheke
34 Kaufhaus Schwerdtfeger
34 Blumen

Durchgang

34i Chocolata, Süßwaren
34i Elras, Rasierer

Kleiststraße

32 Eduscho, Kaffee
26-30 P & C, Bekleidungshaus
22 Kaufhalle, Kleinkaufhaus
Tchibo, Kaffee

Passage mit Elras

Mühlensiepen, Tabak/Spirit.

Poststraße

Hertie, Warenhaus

Würzburg

		Rangordnung der 84 Städte
Einwohner:	128.875	56
Besucheraufkommen 1994:	576.757 Übernachtungen	23
Kaufkraftkennziffer 1995 je Einwohner:	110,0	31
Umsatzkennziffer 1995 je Einwohner:	198,3	1
Anteil Textil (gesamte 1a-Lage): nach Anzahl der Betriebe	27,8 %	50
Anteil Schuhe (gesamte 1a-Lage): nach Anzahl der Betriebe	8,2 %	48
Filialisierungsgrad (gesamte 1a-Lage): nach Anzahl der Betriebe	48,5 %	71
Passantenzählung:	**1.553**	59
Standort:	Schönbornstraße 6	
Zeit:	16.00 Uhr bis 17.00 Uhr	
Datum:	5. Mai 1995	
Wetter:	warm, teilweise bedeckter Himmel	
Besonderheiten:	keine	
Länge der Straßenfronten 1a-Lage:	900 m	
Kemper's Kaufkraftpotential 1995: normierte Kaufkraftkennziffer x normierte Passantenzählung 100 = Durchschnitt der 84 Städte	**75,4**	55
Mietpreis 1a-Lage 1995 pro m²: Quelle: Kemper's Index	DM/m² 180,-- bei Neuvermietung	
Kemper's Ertragskennziffer 1995: Index des Kemper's Kaufkraft- potentials : Mietindex 100 = Durchschnitt der 84 Städte	**73,0**	64

Ansässige Einzelhandelsbetriebe 1a-Lage

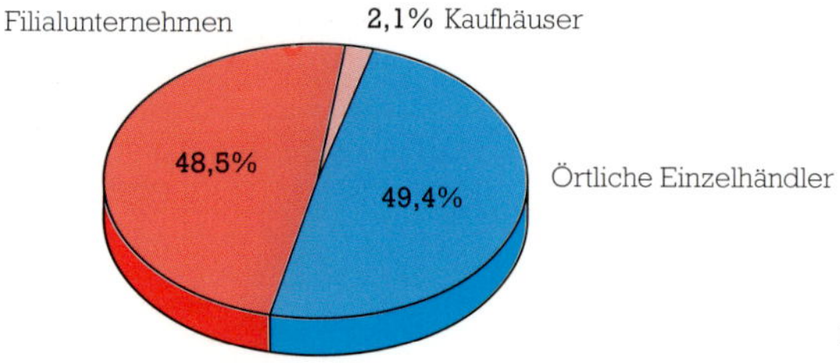

Branchenmix 1a-Lage

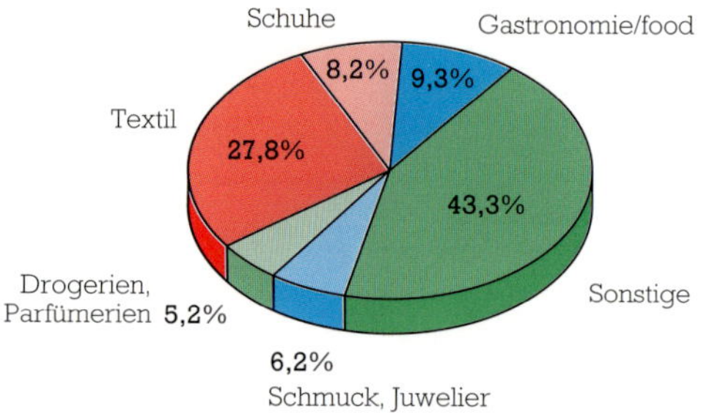

Weitere Makrodaten siehe KEMPER'S INDEX

Würzburg

1a-Lage: Schönbornstraße, Dominikanerplatz

Filialisierungsgrad: 43,9 %

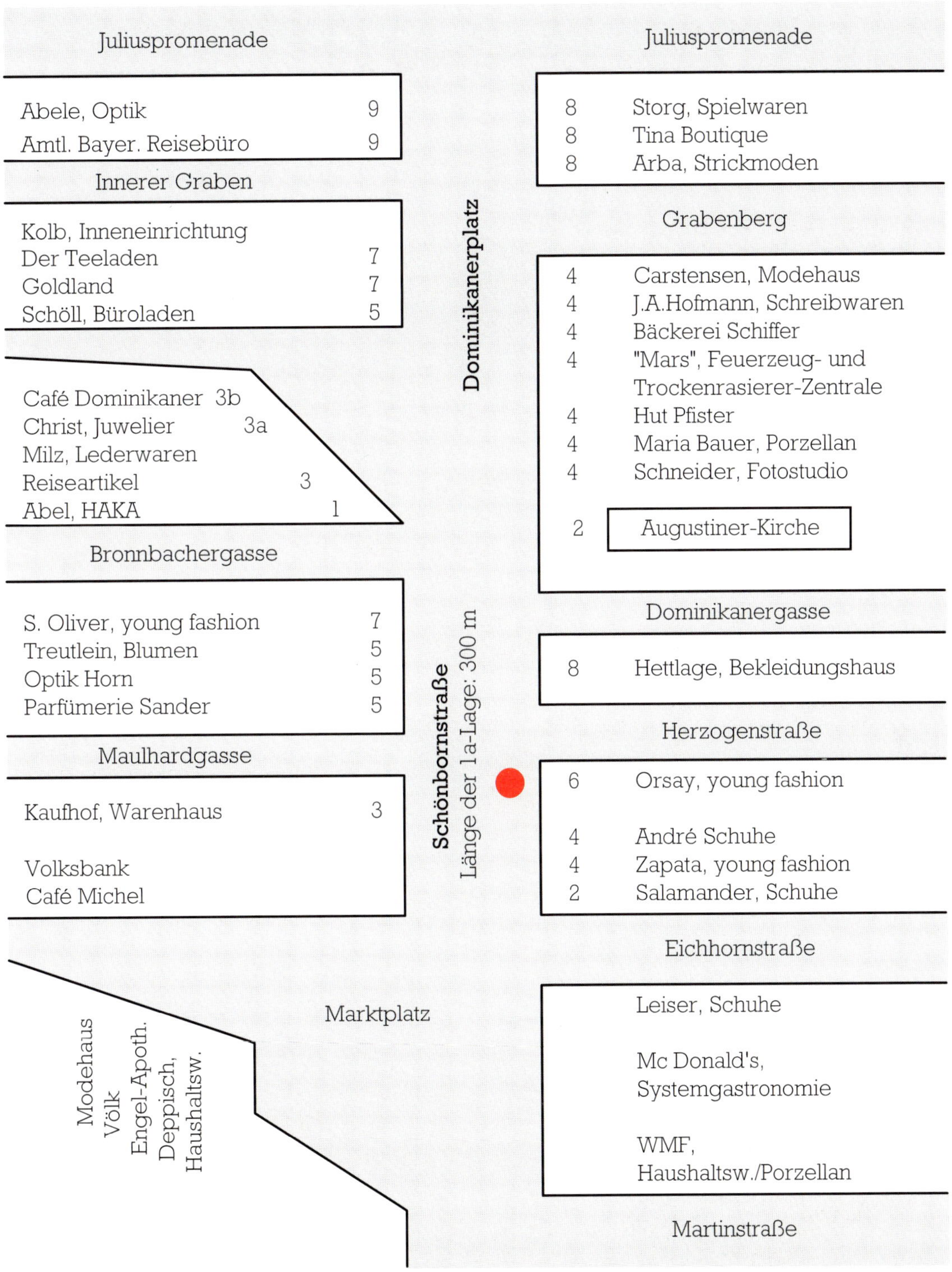
Juliuspromenade
Abele, Optik 9
Amtl. Bayer. Reisebüro 9
Innerer Graben
Kolb, Inneneinrichtung
Der Teeladen 7
Goldland 7
Schöll, Büroladen 5
Café Dominikaner 3b
Christ, Juwelier 3a
Milz, Lederwaren
Reiseartikel 3
Abel, HAKA 1
Bronnbachergasse
S. Oliver, young fashion 7
Treutlein, Blumen 5
Optik Horn 5
Parfümerie Sander 5
Maulhardgasse
Kaufhof, Warenhaus 3
Volksbank
Café Michel
Modehaus Völk
Engel-Apoth.
Deppisch, Haushaltsw.
Marktplatz
Dominikanerplatz
Schönbornstraße
Länge der 1a-Lage: 300 m
Juliuspromenade
8 Storg, Spielwaren
8 Tina Boutique
8 Arba, Strickmoden
Grabenberg
4 Carstensen, Modehaus
4 J.A.Hofmann, Schreibwaren
4 Bäckerei Schiffer
4 "Mars", Feuerzeug- und Trockenrasierer-Zentrale
4 Hut Pfister
4 Maria Bauer, Porzellan
4 Schneider, Fotostudio
2 Augustiner-Kirche
Dominikanergasse
8 Hettlage, Bekleidungshaus
Herzogenstraße
6 Orsay, young fashion
4 André Schuhe
4 Zapata, young fashion
2 Salamander, Schuhe
Eichhornstraße
Leiser, Schuhe
Mc Donald's, Systemgastronomie
WMF, Haushaltsw./Porzellan
Martinstraße

Würzburg

1a-Lage: Kaiserstraße

Filialisierungsgrad: 55,4 %
Besonderheiten: breite Fußgängerzone, Straßenbahn mittig

Barbarossaplatz

Piccadilly Shoes	
Fetzer, Samenfachhandlung	2
Photo Porst	2
Café Brandstetter	2
Deichmann, Schuhe	4
Kiess, Café	6
Flam, Boutique	8
Douglas, Parfümerie	10
Orient Express, Gastro	12
Swatch, Uhren	12
Ariston, Schuhe	14
Müller, Drogeriemarkt	14
Spinnrad, Drogerie	16
Gold Kaiser	16
Wittstadt, Musikinstrumente	18
Boutique	20
Kiliansbäck	20
Phönix-Apotheke	22
Blumen Beller	22
Strumpflädchen	22
Bilderrahmen	22
Quick, Schuhe	24
Hussel, Süßwaren	24
Fielmann, Optik	26
C & A, Bekleidungshaus	28

Kaiserstraße
Länge der 1a-Lage: 300 m

1-3	Woolworth, Kleinkaufhaus, Rubin, Modeschmuck Foot Locker, Sportartikel
5	Kupsch, Lebensmittel
5	Umbau
7	Checkers, young fashion
7	Bonita, DOB
7	Runners Point, Sportartikel
9	Wolle-Roedel
9	Mister + Lady Jeans young fashion
9	NUR, Reisebüro
11	Fuji Bilder
11	Eduscho, Kaffee
11	Milz, Lederwaren
13	Glocken-Apotheke
13	Schnupp, HAKA
15	Orsay, young fashion
15	Grieb Optik
17	Gold Hausch
17	Ernesto, young fashion
19	Tchibo, Kaffee
19	Lorenz Vollkommer, Weinhandlung
21	Pilota Moden
21	Bayerische Vereinsbank
23	Jersey Ilany, DOB
25	Dresdner Bank
27	Blumen Oostdam
27	Corso Center - Kino
29	Kissel-Kleidung
31	Rolf Burkard, Mode
31	Eram, Schuhe
33	Apotheke am Bahnhof
33	Herrenmoden

Kaiserplatz

Röntgenring

Wuppertal

		Rangordnung der 84 Städte
Einwohner:	386.625	17
Besucheraufkommen 1994:	287.309 Übernachtungen	40
Kaufkraftkennziffer 1995 je Einwohner:	111,0	27
Umsatzkennziffer 1995 je Einwohner:	105,5	59
Anteil Textil (gesamte 1a-Lage): nach Anzahl der Betriebe	30,2 %	41
Anteil Schuhe (gesamte 1a-Lage): nach Anzahl der Betriebe	7,0 %	56
Filialisierungsgrad (gesamte 1a-Lage): nach Anzahl der Betriebe	66,3 %	22
Passantenzählung:	**1.983**	45
Standort:	Elberfeld, Poststraße 17 Elberfeld, Poststraße 20	
Zeit:	16.00 Uhr bis 17.00 Uhr	
Datum:	5. Mai 1995	
Wetter:	warm, wolkenloser Himmel	
Besonderheiten:	keine	
Länge der Straßenfronten 1a-Lage:	710 m	
Kemper's Kaufkraftpotential 1995: normierte Kaufkraftkennziffer x normierte Passantenzählung 100 = Durchschnitt der 84 Städte	**97,1**	38
Mietpreis 1a-Lage 1995 pro m²: Quelle: Kemper's Index	DM/m² 160,-- bei Neuvermietung	
Kemper's Ertragskennziffer 1995: Index des Kemper's Kaufkraft-potentials : Mietindex 100 = Durchschnitt der 84 Städte	**105,8**	37

Ansässige Einzelhandelsbetriebe 1a-Lage

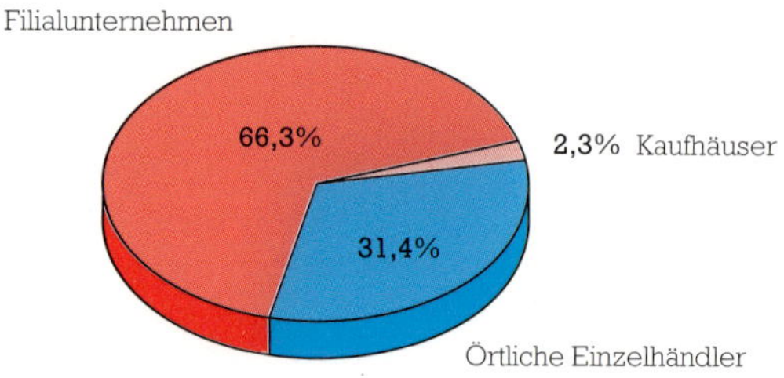

Branchenmix 1a-Lage

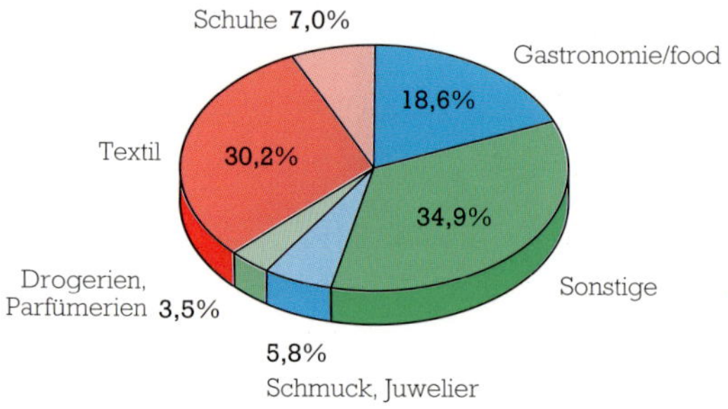

Weitere Makrodaten siehe KEMPER'S INDEX

Wuppertal-Elberfeld

1a-Lage: Poststraße, Alte Freiheit

Filialisierungsgrad: 73,7 %
Besonderheiten: Fußgängerzone, kleinflächige Bebauung, relativ schmal

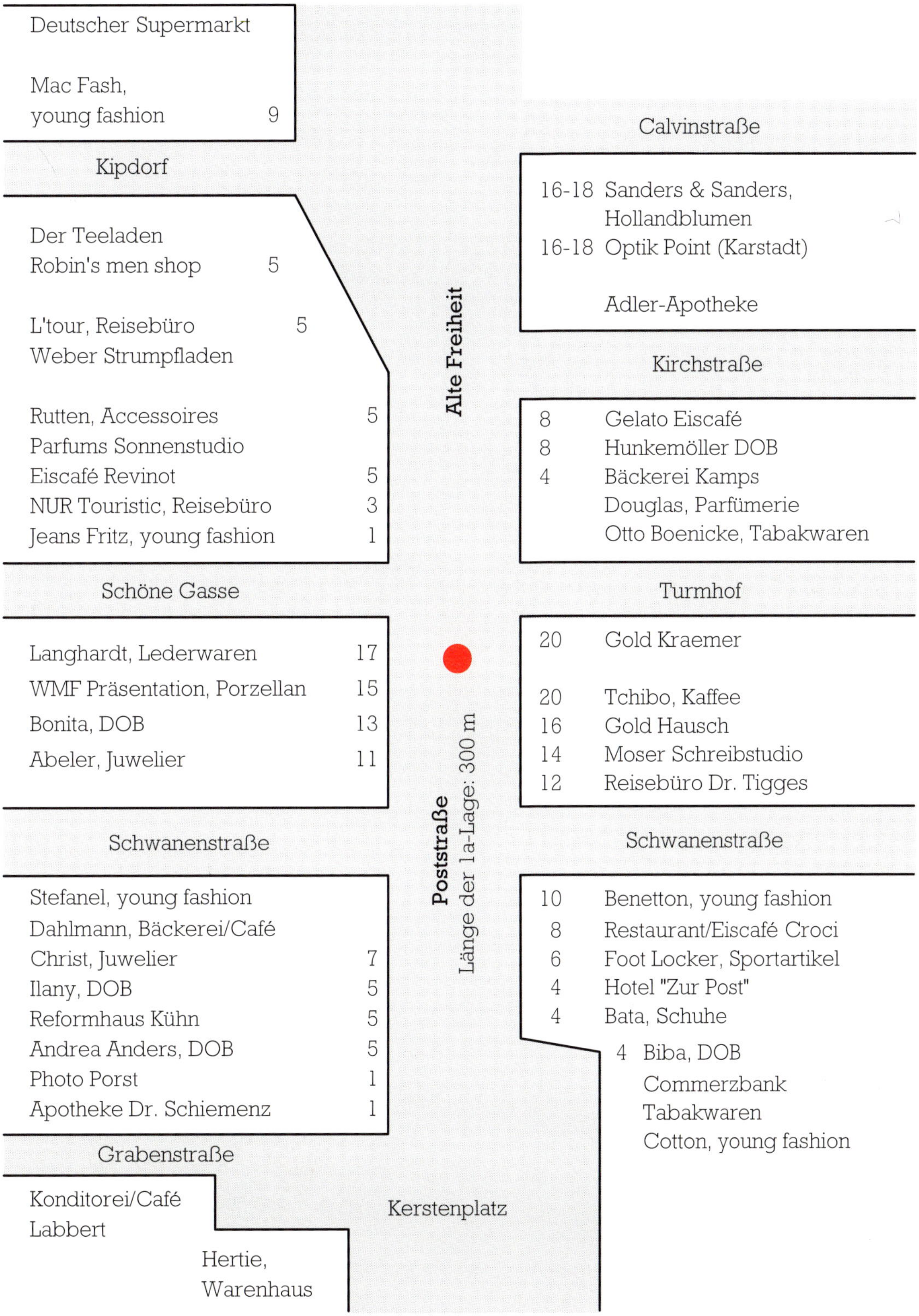

Wuppertal-Elberfeld

1a-Lage: Schlössersgasse, Schwanenstraße

Filialisierungsgrad: 64,6 %
Besonderheiten:
schmale Fußgängerzone

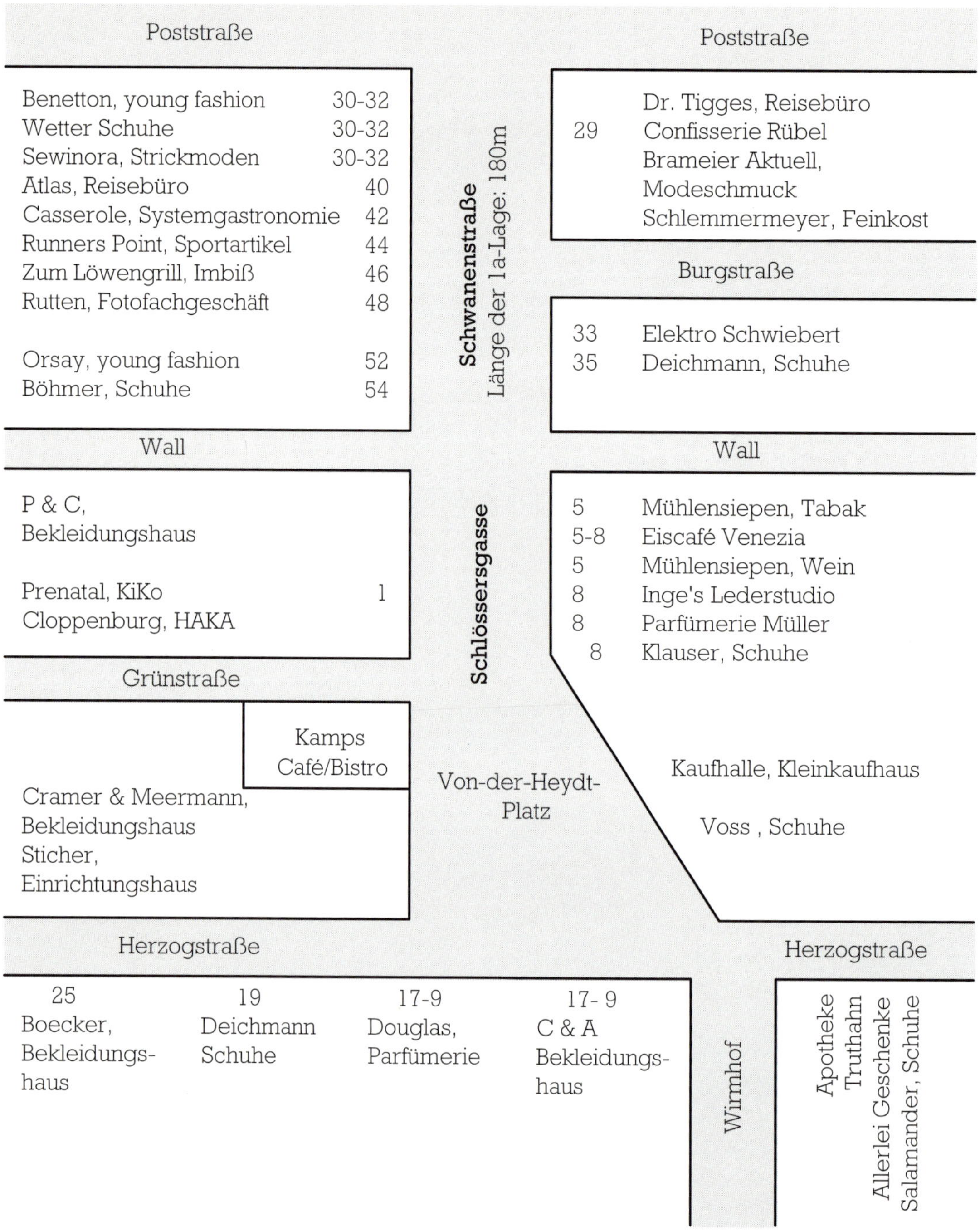

Zwickau

		Rangordnung der 84 Städte
Einwohner:	107.988	76
Besucheraufkommen 1994:	123.011 Übernachtungen	68
Kaufkraftkennziffer 1995 je Einwohner:	76,9	82
Umsatzkennziffer 1995 je Einwohner:	88,0	75
Anteil Textil (gesamte 1a-Lage): nach Anzahl der Betriebe	28,2 %	49
Anteil Schuhe (gesamte 1a-Lage): nach Anzahl der Betriebe	5,1 %	73
Filialisierungsgrad (gesamte 1a-Lage): nach Anzahl der Betriebe	48,7 %	70
Passantenzählung:	**1.131**	70
Standort:	Innere Plauensche Straße 23	
Zeit:	16.00 Uhr bis 17.00 Uhr	
Datum:	5. Mai 1995	
Wetter:	warm, wolkenloser Himmel	
Besonderheiten:	keine	
Länge der Straßenfronten 1a-Lage:	370 m	
Kemper's Kaufkraftpotential 1995: normierte Kaufkraftkennziffer x normierte Passantenzählung 100 = Durchschnitt der 84 Städte	**38,4**	75
Mietpreis 1a-Lage 1995 pro m²: Quelle: Kemper's Index	DM/m² 110,-- bei Neuvermietung	
Kemper's Ertragskennziffer 1995: Index des Kemper's Kaufkraft-potentials : Mietindex 100 = Durchschnitt der 84 Städte	**60,8**	73

Ansässige Einzelhandelsbetriebe 1a-Lage

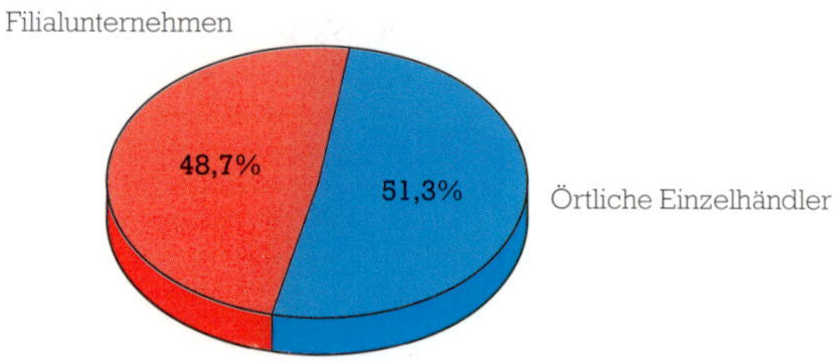

Branchenmix 1a-Lage

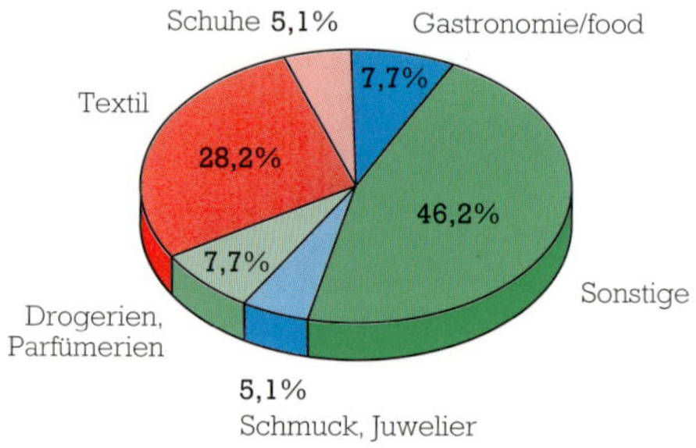

Weitere Makrodaten siehe KEMPER'S INDEX

Zwickau

1a-Lage: Innere Plauensche Straße

Filialisierungsgrad: 48,7 %
Besonderheiten: schmale Fußgängerzone, kleinflächige und alte Bausubstanz

Marienplatz

Innere Plauensche Straße
Länge der 1a-Lage: 150 m

Maethe, Tabakwaren	
Brillen am Dom	
CP Boutique	
Jacobi, Schirme	
Briefmarken, Münzen	2a
Lorenz, Lederwaren	2a
Pimkie, young fashion	2
Drospa, Drogeriemarkt	4
Reise Graf	6
Eram, Schuhe	6
J & M Have a look	8
A. Beckmann, Textilien	10
Cityoptik	12
Engelmann, Konditorei	12a
Goldschmuck	14
NKD, Kleinkaufhaus	14

1	Umbau
3	Schauer, Süßwaren
5	Werner Steuwer
7	Spielwaren Stimmig
7	Tchibo, Kaffee
9	Beyer, Optik
11	Beyer, Foto
13-15	New Yorker, young fashion
17	Telefon-Laden
19	Zarte Eleganz
21	Picadilly Shoes, Schuhe
23	Orsay, young fashion
25	Alippi, Orthopädie
27	Ernst Giersch, Pelze/Hüte

Peter-Breuer-Straße

Peter-Breuer-Straße

Neubau	16
Spielwaren Thomas	18
Gärtner, Foto	20
Die Lampe	20
Jean d'Arcel, Kosmetik	20
Ludwig, Parfümerie	22
Stich, Porzellan	22

29	Umbau
31	Dima Teppichbasar
31	Schmuck-Vitrine
31	Zigarren Schröder
33	Deutsche Bank

Dr.-Friedrichs-Ring

Dr.-Friedrichs-Ring

Quellenverzeichnis

- Einwohnerzahlen

  Die Fortschreibung der amtlichen Bevölkerungsstatistik

  Quelle: GfK, Gesellschaft für Konsum-, Markt- und Absatzforschung, Nürnberg, Veröffentlichung von 1995

- Besucheraufkommen

  Quelle: Übernachtungszahlen des Statistischen Bundesamtes in Wiesbaden für das Jahr 1994

- Kaufkraftkennziffer

  Die Kaufkraftkennziffer zeigt das Gewicht der einzelnen Kreise in bezug auf das verfügbare Einkommen der dort lebenden Bevölkerung. Die Ausprägung der Kennzahl bezieht sich auf den Durchschnitt Bundesrepublik Deutschland von 100,0.

  Quelle: GfK, Nürnberg, 1995

- Umsatzkennziffer

  Die Umsatzkennziffer zeigt die Bedeutung jeder Region nach den dort erzielten Umsätzen des Einzelhandels. Die Ausprägung der Kennzahl bezieht sich auf den Durchschnitt Bundesrepulbik Deutschland von 100,0.

  Quelle: GfK, Nürnberg, 1995

- Filialisierungsgrad

  Quelle: Eigene Erhebung und Berechnung, Mai 1995

- Passantenzählung

  Quelle: Erhebung des Sample Institut, Forschung für den Produktionsfaktor Information, durchgeführt am 5. Mai 1995 im Auftrage von Kemper's Deutschland GmbH.

- Straßenfronten

  Bezogen auf die Summe der Fronten sämtlicher betrachteten Straßen, ohne Abschlag für Eingänge und Treppenhäuser, jedoch unter Abzug der Stichstraßen.

  Quelle: Eigene Berechnung, Mai 1995

- Länge der 1a-Lage

  Bezogen auf die Länge der 1a-Lage incl. Stich- und Querstraßen und ihrer separaten Angabe im Straßenverlauf

  Quelle: Eigene Berechnung, Mai 1995

- Kemper's Kaufkraftpotential

  Die Kennzahl bezieht sich auf den mit 100,0 angesetzten Durchschnitt der ausgewerteten 84 Städte.

  Quelle: Eigene Erhebung und Berechnung auf Basis von Daten der GfK.

- Mietpreis 1a-Lage 1995

  Quelle: Eigene Erhebung, Mai 1995, Basis Kemper's Index

- Kemper's Ertragsindex

  Die Kennzahl bezieht sich auf den mit 100,0 angesetzten Durchschnitt der ausgewerteten 84 Städte.

  Quelle: Eigene Erhebung auf Basis von Kemper's Daten und Daten der GfK